殴り合いの文化史

Masao Kashinaga
樫永真佐夫

左右社

殴り合いの文化史

5章 殴り合いのゲーム化…157

人が人を拳で殴ること、これはきわめて人間的な暴力だ。こんなことを言ったら、「そんなバカな！」とびっくりするかもしれない。「拳で人を殴るなんて、動物的に決まっている。衝動的で感情的だし、自制心が利かず、行き過ぎているではないか」と。たしかにドストエフスキーも『カラマーゾフの兄弟』のなかで、従卒の顔を二発もぶん殴って血まみれにした若き将校に、「人間が人間を殴るとは！　なんという犯罪だろう！」と、心の底から後悔させたものだ。[★1]

しかし、拳で殴る暴力は、人間という存在について、実に幅広い面から考えさせてくれる。私が人間的だと言うのはそういう意味だ。この暴力が許されるべきだとか、正しいとかを主張したいのではない。

人間は、直立二足歩行によって、両手が自由になった。手の機能は前肢よりはるかに洗練され、道具性を確立した「拳」は武器にもなった。動物行動学の観点から見て、拳で殴る行動は人間的なのだ。だがそれだけではない。人間だけが、拳をシンボルとし、その暴力を形式化し、あるいはそれに意味を付与してきた。しかもその歴史は人間と同じほど長い。

本書は、このように文化に注目した視点から、拳で殴る暴力、とりわけ拳での殴り合いを取り上げている。そこから見えてくるのは、平和で安定した社会秩序を保つために、人間がこれまでいかに暴力に向き合い、それを馴化しようとし、あるいは特別なところに閉じ込めようとしてきたかだ。

拳と怒り

人間は、どれだけ他人を拳で殴り、傷つけてきたことか。今まさにこの瞬間も、どこかで誰かが誰かを拳で殴っている。それほどこの暴力はありふれている。

人が人を拳で殴るのはなぜだろうか。この暴力は、明らかに人を傷つけることを意図している。要は相手に痛みを味わわせ、心をえぐり、屈服させたいのだ。

その拳には怒りがこもっている。拳で殴り合う闘争をゲーム化したのがボクシングだが、そんなゲームのなかにおいてさえ、殴る拳には怒りがこもっている。そのことをジョイス・キャロル・オーツは有名なボクシング論『オン・ボクシング』でこう表現している。曰く、「ボクサーたちの人生を表面的に見ただけでもわかるように、彼らは、もっと深い意味で、怒っている。ボクシングとは、基本的には怒りなのだ[★2]」と。

心に深い怒りを負っている男二人が、力の限り拳でぶつかり合う。そんなむき出しの闘争を、見る者はたしかに期待している。のみならず勝者の名誉と、敗者の不名誉の両方を、しっかりと見届けないと気がすまない。ボクシングの興行は、そういうものとしてしばしば人々の関心を集め、ボクサーたちの怒りの物語は消費されてきた。

一方、たとえばボクシングに対して「そんなのは野蛮で残忍な血腥《ちなまぐさ》いショーではないか」と、眉をひそめる人もいる。この暴力と流血を嫌悪する感性は、人間が長い歴史のなかで育んできたものだ。だが、逆説的なことに、ボクシングというスポーツを十九世紀に生んだのも、この感性に他ならなかった。

この感性は、他人や弱者の痛みに対する共感にも通じている。この狭い地上に何十億もの数の人間が、矛盾や争いがありつつもなんとか共生していられるのは、一つにはこの感性の鋭敏化があったからだ。この内面的な変化は、人間が「文化」を築き上げ、内なる「自然」の暴力に対してたゆまず挑戦してきたことと、同時に進んできた。そしてこの挑戦は続いている。「文化」と「自然」の対立および調和、という神話の時代からある古いテーマを、さまざまなメディアやスポーツのなかに、今でも見ることができるのはそういうわけだろう。

パンチの精神史

暴力に関する人文学の著作なら、フランスのマルクス主義理論家ソレルによる古典『暴力論』をはじめ、いくらでもある。しかしその膨大な蓄積に対して（自らの不勉強の暴露になるかもしれないが）、私にはある不満があった。それは抽象的で観念的な議論が多いことだ。当たり前だが、現実の暴力に直面した際に感じる、切羽詰まった緊張感や興奮とはほど遠い。私などすぐに退屈して眠たくなってしまう。それにしても、なぜ話が観念的になってしまうのだろうか。

そもそも暴力という概念が定義しにくいうえ、その中身が広すぎるからではなかろうか。個人レベルのちょっとした衝突から、戦争やテロ、デモや抗議、果ては言葉の暴力やハラスメントまで、暴力として一括りにされる内容は実に多様だ。では、いっそのこと拳で殴る暴力に対象を絞ってみたらどうだろう。もっと具体的でおもしろく語れるかもしれない。そういえば、拳で殴る暴力の文化史や精神史のような本は見たことがない。本書の出発点はこんなところにある。

実は拳で殴る暴力は、人間の専売特許ではない。オランウータンやチンパンジーなどの類人猿にも見られる攻撃行動だ。しかし大事なことは、人間のみが拳をシンボルとして用いることだ。のみならず拳で殴る暴力および殴り合いを、文化として各地で洗練させてもきた。また殴り合いをゲーム化し、その暴力性を巧みに制御してつくりあげたスポーツがボクシングだ。その歴史、および資本主義との結びつきについては、本書5章以降でも詳しく取り上げている。

タイトルにもあるし、くり返しになるが、拳で殴る暴力、拳での殴り合いが本書のテーマだ。そう言うとまるで、粗暴だとか、半道徳的だとか言われる人たちだけに関係しているテーマだと思われるかもしれない。しかし、この本を手にしているあなた自身にもきっと関係している。

もちろん暴力の話なんて嫌いだという人はいる。拳で人を殴ったことも、拳で人に殴られたこともない、という人もいる。しかし誰かをぶん殴ってやりたい、と思ったことのない人はいない。また、映画のパンチシーンを見て「なんてひどい！」と憤慨したり、逆に「当然の報いだよ！」とせいせいしたり、と共感したことのない人もいない。のみならず、私たちは殴るとか殴られるとかの現実の場面に遭遇しなくても、拳で殴る暴力の情報やイメージはメディアにもあふれていて、そこから情動の刺激を受けている。拳で殴るイメージと無関係に暮らしている人など、なかなかいないのだ。

さあ、どのページから本書の中身をのぞいてみてもいい。ここにはたとえばテオゲネス、モハメド・アリ、ジョージ・フォアマン、マイク・タイソン、ピストン堀口、白井義男、ガッツ石松、大場政夫、辰吉丈一郎をはじめとする古今の拳闘家やボクサーはもちろんのこと、ソクラテス、ホメロス、ドストエフスキー、ジャック・ロンドン、ホイジンガ、カイヨワ、オルテガ・イ・ガゼー、セオドア・ルーズヴェルト、スーパーマン、鉄腕アトム、ロッキー、矢吹丈、柳田国男、三島由紀夫、コンラート・ローレンツ、ヴィクトール・フランクル、デズモンド・

モリス、ジョイス・キャロル・オーツ、たこ八郎、ボブ・ディランをはじめとする、巨人たちがもたらすエピソードがてんこ盛りになっている。拳で殴る暴力、拳での殴り合いが、人間の身体のみならず、共同体、宗教、芸術、心理その他、あらゆる文化の諸相と関わり合っていることが、実感できるはずだ。それもそのはず、太古から現代にいたるまで人間が、このきわめて「人間的」な暴力とともにあったからだ。いや、その歴史は、人間の歴史そのものなのだ。

1章
人間的な暴力

拳で殴る暴力は、オランウータンやチンパンジーにも見られる攻撃行動だ。しかし人間のみが拳をシンボルとして用い、拳の文化を発展させてきた。今やボクシングをはじめとする殴り合いのゲームは、巨大な資本主義的な興行ビジネスだ。このように拳で殴る文化がある面で華々しい発展を遂げられたのは、そもそも暴力や闘争には、人を夢中にさせるものがあるからだと、私は思っている。

血腥い暴力など、自分にはあまり縁がないと感じている人は多いかもしれない。だが、暴力はいつの世にもあふれているし、後で触れるようにもっとも幸せで平和に見える家族のなかにおいてすら、激しい暴力は実は起こりうることだ。実際そんな家庭の茶の間にも、メディアやウワサ話を通じて暴力の情報や映像は頻繁にあらわれているだろうし、もしかすると暴力による闘争を模した娯楽もいろいろな形で享受しているかもしれない。古い芸術作品などに目を転じてみても、私たちの心の深層には、闘争を見て喜びを感じるだけでなく、暴力を受けて無残に傷ついた哀れな敗者の姿を見る喜びが潜んでいるのではないかとさえ思う。

はたして暴力は、平和に暮らしていると信じている私たちの、どのくらい身近にあるのだろうか。また私たちはどのくらい血腥い暴力の闘争を見ることに喜びを感じ、のみならず敗者の哀れな姿を、恐怖と安堵と憐愍《れんびん》をもって眺めることを好むのだろうか。

1-1 そこにある暴力

牧歌的風景のなかにある個人的な思い出から語ることにしよう。

播磨の里の風景なら十代の頃、釣り竿と網をもってずいぶん駆け回ったものだから、私にも馴染みがある。だだっ広くはない平地に、大木など見当たらない小さな丘がいくつもこびりつき、けだるそうに山へとつながっている。兵庫県福崎町にあるそんな丘の一つに民俗学者、柳田国男の生家がある。おそらく同じ播磨に対する身近さゆえに、民俗学やそれとの境界が曖昧な民族学、文化人類学にも興味をもちやすかった。その後、私が二十代半ばからベトナム西北部で黒タイという民族の村に、文化人類学のフィールドワーカーと称して長い間身を置くことになったのも、そのことと無関係ではない。

血みどろの共同体

そんな私に、名も残さなかった人々のくらしの奥深さを教えてくれた柳田の『遠野物語』を評して、三島由紀夫は次のように語っている。

そういえば、「遠野物語」には、無数の死がそっけなく語られている。民俗学はその発生からして屍臭の漂う学問であった。死と共同体をぬきにして、伝承を語ることはできない。(中略)ここには幾多の怖ろしい話が語られている。これ以上はないほど簡潔に、真実の刃物が無造作に抜き身で置かれている。★1

例として三島は、ヨメと折り合いの悪い母を息子が殺す「第十一話」を取り上げる。それは、妻と母と息子という肉親愛のアンビヴァレンツ、両性のもっとも単純化された原始的な三角関係が、夕方までかけて本人の面前で研ぎ続けた大鎌で母を殺害するという、目をそむけたいほどの人倫破壊によって成就する話だ。晩年の柳田の述懐によると、二十歳だった長兄のもとに嫁いできた兄嫁も、きつい、しっかりした姑と同居したものの折り合いが悪く、一年足らずで実家に逃げ帰ったのだった。その後柳田の長兄は自暴自棄の酒浸りに陥り、医者になるため東京に遊学したきり故郷を捨てた。その長兄の悲劇について柳田は、二夫婦は住めない「日本一小さな家」だったからとはぐらかし、具体的に何があったかは語らない。

一方で「この家の小ささ、という運命から、私の民俗学への志も源を発した★2」とも回想している。幼少期の彼は自分の家族、親族も、血みどろの人倫破壊と紙一重のところにあることを敏感に感じ取っていたのだろう。それが「屍臭の漂う学問」の根幹にある。

柳田は一八八七年、茨城県布川で医院を開業していた長兄のもとに身を寄せた。十二歳からそこで過ごした約二年間でもっとも印象に残っているのは、利根川縁にあった地蔵堂に奉納されていた一枚の絵馬だった。

その図柄は、産褥《さんじょく》の女が鉢巻を締めて生まれたばかりの嬰児を抑えつけているという悲惨なものであった。障子にその女の影絵が映り、それには角が生えている。その傍らに地蔵様が立って泣いているというその意味を、私は子ども心に理解し、寒いような心になったことを今も憶えている。[★3]

少年時代の柳田に強い印象を残した、布川徳満寺の子がえし（間引き）の絵馬

生みの母による凄惨な子殺しの血腥さに、彼は強いショックを受けた。ふだん意識することはないが、世代をこえて脈々と続く親族は血縁と呼ばれる「血」の比喩で語られる。「血は水よりも濃い」という諺《ことわざ》があるヨーロッパもそうだし、私が親しんできた黒タイの社会でもそうだ。親族の関係が血みどろの人倫によって想像・創造され、維持されてきたことを、血の比喩は端的に証している。ちなみに古今東西、女

性による殺人でもっとも多いのはわが子殺しだ。

身内の殺害

殺人統計に関しては次のような話もある。ヨーロッパにおける殺人の発生率は歴史的には減少し続け、中世には人口一〇万人あたり年間四〜一〇〇件だった殺人件数が、一九五〇年代には人口一〇万人あたり〇・八件にまで減少した。この殺人発生率の減少は、社会の下層部よりも上層部での方がはるかに急激だった。もう一つ重要なのは、自分と縁戚関係にない者を殺害するケースが、子どもや親、配偶者、キョウダイを殺すケースよりはるかに減少したことだ。逆にいえば、時代を問わず夫婦・家族・親族の間での殺人は一定して発生する。このことは、殺人統計における一般的パターンで、「ヴェルッコの法則」として知られている。

なぜもっとも身近なものに対する殺人が減少しないのか。男性同士のマッチョな暴力を激化させる支配権争いは、環境や条件による影響を受けやすい。これに対して、女性や親族を含む近縁間の利害関係がこじれて衝突する確率は、時期や場所にかかわらず安定して存在するからだ。[★4]

また心理学の立場からは次のように説明される。人間は自分の自我を脅かす者に対して攻撃性を向ける。自我を脅かす可能性がもっとも高い存在は、自分自身を除くと、夫婦や恋人などの性的パートナーか親子キョウダイなど血縁者なのだ。[★5] つまり、どんなに平和に見える家族も、実は陰惨な暴力と襖一枚隔てただけのところにいる。

三島が指摘した通り、共同体が不断に紡ぎ出す伝承に死はありふれている。だから民俗学や文化人類学の作品に、死と殺人、血、争いは数限りなく記述されてきた。

周知の通り、動物の間にも暴力や争いはある。たとえば同種の動物同士の争いだと、まず威嚇、そしてそれでもひるまなければ攻撃、すなわち暴力が始まる。一方が降参するか逃げ出すかで勝負が決まる。動物なら順位さえ確定すれば暴力は終わるはずだ。

しかし人間の場合、これで終わるとは限らない。人間は近縁の霊長類と比べても並外れて強い情緒性、感情性をもち、強い復讐心を抱くことがあるからだ。遺恨による復讐は、異様な人間的行為なのだ。人間社会に暴力がありふれてきたのはこのためでもある。共同体においては敗者の復讐心を和らげるため、あるいは復讐による暴力の連鎖が秩序を揺さぶるのを防ぐためにも、権威や権力が介入し、仲裁、調停、賠償、処罰などで対処する。[★6] このような暴力の事後処理の形式は、どの社会でもその安定と繁栄のために不可欠のものだ。後章でもう少し詳しく述べることになるが、人類史的に見ると社会の進化とは、国家のような強大な権力機構による暴力の独占のことでもあった。

1-2 闘争の擬態

暴力による闘争の特徴とはなんだろうか。一言で言えば、それは「行き過ぎ」にある。暴力も、言葉も、視線も、私たちの通常の社会規範や慣習に照らして行き過ぎている。本節では闘争における「行き過ぎ」と、それを見る喜びについて取り上げる。

まず、ボクシングなど格闘技のビッグマッチの前にしばしばメディアで公開される両者顔合わせの話をしよう。日本人選手はたいがいおとなしめだが、海外の選手はよくそこで罵り合い、ときには小突き合い、とっくみ合うなど、派手な乱闘劇を見せてくれるものだ。これは見ると楽しい。「行き過ぎ」ないように自分を抑えつつ無難に社会生活を送っている私たちにとって、「行き過ぎ」が密かな願望だからかもしれない。

儀式から見世物へ

ビッグマッチ前の公開顔合わせは、かつて厳粛な内輪の儀式だった。マスコミが喜ぶ見世物にこれを変えたのは、モハメド・アリだ。改名前だから正確にはカシアス・クレイだ。

一九六四年二月二十五日の夜、名誉か不名誉か「最凶」とまで呼ばれ恐れられていたソニー・リストンに彼は挑み、スピードと技術で圧倒し、大番狂わせのTKOで世界チャンピオンの座についた。伝説的なその試合の計量がその日の朝にあった。リストンはリング外での闇の履歴もあり、クマに喩えられていたから、アリ（クレイ）は「クマ狩り」と記したデニム・ジャケット姿で計量会場に現れ、興奮しすぎて発作でも起こしたかのように挑発の言葉をまくし立てた。会場内はもみくちゃの大混乱に陥った。アリが恐怖のあまり気が狂ったと思った者さえいたそうだ。だが騒動の真っ最中にシュガー・レイ・ロビンソンにウインクしたとも伝えられる。最初から仕組んでいたのかもしれない。

　これはボクシング史上の事件だった。後でマイアミ・ボクシング・コミッションが、アリに罰金を科すほどの大騒ぎだったからではない。マイアミ・ビーチにおけるこの派手なショーを彼が見せつけてから、タイトルマッチ前の計量の儀式が一変したからだ[★7]。長年アリのトレーナー兼マネージャーだったアンジェロ・ダンディーは、こうふり返る。「そうだ、ジョー・ルイスがしゃべらないんで、みんなが不満を漏らしたのを覚えているよ。当時のボクサーはみんな『今度の試合に期待しており、ベストを尽くす』なんて言ってたもんだ。それじゃチケットは売れないよ。モハメドは情勢を変えたのだ[★8]」。今では大きい興行なら、試合前日の計量など両者が顔を合わせる場は、ちょっとしたイベントだ。

　アリは特別におしゃべりだった。大口叩きでもあった。それが逆にチャーミングにも見え、見栄えもする男だったから、マスコミはこぞって彼を追いかけた。人類史上どんな人間よりたくさんインタビューを受けたはず、と評されるほどだ。[9]彼の言動こそが、タイトルマッチ前の「闘争」がカネになることを、興行主らにはっきり気づかせたのだ。その経済効果は計り知れない。

ちょうどテレビという新しいメディアの出現とも時期的に重なっていた。彼の発話はアメリカ黒人のストリートにある挑発と闘争の文化を体現したもので、野次馬をしっかり意識し、躍動感のある身ぶりに満ちていた。その演出効果を存分に発揮するのに、テレビはうってつけだった。[10]試合はもちろん、試合前のやりとりまでもが闘争の一部として消費される状況が、こうしてテレビという映像メディアによって一気に拡大された。

リストンとの再戦で初回KO勝ちしたアリ（1965年5月25日）
© John Rooney

闘争を見る喜び

もちろんボクシングがスポーツなら、その殴り合いは真の闘争ではない。そもそもほとんどの場合、リングで闘う二人は、知らない者同士だったり、試合が決まるまでは互いに敬意を払って尊重し合うスパーリング仲間だったりする。怒りや憎しみから殴り合うわけではないのだ。しかし「闘いだ！」と売り込んだ方が試合は盛り上がる。人は闘争を見るのを好むからだ。私たちも、誰か見知らぬ者同士がいさかいや口論を始めた現場にたまたま居合わせたら、わくわくしたり、どきどきしたりするだろう。あるいは、野球観戦中に選手同士の乱闘でも始まれば、トイレに行くのも後回しにして見入ってしまうのではないだろうか。

では、闘争を見る者は、そこに何を期待して喜ぶのだろうか。その答えは、ニセモノとして演じられる闘争のなかに、むしろ明瞭に見てとれる。ニセモノであるがゆえに、できるだけ観客の期待を満たすように演じられるし、観客の側も自分が巻き込まれる恐怖や、いけないものを見ているという後ろめたさがなく、安心して自らの欲望と期待を開陳できるからだ。

フランスの思想家ロラン・バルトのエッセーに、「レッスルする世界」[★11]がある。「レスリングのよさは、度を越えた見世物であることだ」という冒頭の文章こそが、このエッセーの出発点であり結論だろう。ここでのレスリングは競技としてのアマチュアレスリングではなく、プロレスと理解して読んでいい。そのレスラーたちの身ぶり、態度、マイムは、常に明確さのために、表現が誇張されている。

闘争を模したこの見世物は、何を誇張しているのだろうか。技をかけられ大げさに顔をゆがめてさらす苦痛と苦悩。十字架にでもかけられたかのようにリングかフロアでのびたままになっているレスラーの屈辱と敗北。そして自分に役立つときだけルールを認め、それ以外のときは反則でも裏切りでも平気でやってのける「ゲス野郎」に対する正義の仕返しだ。

理屈など通用しない「ゲス野郎」がいくらサディスティックな狼藉を働いても、観客や社会の側を味方にした正義の暴力によってたっぷり仕返しされるはずだ。そのいきさつは注意深く見守られる。観衆にとってレスラーの役目は勝つことではなく、期待されている身ぶりを正確に果たすことだ。各瞬間のイメージこそが意味をもつからだ。くわえて期待されているのは、ときには血を見ることとさえある過剰な暴力、男らしい勇気と忍耐、正義の復讐による秩序回復だ。おまけに善と悪、美と醜など、対立する二項がせめぎ合い、果ては新しい秩序の生成に終わるその結末は、きわめて神話的だ。

モハメド・アリ――闘争のしゃべり

かつて椎名誠は、プロレスとの比較も念頭に、プロボクシングは「まじめすぎて」面白さに欠けるところがあると、愛をこめて書いた。曰く、「スポーツマン精神にのっとってあくまでも清く正しく堂々とガンバリます青春どまん中です、というのはアマチュアまでにしておいてもらって、プロと名がつくからにはあくまでも自分たちと観客をギンギンの極致的コーフン状態にもっていくことを第一の命題にしてもらいたい[★12]」と。

ではボクシングをコーフン的に面白くするにはどうしたらいいか。ルールの変更はただ一つ。「しゃべってもよい」という項目を付け加えさえすればいい。試合前にも、試合中のインターバルの最中にもボクサー同士がマイクを持ってしゃべれば、お互い心の底から逆上し、試合の駆け引きどころか激情の極みにまで上りつめて闘うだろうと続ける。

椎名はモハメド・アリについての回想も挟む。アリは試合開始直前のリング上でレフェリーから注意事項を聞いている最中も何やらまくし立て、相手のジョー・フレージャーが逆上してものすごい顔つきになるのがテレビに映っていたそうだ。[★13]アリは別の試合では、パンチを繰り出しながら自己賛美のおしゃべりをやめなかったとも伝えられている。

椎名は、バルトが「レッスルする世界」で掘り下げなかった部分を突いている。それはプロレスにマイクパフォーマンスが付きもののように、言葉による「行き過ぎ」も闘争の重要な要素だという点だ。闘争には、声と言葉が伴っているものなのだ。

ケンカはたいがい、声や言葉での威嚇し合いに始まるから、声はデカい方が有利だ。口先で勝負を制するのがケンカの美学でもある。エディ・マーフィーの映画からも想像できる通り、大声でリズムにのせて相手をいかに巧みに罵りこき下ろせるかを競うゲームを、アメリカ黒人はストリートで磨いている。[★14]

ちなみに日本にもこれに近い文化がある。当意即妙に悪口の限りを尽くし、憤怒に震える相手をたじたじにさせる「江戸っ子のタンカ」だ。タンカの文化は江戸時代に噺や芝居の世界で花開いた。というのも「火事とケンカは江戸の花」の言葉通り、江戸には火事とケンカが多かったからだ。江戸っ子は美しいタンカを切ることに憧れた。しかし現実にはよどみなくすらすらと悪態を並べたてる能力など、ほとんどの江戸っ子にはなかったはずだ。芝居の名台詞はさぞかし彼らのもどかしい気持ちを解消させてくれたことだろう。[★15]

にらめっこ

柳田国男によると、明治大正期の都会にはケンカが多かった。知った人ばかりの田舎では土地の者は一人で歩いていても気が強かったが、反対によそから来た者はしおらしい目をしていなくてはならなかった。去勢されたハトでも、自分のなわばり内では通常の雄バトに勝るという動物行動学の研究結果がある。人間も自分のなわばり内では威張っていられるものだ。しかし柳田の表現を用いると、国内の人口移動が激しくなり人口が集中した都会では、「主客の地位が定めにくい」。つまりなわばりの主が誰かも、そこでの順位もはっきりしない。行き交う者同士が「気が強くなくては都会になど住めない」と気負い、相手にとって無遠慮とも侵害とも感じられる険しい目つきで見たから、やれ「オレの顔を見た」とか「見ない」とかで往々にしてケンカになった。

ついでに柳田は「にらめっこ」という遊びの起源について、こんな推論をさらりと書きくわえている。初めて会った人と目を合わせるのは勇気のいることで、そういうことの不得手な農民たちが、その勇気を養うためにある遊びを始めた。それが「にらめっこ」だろうと。[★16]

とにかく闘争の視線は「行き過ぎ」ているものだ。動物行動学的にも、じっとにらむのはもっとも激しい攻撃の動作だ。だから、単なる好奇心からであれ、子どもが他人の顔や所作を露骨に見つめていると、親は「失礼だからやめなさい」と注意する。凝視が威嚇の信号になるからだ。「よい子」は成長の過程で、平和に毎日を過ごしたければむやみにガンを飛ばさない方がいいということを身につける。

じっと見つめる行為の対極にあるのが、霊長類だと目を下げてうずくまる行為だ。人間の挨拶行動は、この素朴な行動から発達したものだろう。その基本的な特徴は、どの文化でも目を下げることにある。見つめないことは攻撃の意思がないことの表明だからだ。口論しているのでも愛を確認し合っているのでもない、ふつうの会話をしている二人は、巧みに相手から目をそらしつつ、チラ見し合っているものだ。

目の暴力

目には強力な威嚇効果がある。だから多くの動物種で、自己防衛の機構として眼状紋が発達している。たとえば多くの種のガが、翅《はね》にびっくりするような目玉模様をもっている。ふだんは周到に隠されているが、鳥などの捕食者に攻撃された瞬間、いきなりばっと翅を開き、一対のドデカい派手な目玉でにらみ、捕食者をうろたえさせる。自然界でこの威嚇はたしかに効果がある[★17]。

しかし人体には捕食者をびっくりさせる眼状紋はない。そのかわりに手でモノをつくって対処してきた。たとえば農作物を鳥の害から守るために、さまざまな材料で目玉模様をつくって掲げるのだ。また、霊的存在による強力な攻撃から身を守るために、目の装飾を用いる文化も世界中にある。ベトナムでは漁船の船首の両側によく目が描かれているが、これも単に船を擬人化し、船首を人の顔になぞらえているのではない。「板子一枚下は地獄」の諺どおり、大海原に比すれば木っ端の如きちっぽけで寄る辺ない人工物に命を預けた男たちが、目に見えない悪鬼邪神たちの攻撃から身を守るためだろう。

船首に目を描いた船(ベトナム、ホイアンにて本多守撮影。部分。1990年8月)

古来、人間はにらむ眼力による危害を恐れてきた。十九世紀末にエルワージは、凝視によって相手に危害を加えるエジプト、中東、ヨーロッパの宗教現象についてまとめた。博覧強記の天才、南方熊楠がこれに感銘を受け、その凝視を邪視《イーブル・アイ》や悪眼などと訳し、中古の日本にも邪視に対する信仰があったという持論を展開した。

かつてキリスト教世界の宗教裁判では、邪視にとりつかれた被告人に対して後ろ向きに入廷するよう判事は命じたが、それは彼（彼女）の死の一瞥が法廷を混乱に陥れるのを防止するための措置だった。[★18] 絞首刑のときに罪人に目隠ししたり、頭から服をかぶせたりする習慣は、古代ローマ時代から現代にいたるまで続いている。これも、もとはといえば邪視による災難を受けないようにするためだ。[★19] またアイルランドには、貪欲、嫉妬、憎悪などの邪念をもって人畜や物品を見ると、見られるものに害が及ぶという信仰がある。[★20]

邪視を発するのは生きた人間のみではない。悪神、鬼、産土霊《うぶすな》、奇鳥（神鳥）などの霊的存在、ヘビやオオカミなどの動物までさまざまだ。一方で、どの文化も邪視への対抗手段を発達させている。聖性を帯びたモノや言葉、逆に醜悪なモノや汚物、男女の陰部の形象、刀剣、鉄、特定の動植物、目の多い籠、特定の色や香り、呪文など、多岐にわたる道具と方術が、そのために用いられるのだ。[★21]

本節で闘争を見る喜びについて考えるにあたって、しゃべりと目についても取り上げたのは、言葉の「行き過ぎ」、まなざしの「行き過ぎ」も、闘争で重要な攻撃の一部だからだ。言霊や邪視の信仰に基づくと、それらは強力な武器となる。だから不快感あらわに収縮した瞳孔で相手を見据えて暴言をも辞さないにらみ合いは、闘争そのものだ。見る者たちに、十分にそのあとの展開を期待させ、楽しませてくれる。

1-3 残忍な喜び

柳田国男の話から始めた章なので、彼の話で締めくくることにしよう。ミュンヘンにある国立美術館アルテ・ピナコテークで、彼はある二つの絵に一時間も見入っていたそうだ。二つの絵はいずれも、池の水のなかに追いつめられたシカの群れを、貴族か騎士とその家臣らが、岸から取り囲んで矢を射立てている血腥い狩りを描いていた。その追想から、ヨーロッパのどこの博物館にも陳列してある聖《サン》セバスチャンの絵へと、彼は想像をめぐらせる。その多くは、しばしば肉付きが良くて肌の白さが際立つ裸の青年が両手を木に縛られ、彼の胸、脇、腹に矢が刺さり、皮膚から血が流れている構図だ。少年時代に見た凄惨な間引き絵馬の図を、生涯忘れなかった彼は問う。「何だって基督教の国では、こんないまわしい残忍な絵ばかり、高く掲げて賞美しているのであろうか[★22]」と。

矢を射刺された聖人

この若い聖人はもともとローマ帝国の軍人だったが、禁じられていたキリスト教へ入信したために死刑宣告を受けた。ディオクレティアヌス帝の御代、二八八年のことだ。刑が執行され体中に矢を射込まれた。しかし聖女イレネらに看護されて息を吹き返すという奇跡が起こったのだ。その後も棄教しなかったために、今度という今度は棍棒で撲られて確実に息の根を止められた。だが一度めは全身に矢を受けてなお蘇生したわけだから、彼はペストからの守護を願う民衆に厚く崇敬された。矢がペストのシンボルだったからだ。

ペストは中世の十四世紀半ばに人口の三割の命を奪うほど、ヨーロッパ全土で猛威をふるった。罹患すると、まず足の付け根に矢創《やきず》のような斑点ができる。そのため両手を縛られた聖セバスチャンの裸体に何本も矢が刺さっている殉教のモチーフは、民衆の版画から教会の祭壇図や彫像までさまざまなものに描かれた。お守りのように大量につくられたから現在まで伝わっているものも多い。

グイド・レーニ《聖セバスティアヌス》1615-1616年頃

三島由紀夫は『遠野物語』に描かれた血みどろの人倫に深い感銘を受けた。一方で彼の心には、聖セバスチャンの血腥い恍惚の深い痕もあった。しかもそれは少年のころに受けた衝撃によるもので、彼の死後も残った。

彼が二十四歳のときに刊行した自伝的小説『仮面の告白』に、こんな告白がある。十三歳のある日、父の外国土産の画集にあった、ジェノヴァのパラッツォ・ロッソにあるグイド・レーニの絵画「聖セバスチャン」と運命の出会いをしたのだ。裸で木に縛られ、矢が左の腋窩《えきか》と右の脇腹に「箆深《のぶか》く」（これはもっと前に刊行された柳田の小品「サン・セバスチャン」にあるのと同じ表現だ）射刺された青年の肉体には、ただ青春・ただ光・ただ美・ただ逸楽があるだけだと耽美し陶酔する。[★23] 実際、聖セバスチャン像には肉感的で官能的な作品も多い。矢はペストのシンボルであった以外に、キューピットのもつ愛のシンボルでもあり、さらには男性器のシンボルでもあった。矢を受けた裸体の聖人は、男性の愛に射貫かれた青年の姿を意味した。だから十九世紀末からこの聖人は、男性同性愛者の守護聖人にもなった。[★24]

三島はグイド・レーニの聖セバスチャンと同じ構図で自らがポーズをとった写真を、写真家の篠山紀信に撮影してもらっている。それにとどまらず、自決前に残した遺書には「富士の見えるところへ墓とブロンズ像を建てよ」と書き残し、聖セバスチャン殉教図のポーズをとった自身の等身大ブロンズ像を、彫刻家の分部順次《わけべじゆんじ》に密かに依頼して作成している。しかもそのための土地まであらかじめ手配していたという用意周到ぶりだ。だが、この彫像のモデルはグイド・レーニ作の官能的なものではない。両手を後ろ手に縛《いまし》められた筋骨隆々の肉体に無数の矢が突き刺さり、苦痛で顔はゆがみ、身を捩《よじ》っているマンテーニャ作の陰鬱な絵だった。ただし三島に矢は一本も刺さっていない。[★25]

賛美される残忍さ

聖セバスチャンへの同一化を目指した三島の最終的な到達点がなんだったのか、それは趣旨から外れるので本書では問わない。そのことよりも柳田の聖セバスチャンをめぐる問いを思い出したい。すなわち、西洋の人々がなぜいまわしい残忍な絵ばかり、高く掲げて称美しているのかだ[★26]。

「いまわしい残忍な絵」のなかには、狩りの絵も含まれている。中世ヨーロッパにおいて、狩りは厳密なルールに則った偉大な娯楽だった。王、貴族のみならず、聖者までもが高貴な美徳として没頭し、その技巧を競い合った。猟犬を用い、クマ、イノシシ、ウサギ、キツネ、シカなどの獲物を騎馬で追い、剣、槍、弓で仕留めたのだ。狩りは上流階級の特権的な娯楽だったから、絵の題材としても好まれた[★27]。

柳田は狩りの絵から想像をめぐらすうち、日本でも古くは階層をとわず狩りが娯楽として好まれたこと、残酷シーンの審美的表現に満ちた芸術や物語を発達させたことに思い至る。信心深い人たちにとっても、神や聖人の姿を思い浮かべるのに次いで、生涯のうちでもっとも身に沁みて忘れがたい出来事とは、獲物を追いつめて狩る類の残酷な経験だった。現代風に言えば、狩りの嗜虐的な快楽は太古から狩猟を行ってきた人間のＤＮＡのなかに深く刻み込まれている。だから人間は残忍な暴力を好み、またそれを見たり想像したりすることを楽しむ。これが柳田の出した回答だった。なぜ自分も残酷な図像に見入ってしまうのかを自らに問うた、その回答でもあったにちがいない。

たしかに古来、血腥い人間の娯楽を数え上げるときりがない。たとえば古代ローマの円形競技場で人間対人間、あるいは人間対動物の血腥い闘いが皇帝の肝煎りで頻繁に開催され、民衆を虜《とりこ》にしてきたことはよく知られている。これらが衰退したのは、キリスト教を国教にしたことで教会から批判されたからではない。信仰面では死者に対する崇拝が弱まったこと、経済面では開催費用や動物の維持費用がかかりすぎたことが原因だったとも言われている。

時代は下り、中世フランスでは、男たちが棍棒で武装して目隠しをして、スイカ割りの要領で杭に繋がれたガチョウやブタを追いかけて撲る遊びに興じた。動物も人もぶつかり合って撲り合うのを楽しみ、見物人も大笑いしたのだ。今日から見てもっと悪趣味に感じられるものでは、つま先から足のてっぺんまで武装した視覚障がい者が槍や棒で闘い合うのを見て楽しむ、なんて見世物もあった。その催しにパリ中が熱狂したという。[★28]イギリスでも十九世紀になるまで、凄惨な動物いじめの類の娯楽は大人気だった。

国家権力が脆弱で、個人の生命や財産を十分に守れなかった時代には、今よりはるかに身の回りに暴力は（そして嘲弄も）あふれていた。のみならず人々は血腥い暴力を、ときには戦争まで、娯楽として享受した。それは必ずしも競争や闘争に勝利して、華々しい名誉を得ることに喜びを感じたからだけではない。完膚なきまで打ちのめされた無残な敗者の姿を見ることもまた、大きな喜びだったからだ。血、傷、死はそのとき敗者のシンボルだった。

だが、後述するように、たとえばイギリスでは議会政治による安定した市民社会のなかで、暴力と流血を嫌悪する道徳感情が醸成されてくると、流血によって特徴づけられる娯楽の多くが衰退する。こうした状況と軌を一にして、民衆娯楽の代表格だった拳闘から、流血と暴力に対する制限が強いボクシングが新しく成立する（5章「5-2」参照）。

哀れな敗者を見る喜びは、勝者を祝福する歓喜と、ちょうどコインの表裏のような関係にある。たしかに暴力を嫌悪する感性が時代を追って漸次研ぎ澄まされてきた結果、現代では哀れな敗者を見る喜びの表現は控えめだ。だが、柳田が自らのなかに認めたような、敗者に対する嗜虐的欲望は、人間の心の中にあいかわらず沈潜している。その証拠に、現在でもボクシングを愛するすべての者をもっとも熱くさせるのは壮絶なKOシーンだ。華々しい勝利と惨めな敗北の鮮やかな対照を、見る人は喜ぶのだ。

『カラマーゾフの兄弟』に登場する偉大な修道僧ゾシマ長老が、死の直前の説法で語ったこんな言葉を思い出す。「人間は正しい人の堕落と恥辱を好む[★29]」。正しい人、名誉ある人の堕落や失墜を見る喜びは、無残な敗者を見る喜びの最たるものだ。本書の趣旨から外れるため深入りしないが、この種の喜びは、現在でも至るところで確認できる。

2章

理性の暴力

前章の最後で、狩猟から人間が得る残酷な快楽について触れたが、おそらく大衆社会論者としての方が有名なスペインの哲学者オルテガ・イ・ガゼーは、『狩猟の哲学』という狩猟活動に注目した人間洞察の書も書いている。「血を見ることが何よりも嫌いで狩りとも縁遠い」と自ら語る彼によると、この宇宙で人間だけが「気晴らし」を必要とする、唯一の被造物だ。「気晴らし」とは私たちの世界から、私たちの世界でないさまざまな別世界へ一瞬身を逃れようとする企てに他ならない。しかも、そのもっとも根源的なものこそ狩猟なのだ。[★1]

狩猟の本質は暴力による攻撃にある。だがはたしてこれは、農耕開始まで一様に狩猟採集生活を送っていた人間の、本能に基づいているのだろうか。本章では、このことをまず検討しよう。そのうえで、人間を人間たらしめている「気晴らし」の活動のなかに、人間は暴力をどのように取り込んできたのかを考えよう。すると無視できないのが、スポーツの発生と成立についてだ。結論を先取りして言えば、狩りや闘争などにおいて、肉体的苦痛と敗北は流血や傷によって具体的に示されていたのが、スポーツにおいては抽象化されているという点が見えてくるだろう。

2-1　本能と暴力

とっかかりにこんな話をしよう。

バブル景気まっただなかの一九八八年二月二十二日、「世界最強の男」マイク・タイソンが日本にやってきた。密着ドキュメンタリー番組制作のため、到着から彼を取材していた今村司は言った。「獣ですよ。すべて本能で動いていた。インタビュー中も全然集中していない。『なんで、俺はここにいなきゃいけないんだ?』と言っていた。社会性なんてなかった」

タイソンはホテルニューオータニのジュニアスイートルームでほぼ全裸で過ごし、食べたいものを食べ、食欲も、性欲も、満たしたいときに満たしていた。ジムワークは「根本的には殴りたいから殴るという感じ。殺人本能というんですかね……」と、今村は当時をふり返る。[★2] 三月二十一日、タイソンはトニー・タッブスを圧倒し、二ラウンドに葬った。

世界最強の男

ここでの「獣」は、タイソンの未曽有のケタ外れさをことさら強調した表現にちがいない。そういえば、二メートル超えの筋骨隆々の巨体で、しかも並外れた運動神経のよさを見せつける格闘家、ボブ・サップのニックネームも「ザ・ビースト」だ。その荒々しい攻撃力をプラス評価する意味で、二人に対して「獣」が用いられているが、人を獣や動物にたとえるのは、慎重に用いないと、差別的な侮蔑表現に転じるから注意を要する。

たとえばかつてアメリカの白人は黒人をサルに、第二次世界大戦期のナチスはユダヤ人をシラミに、同じ時期のアメリカ人は日本人をサルやゴキブリに（一方、日本人にとってのアメリカ人、イギリス人は「鬼」だった）、ベトナム戦争中のアメリカ人はベトナム人を害虫にたとえるなどした。このように、敵対する集団に対する虐待や殺戮を正当化するために、相手を人間ではない存在と見なした例は、枚挙にいとまがない。

自我を脅かす存在として相手を恐れていることの裏返しだが、根底には、獣や動物は人間とは異なり、理性による自己統制ができない、野蛮で文化に浴していない存在だという見方がある。その図式に従えば、「理性」に対する「感情」、「文明」に対する「未開」、「文化」に対する「自然」と同様に、「暴力」は「知性」に相対するものだ。この場合、暴力は動物的で本能的な劣った行動と見なされている。

一方、ボクシングは拳で人を殴る暴力によって成り立つスポーツだ。だが、ボクサーは感情にまかせてでたらめに拳を振り回しているのではない。タイソンが見せつけたものも、猛烈な反復練習で身につけた技術と、勝つためのあくなき研究でつくり上げた、文化的完成品だった。だからこそ彼は、「野獣性」を世界中の人々に強く印象づけることができたと私は思う。いや、それとも暴力による攻撃は、本能なのだろうか。以下でこの一般的問題について考えたい。

攻撃は本能か

動物行動学で暴力や攻撃はどのように扱われてきたのだろうか。攻撃性がいかに動物たちの基本行動を形作っているかに正面から取り組んだ古典的著作に触れておこう。

その作品とは、動物行動学の祖コンラード・ローレンツが、一九六三年に書いた『攻撃――悪の自然誌』だ。生まれたばかりの幼鳥が、初めて出会ったものを親だと思い込む、「刷り込み」という現象がある。彼はその発見でとりわけ有名だ。

彼は次のように仮説を立てた。たとえば捕食獣が獲物を襲うのは食欲という内発的欲求、すなわち本能に基づいている。また「窮鼠猫を噛む」のは、近すぎる恐怖が動物たちを捨て身の攻撃に駆り立てるからで、これも本能に基づく反応だ。[★3]くわえて同種の仲間に対する攻撃も、やはり本能に基づいている。しかもこのことは、人間にも当てはまる。

しかしはっきり異なる点がある。動物は攻撃行動とともに、それを抑制する機構をも進化させてきた。これに対して、人間は武器をもつことで、同じ人間を容易に大量殺戮できるようになった。これによって人間の攻撃性はますます膨張し、そのはけ口を失い、ときに異常な方向に噴出する。だから世界中で大小の争いごとが絶えない。彼はこう結論した。[★4]

単純化すると、人間には攻撃本能があるから戦争はなくならず、殺し合うことをやめない。このようなローレンツの見方は、自身の第二次世界大戦への従軍および捕虜経験がその下敷きにあったが、発表されたのが東西冷戦まっただなかという時代背景もあり、広く社会に浸透した。しかし一九八〇年代以降さまざまな方面から反論され、現在の動物行動学者や心理学者の大半はこの主張を受け入れていない。

たとえば武器を用いた狩猟技術が人間の攻撃性を高めたという仮説は、アフリカの狩猟採集民に関する実証的な研究が進むとともに否定された。今では狩猟技術の向上が、むしろ争いを抑止する社会性を発達させた面の方が強調されているのだ。[★5]

こんな報告もある。ヨーロッパにおける殺人件数を歴史的に概観しても、中世以来、時代を追うごとに減少し続けている。驚くことに、戦争で命を落とした人の割合は、血で血を洗う戦争が繰り広げられた十七世紀には二パーセントあったのが、二つの世界大戦があった二十世紀で一パーセント未満と、減少しているのだ。つまり大量殺人兵器の発明と発達が、かならずしも戦死者を含めた暴力による死者の数を増やしたのではなかった。[★6] 一方で動物についても、状況によって、あるいは経験にしたがって、葛藤への対処の仕方を変えることがわかっている。つまり条件さえ整えば、機械的に攻撃するわけではない。このように、動物の攻撃性に関しても、従来の単純な本能論的解釈は修正されているのだ。[★7]

子殺しとリンチ

では動物と比較して人間の暴力について、殺戮に目的が特化された道具を製作し使用する以外に、特殊な点はないのだろうか。同種殺しはどうだろう。

かつては人間のみが同種殺しを行う、つまり、自然界に同種殺しを行う動物は他にいないとさえ言われていた。しかし実際には野生動物の間でも、同種殺しはよくある。そのなかでおとなによるおとなの殺害より子殺しが多いということも、霊長類学の研究成果からはっきりしている。[★8]子殺しの方が、殺す側にとって危険が小さいからだ。ゴリラなど約三十種の霊長類でオスによる子殺しが確認されていて、これはオスの繁殖戦略によるものと解釈されている。オス同士の間にある、偏っていて不平等な繁殖条件（要するに、モテるオスは限られているのだ）を是正するため、あるオスが他のオスの子どもを殺す。授乳中には発情しないメスの乳を止め、そのメスと交尾して自分の子孫を残す可能性をつくり出すためだ。ゴリラの子殺しの類の暴力は、自己主張の過激な表現としてみなすことができ、同様の独善的暴力は人間の間でも珍しくない。[★9]

また暴力をめぐっては、哺乳類のなかでチンパンジーと人間のみに共通する特殊な行動がある。それは意図的に犠牲者を探し出し、その無力な隣人がたとえ命乞いをしても、集団での奇襲やリンチで、殺したり、不具にするような暴力を行使することだ。もちろん他の霊長類も、なわばり争いなどの闘争で命を落とすことがある。しかし、それは勝ち負けを競っている間に起きた偶発的な事故だ。意図した殺害ではない。ボクシングにたとえればリング禍だ。大人を謀殺するのは、人間とチンパンジーの二種だけなのだ。

この暴力は感情任せの突発的な行動では断じてない。まぎれもなく「理性的」な暴力だ。というのは、自尊心のような複雑な感情を原動力として機転を利かせ、前もって脅威の可能性を潰してしまおうという打算が働いているからだ。★10

子ども殺し、奇襲、リンチといった暴力に共通しているのは、いずれも自分の身を最大限安全なところに置こうとする点だ。神話や歴史上の英雄たちを見渡せば、いたいけな乙女に化けてクマソタケルに近づき討ち取ったヤマトタケル然り、知略を尽くして大坂城を外堀から埋めさせ、豊臣家を滅ぼした徳川家康然り、裏をかく、だます、裏切る、で強敵や難敵を打ち負かした例はいくらでもある。

闘争のプロセス

それを考えればボクシングなど、その正反対のタイプの闘いだ。同じ体重の者同士が、同じ道具、同じ場所、同じ時間、同じルールといった平等な条件で闘うのだから。フェアプレイを旨とするスポーツ格闘技では、正々堂々と闘ってこそ男らしい。だからこそ名誉と威信が手に入れられるのだ。

ボクシングに限らず、あらゆる格闘技にルールがある。一対一の人間同士の暴力による競い合いについて、一方の極に社会に認可された格闘技を置くとすれば、その反対の極には突発的でルールも禁じ手もないケンカのような闘争が想定できる。しかし、はたしてケンカにルールは存在しないのだろうか。話が飛ぶようだが、こんな小説の冒頭を思い出した。

ドストエフスキーの小説『虐げられた人々』は、「私の身におきたきわめて異常な事件」から語り起こされる。事件とは、一人の孤独な老人と老犬それぞれの突然死の現場に、主人公がたまたま居合わせたというものだ。まず老犬が死に、次いで老人が死ぬのだが、老人は死ぬ直前に喫茶店でちょっとした騒動をひき起こしていた。

彼はその喫茶店の変わった客の一人だった。おそろしく病的に痩せていて、同じくおそろしく痩せた老犬を連れていつも店にやってくる。何一つ注文せず、一言も発することなく、ただ自分の正面を大きな目で見つめ、三、四時間も身動き一つせず、かならず隅の席に座り続け、機械的に帰って行く。たまたまある日、老人のその奇妙な習慣を知らないドイツ人の商人の男がその視線の先にいた。男は執拗な凝視、無意味な視線を浴び続けていることを侮辱と捉えた。最初はにらみ返して応じていた。そのうち激怒し、ドイツ語で金切り声を上げて「なぜそんなに私をじろじろ見るんです」と威嚇するように叫んだ。[★11]

暴力による闘争は、どのようにして起こるのだろうか。この作品にはそのことが、居合わせた人々の心理と行動も含め、何頁にもわたって微に入り細を穿って書き込まれている。結局、暴力の勃発は回避されるのだが、それはなぜか。端的にその条件を満たしていなかったからだ。老人は商人の視線と言葉による威嚇に気付きさえしていなかった。挑発に対して想定される怒り、反発、弁明、謝罪など、いずれの反応もなく、闘争に発展しようがなかったのだ。

経験上当たり前にも思われるが、突発的な赤の他人同士の暴力による闘争にも、一定のプロセスがある。その意味で、闘争は完全に無秩序で無法なものとは言い切れない。また、反目という日本語があるように、敵意の増殖には明らかに視線、すなわちアイコンタクトがしばしば関与している。

この事実は儀式的闘争を思い出させる。儀式的闘争とは、同種の動物間に不和が生じ、威嚇から暴力による実力行使が始まるまでに見られる段階的な手順のことだ。各手順が儀式と呼べるほどに様式化していることからそう呼ばれている。

もちろん個体保存の原則からすれば、儀式的闘争のルールに従わず、いきなり反則する個体が強いはずだ。しかし動物には反則する正常な個体はいない。というのは、反則する個体が自分だけなら勝ち残れるが、反則する個体が増えれば自分もやられる可能性が高まる。自分の子孫を確実に残すという目的に照らした場合に、一か八かのリスクが大きい戦略をとる個体の遺伝子は淘汰されてきたからだろう。[★12]

威嚇のみで決着がつかず、実力行使にいたる場合がある。その場合でも一方が降伏や敗北の明確なサインを示すと、相手は攻撃をやめる。これも本能の一部としてプログラムされているからだろう。

一方、人間は個体保存のために反則もする動物だ。にもかかわらず個体同士が一触即発の状況に陥ったとき、まず威嚇で決着を試みようとすることが多い。たぶんこれは、他の動物たちが儀式的闘争を行うのと同様の生物学的根拠に基づいている。こうした動物的本能に根拠を置く文化形態として、人間は古来決闘システムを発展させてきたし、格闘技の起源もそれと無関係でないにちがいない。

2-2 口から手へ

チンパンジーに似た人間の祖先がアフリカの熱帯雨林から疎林に出てきたのは、およそ五百万年前だ。約二百万年前に直立二足歩行がますます洗練された（ジョージアで見つかった一八〇万年前のホモ・エレクトスの骨格から判断すると、下肢がすらりと長く直立二足歩行には適しているものの、上肢はまだ長く樹上生活も捨てていなかったらしい）[★13]。両手が移動から解放され、歯や口や顎が次第に小さくなって大脳化が進み、一〇万年前から二〇万年前に現生人類が出現した。

オルテガ・イ・ガゼーが言う意味での「気晴らし」としての狩猟も、農耕開始以前からすでにあったのだろうが、そもそも人間が獲物を追い、傷つけ、仕留めるためにはさまざまな道具を必要とする。しかもおよそ道具と名のつく物質の大半が、手を用いてつくられることを考えると、「閑居すれば不善をなす」に決まっている人間の気晴らしに、手がどれほど深く関与しているかは想像に難くない。

人間の本質

人間の手は、地上や樹間を移動する仕事から解放され、動物行動学者や解剖学者が工学の傑作とさえ評するほど、複雑に物を操作する道具になった。この手は動物の前肢から、二足歩行と道具使用の増加と、最終的には大脳皮質の拡大とによって進化した。他の霊長類や動物の手(前肢)やかぎ爪、猛禽類の爪といった同じような部分と比べると、人間の手に匹敵するものは決してない。それは次の性質をもつからだ。

第一に、人間の手は五本指を同時に動かせる。第二に、かぎ爪でないので指先の繊細な部分をより自由に動かせる。第三に、鞍関節のおかげで両手の親指を回転させられるから、指先を曲げた人差し指と完璧に向き合い、長さも人差し指を受け止めるのにちょうどよくできている。もっとも大事なのはこの第三の性質だ。この性質ゆえに、動物のなかで人間の手のみがモノを力強く精確につかむ能力を備え、あらゆる技巧を要する製作活動が可能だからだ。

新生児でさえ小さい指を絶えず曲げ伸ばししている。あたかもその指は、これから味わうことになるモノを扱う楽しみを、さも待ち構えているかのようだ。年が経てばこの手で絵や文字を書き、驚異的な速さでピアノ・コンツェルトを弾き、複雑な機械を操作し、脳外科の手術を行い、指先で点字を読み、耳の不自由な人のために手話で詩を伝えたりするだろう。[★14]「人間が両手を〝もつ〟のではなく、手こそが人間の本質を保持している」という哲学者マルティン・ハイデッガーの主張は正しい。文字を書いて手は語り、世界を形成し、回想させる。手のひらの隆起や皺は、その人の過去の行動と履歴を物語り、占い師ならそこからその人の未来を読み解くだろう。[★15]

この手のひらの小隆起は、汗によって膨らみ盛り上がる。モノをしっかりつかむのを助けるためだ。この手のひらの発汗作用は、他の身体部位の汗腺とは異なる独特のものだ。眠っている間どんなに熱くほてっていても手のひらの汗腺は活動を停止するし、また起きている間でさえ熱の上昇に一切反応しないからだ。

その一方でストレスの増加には反応する。心配の度が進むほど汗で湿るのは、手のひらに粘着力を与えるためだ。つまり何か道具を手にして次の動作に取りかかる準備なのだ。次の動作がもし攻撃なら、武器を取るか、握る道具がなければ「手に汗を握り」、その拳を振り上げる。人間が拳を固く握りしめるのは、激しい怒りの感情に対する肉体的反応の一つだから、この動作はまちがいなく攻撃性を秘めている。

「殴る」類人猿

人間のオスは他の類人猿と比べて、いや哺乳類のどんなオスと比べても、身体の構造がいかにも弱々しく、およそ闘争向きには見えない。ほっそりした体つきで骨も細いし、角、爪、牙、毒腺など、武器になりそうな身体的特徴がない。大多数の霊長類が牙を武器とするのに、男性の犬歯はチンパンジーの犬歯と比較してもさらに小さい。

しかしこんな報告がある。乾季の東アフリカの森で、少ない食糧資源をめぐって、サーベルのような鋭い犬歯を武器にもつヒヒに、チンパンジーが一対一の闘いを挑んだ。ヒヒの方が倍ほども大きい。にもかかわらず、なんとチンパンジーが勝った。決め手は腹や顎へのパンチだった。[16]

類人猿はもともと樹上生活に適応し腕でぶら下がってきたから、腕がぐるっと回せるように、融通が利く多方向型の肩関節をもっている。だから拳を武器として振り回すことができる。ゴリラもチンパンジーもしばしば長い腕を使って、牙のある動物を牽制しながら拳で闘うし、オランウータンのオス同士もやはり拳で闘う。もちろん人間もこの仲間だ。

他の霊長類を見ると、平均的なオスの体格がメスより勝る場合、オスは攻撃向きに進化した形態をそなえているものだ。人間の場合でも、男性の方が女性より少し大きくて筋肉量が多いのはそのためだ。男性の肩や腕は、男性ホルモンのテストステロンの作用で女性より大きく成長する。このことも拳が武器になることと無関係ではない。だから闘いの前に男たちは、肩をいからせたり、腕の筋肉を膨らませたりしてすごむ。[17]これを見事にショー化したのが、ボクシングのビッグマッチ前のフェイスオフなどの公開イベントだ。ボクサーたちは上半身を誇示し威嚇し合う。

人間の拳を用いた攻撃に関しては、デズモンド・モリスが有名な『裸のサル』に続き、動物行動学の視点から人間の行動を分析した『マンウォッチング』のなかで、次のような鋭い観察を示している。

ごく幼い子の闘争で、押す、蹴る、噛む、髪をひっぱるなどの他に、もっともよく行われる攻撃動作がある。それは、握りしめた拳の手のひらの側で相手をぶつことだ。その動作は、まず腕を肘のところで鋭角に曲げ、頭上に垂直に持ち上げる。そして、その位置から相手の一番近い身体の部分へ、渾身の力をこめて激しく打ち下ろす。ぶつ動作は、どこの子もする。杖や棒を握れば、相手への損傷効果をさらに高めることができる。しかも興味深いことに、大きくなり、もっと特殊化した別の攻撃型を身につけたあとでも、ぶつ動作が腕を振り上げて殴る動作として残る。たとえば、暴動の写真や映像には、攻撃のもっとも顕著な様式として、この種の殴打場面がたいてい映っている。[★18]なるほど、全共闘時代のデモ隊と警官隊の衝突場面を思い浮かべてもその通りだ。戦国時代の槍合戦でも、突くより上から叩く動作が主だったと聞く。拳でぶつのは人間にとって生得的な攻撃パターンなのだろう。

口の武装解除

手の機能の進化について語るのに、口のことを放ってはおけない。「口ばかり動かしていないで、手を動かせ」となじる言葉は、「気晴らし」に対する労働の優位性を端的に示している。この場合、労働こそが人間と他の動物を区別するものであり、「手」と「口」の対立は「文化」と「自然」の対立にたとえられている。その観点から、拳について付言しておこう。

西洋人の会話では手による身ぶりが大きな役割を果たしていたこともあってか、手が口による言語活動をかげで支えていることが、西洋の思想史において四世紀にははっきりと認識されていた（ニュッサのグレゴリウスという東方教会の教父による『人間創造論』が三七九年に書かれた）[19]。まちがいなく人間のコミュニケーションで、手と口には密接な関係がある。人間が二本足で立ちあがったときから、それまで口が行っていたいくつもの作業を、手が引き受けたためだ。（口で）くわえる→（手で）つかむ、かむ→とらえる、かみつく→なぐりつける……。口と手にはこのような機能上の関係があり、手の動作は明らかに口の動作から派生し、手のはたらきは口の仕事を軽減させた。口が微妙な発声と調音能力を向上させ、また言語を話す器官として発達すると、手の方も口のあとを追って、身ぶりをし、文字を書き記し、楽器を演奏するなど人間の表現活動の一翼を担うこととなった[20]。先に記した直立二足歩行の洗練と、歯と口と顎の小型化が同時並行で進化したことは偶然ではないのだ。

姿勢と歯列の関係から見た頭蓋の骨組み		手や前肢の先端		脊椎動物のタイプ	
a 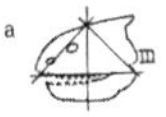	顎は不動。同形歯の長い歯列				魚形態： 水に留まる
b 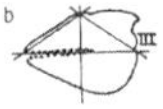	顎が左右に動く。同形歯の長い歯列				両棲形態： 匍匐爬行
c 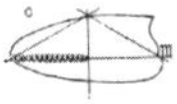	顎は自由で、歯列は頭蓋構造の前半部分にあって均衡			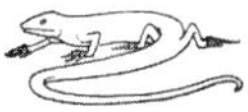	サウルス形態： 半ば身を持ち上げて爬行
d 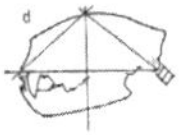	異形歯の歯列		一時的に前肢が自由になる		四足獣形態： 前足で把握可能
e 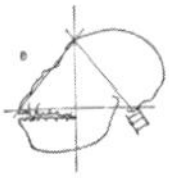	頭蓋の後半部分を自由にする脊椎		座位の場合に手が自由になる。		サル形態： 向かい合わせられる四指と親指とで把握し、移動前進
f 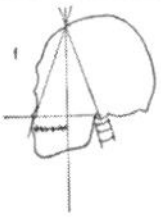	頭蓋穹窿が力学的に解放され大脳化		手が完全に自由になる		人間形態： 直立位

脊椎動物の頭蓋の骨組み・手（前肢）の先端（[ルロワ=グーラン 1973：49] より筆者作成）

もうお気づきだろう。口と手のこうした機能上の関係は、攻撃についても当てはまる。つまり、歯を最大の武器とする多くの霊長類は、攻撃する際につかんで噛みつく。だが私たちは、つかんでしめつけるか、拳で殴るのだ。武器なしの闘いで、噛むことが重要な役割を果たすのは、腕や手の筋肉の発達が不十分で、打撃では効果的なダメージが与えられない赤ん坊やごく幼い子たちの場合だけだ[★21]。

このように直立二足歩行は口を武装解除させ、拳の武器性を確立させた。拳による闘争はその後長い時間をかけて文化として洗練された。奇しくも、国家による暴力の独占という近代化の過程で、その文化が近代ボクシングの成立を促すことになる。

余談のようだが、マイク・タイソンはＷＢＡ世界タイトルマッチで、イベンダー・ホリフィールドの耳を噛みちぎる反則で失格負けをした。この「凶行」は、さまざまな事件やスキャンダルによってすでに落ちていた彼の人間性に対する評価をさらに落とした。口に対する手の勝利、歯に対する拳の勝利、という進化史上の事実に照らせば、口技による反則行為は、退行に他ならないのだ。

2-3　遊びと闘争

本節で述べるのは、人間を人間たらしめている「気晴らし」のなかに、人間が暴力をどのように取り込もうとしてきたかだ。拳で殴り合うスポーツのゲーム化も、スポーツの成立もそのことと大きく関わっている。

直立二足歩行によって、移動から両手が完全に解放された人体の構造がスポーツを支えていることは言うまでもない。しかし拳で殴り合うスポーツ、ボクシングを例にすれば、前節で確認したような拳の武器性の確立だけがボクシング成立の必要条件ではない。精神的、心理的条件も整わなくてはならない。後者に重要な役割を果たしたのは、口から手への機能の移譲と同時に進行した大脳化だ。なお、ボクシング成立の社会的、制度的条件については5章で詳述することになる。

気晴らしの発生

私たちの祖先の脳の容量は、二五〇万年前のホモ・ハビリスの時代に大きくなり始め、六〇万年前のホモ・ハイデルベルゲンシスの時代で、現代人並みの大きさになった。もはや石器を使って肉食動物が食べ残した骨から肉をはがしたり、骨を割って骨髄を食べる、といった死肉食にとどまらなくなった。肉食動物を出し抜いて獲物をさらったり、棒で硬い地面を掘って根茎類やシロアリを掘り出すなど、摂食行動の幅も広がった。こうした行動変化に伴って記憶力、洞察力、応用力も強化された。[22]

一方で、この大脳化は人間の本能を壊した。「人間は本能の壊れた動物だ」とは心理学者、岸田秀の『ものぐさ精神分析』の有名なフレーズだ。オルテガ・イ・ガゼーも同じようなことを、もっと前に書いていた。曰く、「人間という奴は、その本能の組織を失った動物、あるいはこう言っても同じことだが、その本能のうち何ら行動の筋書きを押し通すほどの力もない残滓、あるいは切り株しか保存していない動物である」と。[23] あるいは、「人間以外の生き物はただ生きている、それだけである。しかし人間はただ何となく生きるように任せるようには出来ていない。むしろ生きることに身を捧げること、言いかえれば、よくよく考えた末に、また誰でもない自らの責任において、その生、あるいは生の部分を特定の仕事に引き渡すこと、それが出来、かつそれをしなくてはならない」と。[24]

脳を大きくした人間は、ただ生きるだけ、ということができなくなった。人生の意味に悩み、「気晴らし」のための活動を考え出さなくてはならなくなった。古来あらゆる社会階層の数限りない人々（しばしば男たち）が、労働の合間をすり抜け、逃げ出すために、幸運な気晴らしの活動として狩猟に身を捧げるようになったのは、そういうわけだ。終いには狩猟はスポーツとして昇華された。[25] オルテガ・イ・ガゼーは、人間が地上で唯一気晴らしを必要とする存在であることを出発点として、スポーツの発生までも含めた、彼一流の「狩猟の哲学」論を展開したのだ。

遊びと成熟

遊びは気晴らしの一つだ。気晴らしは人間固有の活動だと言われても、動物だって遊ぶではないか、そんな反論もあるだろう。もちろんそうなのだ。しかし動物の遊びは子どもの期間に限られている。

たとえば二匹の子イヌがじゃれ合っている。子イヌたちは代わりばんこに役割を交替し、攻撃をしかけるように噛み合ったり、組み合ったりを繰り返す。チンパンジーも同様の遊びを行い、相手を噛む、蹴る、のみならず叩き合う。まるで私たち人間の間にある、ボクシングごっこやプロレスごっこといったケンカ遊びだ。こうした遊びが実際のケンカや闘争にどんなに似ていても、それが遊びである限り、そこにあるのは「ふれあいの関係」だ。一義的な決着を宙づりにしておいて、相手がどう来るか、それにどう応えるかを、互いに予期し合い、了解し合う同調のはたらきだ。勝つことではなく、わざと拮抗し合ってこそ、この遊びは楽しい[★26]。

サルもチンパンジーも、物事を学ぶ必要のある幼児期は非常に探索好きで発明好きで、たくさん遊ぶ。だがこの時期はたちまち終わってしまう。これに対して、人間は性的に成熟したあとも遊ぶ。これはネオテニーと呼ばれる生物学的現象とも関係があるのだろう。

ネオテニーとは、子どもや幼児の形質が成体になっても維持、あるいは延長されるよう修正されるプロセスのことだ。有名なのはサンショウウオの一種アホロートル（ウーパールーパー）

で、一生を幼体のオタマジャクシのまま過ごし、その状態で生殖できる。

人間においても、ネオテニーは知られている。四本足の哺乳類だと、胎児のとき体軸に対して直角だった頭の向きが、出生前に体軸と平行に変わる。これに対して、人間は直立二足歩行するため、胎児のときの頭の向きのまま一生を過ごす。また脳の成長はチンパンジーでさえ十二ヶ月で止まるのに、人間の場合は二十三歳まで成長が続く[★27]。こうして人間は前の世代に工夫された技術をじっくり時間をかけて真似し、学び、さらに新たな発明を繰り返す。つまり、幼児性を一生引きずるために、かえって「人間にとって成熟とはなにか」があらゆる文化において問われるし、人としての成熟をめぐって人は苦しむことになるのだ。古来あらゆる社会でイニシエーションが重視されてきたが、イニシエーションは、人間のネオテニーという生物学的基礎に立脚した慣行なのかもしれない（イニシエーションについては9章「9-1」参照）。

ホモ・ルーデンス

動物の生活のなかにある遊びさえ、純粋に生命維持のための肉体的な活動をこえた一つの機能だ。人間にとって遊びは、人間という種が誕生する以前、つまり文化より古くから存在した。遊びは文化の発展に伴い、文化に浸透し続けてきた。遊びは文化として、もしくは文化から始まったのではない。遊びのなかで文化は始まったのだ。

こんな発想から、オランダの文化史家ホイジンガは人間をホモ・ルーデンス、つまり「遊ぶヒト」と命名した。彼はまさにそのタイトルの著作で、言語、神話、祭祀、法律・秩序、取引・産業、技術・芸術、詩、哲学、科学といった人間生活の諸局面における行動の原型を、遊びとの結びつきから論じた。[★28]

彼によると、遊びの対極にある言葉は「真面目」だ。「本気」ではない。本気で遊ぶことは理不尽でないどころか、遊びは本気でするに値するからだ。ドイツ語の真面目（エルンスト）という言葉の語源は、古高ドイツ語と呼ばれる古いドイツ語にある真面目（エルネスト）に遡るが、エルネストはしばしば「闘争」をも意味していた。もっとも彼はこれら二つの意味が、語源的に同じ語幹から出た言葉かどうか疑っているとはいえ、[★29]遊びの反対が闘争だとすれば示唆的だ。「真面目」と「闘争」のあいだに、次のような結びつきが見えるからだ。

真面目な闘争では、でたらめで誇張された動作などによけいなエネルギーを費やさない。筋肉の連続的な動きは、最高の効率を目指して調節されるものだ。これに対して、遊びの闘争における動作は、芝居がかっていて無駄が多い。「これが遊びだ」というメッセージを、相手に伝えるためだ。たとえばチンパンジーはケンカ遊びの際に、特別な遊びの表情、たとえば口唇を引いて歯をむき出しにした表情を示す。[★30]イヌでもチンパンジーでも、それぞれに独自のやり方で互いにサインを出し合い、遊びの関係への加入と維持、修復とをたえずはかりながら遊んでいる。遊びの了解や同調はきわめてデリケートなふるまいだ。互いのサインのやりとりに失敗すれば「真面目」な闘争に発展してしまうかもしれない[★31]。もっとも闘争も遊びになりうる。名誉、または不名誉という価値がそこにからむからで、このテーマに関しては5章「5-1」、8章「8-4」で論じることになる。

模倣と競争

ホイジンガの遊びの定義は、次のように要約できる。自由、実生活外の虚構、没利害、時間的・空間的に分離、特定のルールの支配、の五つだ。さらに、参加者の自発性と、緊張と歓喜の感情も付け加えられるかもしれないが、これらは「自由」に含まれるとみなしてもよい。

後に遊びの理論をさらに発展させたカイヨワは、以下の点から遊びを定義する。①遊戯者が強制されない自由な活動、②あらかじめ定められた明確な時間と空間の範囲内に制限されている、隔離された活動、③あらかじめ展開と結果が未確定の活動、④財産も富も、いかなる種類の新要素もつくり出さない非生産的活動、⑤一時的なルールをもった活動、⑥日常生活とは異なる二次的な現実としての虚構の活動、の六つだ。

両者の定義を対比すると、カイヨワは「③未確定の活動」の点を加えた以外、基本的にはホイジンガの定義を踏襲している[★32]。ただし、ホイジンガは没利害の観点から、賭博を遊びから除外した。これに対して、カイヨワは賭博も遊びに含めた。カイヨワの理屈はこうだ。賭博場での儲けは、賭博者たちの間にある損失の総額をこえることはない。所有権の移動があるのみで、そこに富の生産はない。だから賭博は「非生産的活動」なのだ。

カイヨワの説明に納得できるだろうか。どこかこじつけっぽい。しかし、ホイジンガのように物質的利害を一切欠いた行為として遊びを定義したら、賭博、カジノ、競馬、宝くじなどは遊びからあっさり閉め出されてしまう[★33]。それに5章で述べるように、近代ボクシングの前身のピュジリズムは、賭博との関わり合い抜きに語れない娯楽だったことを考えても、賭博も遊びに含んでおいた方が、スポーツという「遊び」と、賭博との緊密な関係は納得しやすい。

ラッキーパンチ——運と眩暈

それにしても、人は遊びに、どのような楽しさを求めるのだろうか。ホイジンガは求められる楽しさの分類に基づき、遊びを分類した。

ホイジンガが挙げる遊びの楽しさは、模倣と競争だ。模倣は子どもが成長する過程で必要不可欠な、学習という活動に関連する。また、競争は生きて行くために、さまざまな局面で避けられない。つまり、模倣も競争も動物が生きるために必要不可欠な活動だとすれば、遊びは、いわば生きていくための予行演習みたいなものだ。

さて、模倣も競争も、遊ぶ人にとって能動的な活動だ。カイヨワの炯眼は、これら能動的な二つの要素に、運、眩暈《めまい》という受動的な二つの要素を加えた点にある。自分の意思と能力だけではどうにもならないからこそ、遊びに夢中になるのだ。その意味で、カイヨワの方が遊びという活動の楽しさについて、明らかに一歩踏み込んでいる。「模倣」にはものまね、ままごと、人形遊びなどが、「競争」にはかけっこ、将棋などが、「運」には賭け、ルーレット、じゃんけんなどが、「眩暈」にはブランコ、メリーゴーランド、酩酊などが含まれる。

言うまでもなくスポーツは競争のもっとも社会化された形態だ。だがもちろん、ほとんどのスポーツの楽しみは、これら四つのカテゴリーのうちのいくつかにまたがっている。

たとえばボクシングの楽しみの中心は、対戦者同士が勝敗を競う「競争」にある。だが、この競技は真面目な闘争の「模倣」でもある。また練習では他の選手の「模倣」を通して、技術も体力も向上し、動きも洗練されていくし、競技中でも対戦相手か、そこにいない誰かの動きを「模倣」することで、競技者も観客も興奮と楽しみを高めることができる。

さらにラッキーパンチによる勝利は「運」の最たるものだ。ボクサーは相手のすべての動きを動体視力で確認しながら、攻防の動作を組み立てているわけではない。経験と訓練で培われた勘に大きく頼っているのだ。その意味で、パンチを当てたり当てられたりする「運」をも楽しんでいる。空中サーカスの名手やフィギュアスケーターが「眩暈」を巧みに制御して技を見せるように、ボクサーも頭部に不運なパンチを受けて「眩暈」を起こさないよう、あるいは「眩暈」がしてもそのことを相手に悟られないよう動こうとするのだ。

狩猟からスポーツへ

遊びの話から、ようやくスポーツへの展望が開けてきた。だがスポーツとはなんだろうか。スポーツと一言で言っても幅広い。実に多様な活動を含んでいる。そのため、これまでさまざまにスポーツの定義が試みられてきた。その一つの方法は、起源を検討することだ。先に挙げたオルテガ・イ・ガゼーと同様に、モリスもすべてのスポーツの原型は狩猟だと考えた。彼はスポーツの発生と形成を、動物行動学の視点から描く。

私たちの祖先は百万年以上かけて、身体までも含めた全生活様式を変化させた。男性たちは追跡し、走り、跳びはね、狙いを定め、物を投げ、獲物を殺す熟練した攻撃者として協力し合った。この長い狩猟形成期のあと、今から一万年前に農耕者となった。生きるための狩猟は、次第にスポーツとしての狩猟にとって代わられた。それがキツネ狩りをはじめとする、血を流すスポーツだ。その後、血を流さないスポーツが誕生した。狩猟のための行動は、追跡（トラック競技）、ジャンプ、投擲（円盤や槍）などの陸上競技となった。殺傷力のある武器が無害なボールへと、獲物がゴールへと変化してできあがったスポーツがサッカーだ。[★34]

誤解のないように言っておくと、血を流さない球技が十九世紀にできあがるまでには長い時間を要した。たとえば十六、七世紀のヨーロッパにおいて、野外で「気晴らし」のために行われる数々の球技（現代のサッカー、テニス、ハンドボールなどの祖）は、村ごとや、年齢ごとに分かれた若い偉丈夫たちが、あらん限り暴力を振るう乱痴気騒ぎの機会だった。そういったことを証明する資料は無数にある。一五八五年の記録の例を挙げよう。

> フットボールは、競技とかレクリエーションなどと呼べるしろものではない。それは、一種の戦闘だ。仲間同志で行うスポーツとか暇つぶしではない。殺し合いといってもいいだろう。まちかまえていたところに敵がくると、それをなぎ倒し、相手の鼻を地面にこすりつける。そこに固い石があろうが、くぼみがあろうが、こぶしがあろうが、いっさいおかまいなしだ。しかも、このようなやり方で敵にたいへんな打撃を与える者が、頼もしい仲間と考えられていた。首が折れる。腕が折れる。関節がはずれる。鼻血が出る。眼球が飛び出す……。一度敵につかまると、無傷で逃げ出すことなどできなかった。殴る蹴るの暴行を受けるので、その場で死ぬか、大けがにもめげず逃げきるか、二つに一つである。(中略)ここまで暴行を受けた側に、恨み、悪意、遺恨、憎しみ、怒り、敵意といったものが、生まれないわけがない。試合が、口論、ののしり合いから本格的な殴り合い、さらには流血の殺し合いにエスカレートすることも、まれではなかった。こうしたことを、私たちは日々まのあたりにしている。[★35]

国家の中央集権的な権威がとても弱く、個人の身の安全を十分に守れなかった中世社会では、庶民はいつ大ケガをさせられるか、いつ殺されるかもわからなかった。王や貴族は庶民の荒っぽい娯楽を嫌い、繰り返し禁止令を出した。しかし対抗グループ同士の間でますます増長する敵意と憎しみを抑え込む力はなかったので、効果は不十分だった。[★36]

右のような荒っぽい庶民のフットボールが比較的安全なものになったのは、産業革命や議会政治の成立を経て、上流階級の人たちもふつうに競技に参入するようになったあとのことだ。十九世紀半ばにイギリスのパブリックスクール、ラグビー校校長トマス・アーノルドが、正規課外授業にフットボールを導入し、近代スポーツとしてのラグビーとサッカーが成立したのだ。

日本に目を転じてみよう。文献資料と考古学資料によって確認できる、もっとも古い広義のスポーツは相撲だ。五、六世紀に築造された、福岡県から福島県にまで広がる各地の古墳から相撲人形が出土している。その頃にはすでに相撲が盛んに行われていたのだろうし、また、そこに埋葬されている支配者階層の葬送儀礼の一部をなしてもいたのだろう。[★37]

そのほか、『日本書紀』の雄略天皇七（四六三）年の記事にある闘鶏《トリアワセ》も、もともと占いとして行われたようだ。さらに十二世紀に成立した「年中行事絵巻」には、正月と五月五日の節句には印地《いんじ》（因地）打《うち》とよばれる石合戦が行われ、殺伐とした石のぶつけ合いに熱中している民衆の様子が、描かれている。[★38] 印地打は新年の豊穣儀礼として大陸から伝来したものらしいが、流血必至のかなり血腥い遊びだった。[★39]

オルテガ・イ・ガゼーやモリスと異なり、ホイジンガは闘いの勝ち負けを神明裁判における神の審判とみなしたのが、スポーツの起源と関係があると強調した。このようにスポーツの起源を、イニシエーションや葬礼などの人生儀礼や、豊穣祈願の生産儀礼といった儀礼に求める文化史家や民族学者もいる。

sportの語源

スポーツとは、いつ頃生まれた言葉なのだろうか。その語源と語意について知ることも、スポーツの定義を考えるうえで大事なことだ。

直接的な語源は、古フランス語で「免除する、楽しませる」などの意味をもつ動詞デポルテ(deporter)だ。「楽しみ」を意味する名詞デスポール(desport)もある。文献には十二世紀中葉にはじめて登場し、同じ頃この語はディスポーツ(disport)として英語に取り入れられ、十七世紀には「遊戯」を意味するスポーツ(sporte)という語が現れる。これがスポーツ(sport)と変形を遂げた。

一七五五年に刊行されたサミュエル・ジョンソンの『英語辞典』は、「スポーツ」を気散じ(diversion)と同義語とする。「憂いからひき離すことで心をなごませるもの」として、肉体よりも心を重視して定義したのだ。[★40] ところが十九世紀前半に、狩猟や競馬やボクサーたちの闘いを意味する肉体重視の言葉へと変化を遂げた。この言語が、イギリスからフランスにも逆輸入された。[★41]

十九世紀こそ近代スポーツの成立期だった。そしてこの言葉の広まりとともに、その意味も拡大されていく。イギリスで発達した馬術、競馬、狩猟などの活動の他、フェンシングのような貴族の活動や、軍事訓練とも結びついた屋内の体操などの活動もフランスでは、スポーツに加えられた。★42

殴り合いのルール

特定のルールに則った動作の競い合いや、そのための鍛錬はいつの時代もあった。またそういった活動は、世界の随所で、常に新しく生み出されている。それらを次々と取り込みながら「スポーツ」の意味内容は広くなっていった。だから古今東西の諸活動を網羅的にカバーできるスポーツの定義が難しいのだろう。しかし、近代スポーツに限るならば、制度や形式の面から定義できそうだ。

よく引き合いに出されるのが、以下のグットマンによる定義だ。

①世俗性。霊的なものとか、聖なるものといった超自然的領域に関与しない。②平等性。(人種や民族といった)個人の属性に関係なく参加でき、ルールもすべての参加者に共通であることが求められる。③官僚化。国家的ないし国際的官僚機構(たとえば国際サッカー連盟など)によって管理されている。④専門化。さまざまに役割や競技ポジションを分担するようになっ

ている。⑤合理化。ルールが「目的―手段」の観点からたえず吟味され、頻繁に修正される。競技者たちは科学的なトレーニングを積み、最新の技術を駆使した用具を使用し、自らの技量をもっとも効率的に発揮できるように懸命に努力する。⑥数量化。⑦記録への固執[★43]。

これら七つの基準を、ボクシングに当てはめてみるとよくわかる。

①特定の宗教や儀礼とは無関係な世俗的興行として開催されている。②少なくとも建前上はルールや条件が平等だ。③プロもアマも国家的、あるいは国際的な統括組織によって管理運営されている。④選手たちは専門の競技者として合理的トレーニングを積み、セコンド、レフェリー、ジャッジ、プロモーターなどがそれぞれ明確な役割分担をしている。⑤安全性、平等性その他の観点から、ルールは協会が必要に応じて適宜修正する。⑥体重による階級制が設けられ、記録は協会によってすべて数値化され、管理されている。⑦記録に基づく名誉や表彰を受けられるように、選手は切磋琢磨する。

グットマンの定義は形式的にうまくできている。しかしもの足りなさはある。それは、近代スポーツ成立のもっとも重要な前提がぼやけてしまっているからだ。スポーツとは身体の闘争であるにもかかわらず、身体のふるまいに対して規則を課し、暴力的な要素を一定程度取り除いたものだ。そしてこれこそが、歴史社会学者ノルベルト・エリアスの卓見だった。文明化のなかで近代スポーツが成立する過程を、暴力に注目した観点から鮮やかに描き出した。蛇足のようだがこれは、彼がアウシュビッツ収容所で自身の母を亡くしたこととおそらく無関係ではない。

エリアスが注目したように、拳の殴り合いの私闘から発展してボクシングが成立するために、他のスポーツ同様、暴力の制御は最重要の前提だった。5章で詳しく述べるが、ボクシングがいくら荒っぽい競技だとしても、安全性への配慮は常に公的に議論されるし、相手を過度に傷つけてはならない。ましてや死に至らしめてはならないのだから[★44]。


本章で述べてきた、拳で殴り合うゲームが成立するための肉体的条件と、精神的、心理的条件について整理しよう。まず肉体的には、直立二足歩行に伴う拳の武器性の確立と大脳化があった。また精神的、心理的には、気晴らしを不可欠とするという、まさに人間の本質が関わっている。人間は拳の暴力をも「気晴らし」のなかに取り込んだのだ。

暴力は衝動的で本能的、つまり「文化」に対立する「自然」な行動として見なされがちだ。しかし、同種に対する動物の攻撃を観察すると、それは儀式的と呼べるほど様式化されている。つまりルールあるものに見える。むしろルールを無視した暴力で敵を殲滅的に虐殺したり、敵の流血と苦悶から嗜虐的快楽を得るのは、理性に基づき行動する人間なのだ。とはいえ見逃してはならないのは、人間に残忍な欲望を抑えさせ、ルール破りを禁じるのも、理性にほかならないことだ。暴力や流血を嫌悪する感性を鋭敏化させたのも理性なのだから。その意味で、流血や暴力性の排除を骨子とする近代スポーツはあきらかに、理性の申し子なのだ。

3章

殴り合うカラダ

人間は理性的であるがために暴力を気晴らしのなかに取り入れ、拳で殴り合うゲームをつくりあげた。本章で述べるのは、そのゲームのプレーヤーがどのようなカラダの持ち主かだ。そのカラダとは、栄養や肉体の鍛錬のみによってつくられるのではない。さまざまな視線を浴びて文化的に作られるものだ。イメージを伴い、あるときは名乗り、またあるときは名付けられる。その意味で拳で殴る暴力が、いかに「文化」に対比される「自然」な行動として評されようと、そこでの拳の暴力は真に「自然」ではない。

理屈っぽい話が続いたので、本章では息抜きがてら、また拳での殴り合いという本書の主題がもつ現代性を忘れないためにも、できるだけ馴染み深い人物の逸話などを楽しんでいただこう。

3-1 殴り合うカラダのイメージ

拳で殴るのは、ふつう誰でもできる。だが、拳で殴り合うにふさわしいカラダとはどのようなものだろうか。またそれはどのようにつくられるのだろうか。だがそれについて述べる前に、殴り合うためのカラダがどのようにイメージされているのかから考えたい。ここでは世界的な有名人たちにも登場してもらい、豆知識的な話を盛り込みつつ、問題の核心へとだんだん接近していくことになる。

自転車ドロボーへの復讐

「赤と白のシュウィン社製自転車にまつわる伝説」をご存じだろうか。あらましは以下の通りだ。

十二歳の少年が、年に一度開かれる町のバザーに出かけて自転車を盗まれた。少年はかなり興奮して半ベソかきながら「盗んだやつが誰だろうと、ぶちのめしてやる」と警官に訴えた。

「その前に、ケンカの仕方をならっておいた方がいい。」

警官のアドヴァイスを真に受け、少年はボクシングジムに入門した。★1

この逸話の主人公の少年こそ、ローマ五輪で金メダル獲得後にプロへと転向し不世出のヘビー級世界チャンピオンとなったカシアス・マーセラス・クレイ・ジュニア、いや、こう呼ぶべきだろう、モハメド・アリだ。アリは自転車を盗んだ犯人への復讐心から、拳で殴るカラダを身につけようとボクシングの門を叩いたのだった。アリに限らず、拳で殴る暴力の英雄たちが、そもそもそのカラダを必要としたきっかけの逸話は、しばしば好んで語られる。英雄に神話はつきものなのだ。

ベイヨーンの流血男

アリはベトナム戦争徴兵拒否によりボクサーとして活躍する場を奪われること三年七ヶ月、その間に公民権運動に参加し、アメリカにおける黒人の権利獲得と地位向上のためにリングの外で闘った。ボクシングへの復帰後、一九七四年には圧倒的不利という前評判を覆し、「ゾウをも倒す」と言われたハードパンチャー、ジョージ・フォアマンをKOで葬った。

この逆転劇は「キンシャサの奇跡」として、当時の話題をかっさらう。アリは、ジェラルド・フォード大統領からホワイトハウスに招かれる国民的ヒーローにまでなった。そのアリがフォアマンから奪取した世界タイトルの、初防衛戦の相手として選んだのが、チャック・ウェプナーだ。

ニュージャージー州ベイヨーン出身のこの男をどれだけの人が知っているだろうか。三十六歳のベテランで、戦績は三〇勝九敗二引き分け、だが対戦相手のほとんどが二流選手、というまあまあの実力者。「ベイヨーンの流血男」というニックネームにしてもあまり名誉なものではない。試合で打たれた傷で、顔面を合計なんと三百針以上も縫っていたからだとか。要するにチャンピオンはメジャーなタイトルマッチの前に、楽な金稼ぎがしたかったのだ。★2

試合は一方的で内容も退屈だったらしい。結果はアリの一五ラウンドTKO勝ちだった。しかし九ラウンドに一つ、大きな山場があった。あろうことか、アリが胸にパンチをもらってダウンしたのだ。たしかにアリが抗議した通り、ウェプナーに足を踏まれてスリップしたのが真相だろう。しかし、レフェリーのトニー・ペレスはダウンとみなしてカウントをとったから、公式には紛れもなくダウンだ。

敗者が勝つ物語

この試合を、有線テレビに二〇ドル払って観戦している失業中の映画俳優がいた。「自分が選んだ俳優という職業で失敗の仕方を完全に身につけてしまった」と、後に自らのことをふり返っている彼は、当時どこにも出かけず暇をもてあましていた。ところが、見果てぬ夢を追う人間の物語をつくりたいという思いは、胸の内にくすぶり続けていた。

「何とも平凡な試合で、やっとおもしろくなったのは、絶対負けると思われていた男が無敵のチャンピオンをノックダウンしてからだ。私は観客の反応を見て、〈こいつだ〉と思った。みんな不滅の名声の分け前にあずかりたがっているんだ。たとえそれがボクシングの一五ラウンドのあいだだろうと、自分の人生のうちのたった二分間だろうとね[★3]」

こうして生まれた映画の脚本が『ロッキー』だった。失業中の映画俳優とは、もちろんシルヴェスター・スタローンのことだ。

『ロッキー』はそれまでのボクシング映画とは明らかに一線を画していた。たとえばその二十年あまり前に作られた『波止場』を思い浮かべるといい。マーロン・ブランドが扮する主人公テリーは八百長試合で追放された元ボクサーで波止場の日雇い労働者だが、最後は波止場を恐怖で支配しているギャングのボスにたてついて命を落とす。下層階級出身のボクサーの出口のなさが描かれている。『ロッキー』でスタローンが演じるロッキー・バルボアも都市下層のチンピラボクサーだったから、設定は、それまでのボクシング映画のボクサー像を踏襲している。しかし「三ラウンドもたない」と言われていたロッキーが、絶対王者として君臨する世界チャンピオン、アポロに「勝った」。この映画は、いくら腕力だけ強くても社会における搾取や不平等からは逃れられないという絶望から、人々を解放したのだ。

「バカな！　ロッキーはアポロに判定負けだったではないか」と反論する人がいるかもしれない。なるほどアポロは楽に勝てる相手としてロッキーを選び、予定通り試合に勝った。しかし、ロッキーにとっては一五ラウンドを戦い抜き、ろくでなしの自分から脱皮することが勝つことだった。しかもラウンドが進むにつれ、不屈の精神で立ち向かうロッキーの姿に観客は共感し、彼への声援は高まる。エンディングで観客の歓喜に包まれるのは、負けたロッキーの方だ。その意味で本当に勝ったのはロッキーだ。『ロッキー』は「敗者が勝つ」明るい物語なのだ。[★4]

話を戻そう。『ロッキー』が登場するまで、映画のなかのボクシングには試合をめぐる賭博、それにつきものの八百長、またそれを取り仕切る闇社会とのつながりなど、負のイメージがつきまとっていた。また「イタリアの種馬」がニックネームの主人公ロッキー・バルボアもイタリア系移民だが、ボクサーといえば、移民や人種的マイノリティを中心とする日の当たらない都市下層民のイメージと結びついていた。

刑務所あがりの無法者で史上最強として恐れられていた強打のチャンピオン、ソニー・リストンを予言どおり「チョウのように舞い、ハチのように刺し」てノックアウトした、陽気で感じの良い、自称ハンサムなチャンピオン（実際ハンサムだった）、モハメド・アリの華々しい誕生は、そのイメージを変えるきっかけになったかもしれない。しかしボクシングに対する暗いイメージが払拭されるには、まだ時間がかかったのだ。サイモン&ガーファンクルはその楽曲「ボクサー」で、ボクサーとしての成功を夢見て田舎からニューヨークに出てきた少年が、都会の冷たい風当たりに身を切られ、芽が出ないまま都市下層に埋もれていく悲哀を歌って人気を博したのだから（もっともこの歌詞は、フォークソングで身を立てようと都会に出てきたものの仕事はなく、ついにコロンビアレコードのボスたちに屈するほかなかった、ボブ・ディランの半生をたとえたものだ、という説もある）[★5]。

ボクサーを日の当たるところに出したのは『ロッキー』だ。ついにボクシングで栄光を得たボクサーが、社会の表舞台における成功者として誰からも賞賛されるようになった。ボクシングは、それまで下町の荒くれ者たちによる野蛮な殴り合いの延長と見られていたが、フェアプレー精神に則った健全なスポーツへとイメージを覆した。「ボクサーはかっこいい」と、みんなが堂々と言えるようになったのだ。

ロッキーのカラダ

ボクシング好きなら当然『ロッキー』も大好きだろう、と思われるかもしれない。しかし、性格がひねくれているせいか、何を隠そう、私は長い間この映画があまり好きではなかった。まず、映画のなかのスタローンはお世辞にもボクシングがうまくない。少年時代にカーク・ダグラス主演の『チャンピオン』(これもボクシングの八百長がらみのストーリーだ)を観てその魅力にとりつかれてボクシングを習い、学生時代にはスイスでボクシング・コーチのバイトまでしていたそうだが、[★6]その片鱗が見えない(わざとヘタっぴに演じたのだろうか)。もちろん世界のトップボディビルダー並みのトレーニングを禁欲的に重ねてきた、彼の筋骨隆々ぶりには目を見張る。しかし、いやそれゆえにカラダがボクサーっぽくないのだ。

彼のカラダのどこがボクサーっぽくないのだろうか。一言で言うと、全体的にゴツすぎるのだ。胸板は厚すぎるし、背中もまんべんなく厚い。太腿やふくらはぎも太すぎる。スタローンは全身すべての筋肉が発達しているが、ボクサーは競技に必要な筋肉は発達させても、それ以外の筋肉の過剰な発達は抑制するものだ。

アスリートのカラダ

私にとってかっこいいカラダ、憧れのカラダの原型は、記憶を辿ってみると、幼い頃にテレビのブラウン管を通して見た具志堅用高にあるのかもしれない。トレードマークのアフロの髪型も印象的だったが、もっと鮮烈だったのは、筋肉質だがしなやかにすらりと伸びた脚でフットワークを刻み、細く薄いくらいの体幹のてっぺんについた肩まわりの筋肉を凹凸させ、自在に鋭くパンチを繰り出す、スピーディーかつリズミカルな動きだ。

だが張り詰めた筋肉の躍動を伴ったボクサーの「かっこいいカラダ」について、長い間ちゃんと意識していなかったことがある。今や、いや具志堅がチャンピオンだった四十年前においてさえ、スポーツとは、観客、メディア、テクノロジー、資本という四つの要素が介入し、高度に社会性を帯びたゲームだったということだ。しかもこれら四つの要素は、競技者のカラダにも深く浸透しているのだ。

ボクサーのカラダをつくる毎日のトレーニングにしても、背後には実に多様なものが関係している。たとえばトレーニング機器などのテクノロジーと、各種メディアから得られる情報が利用され、さらには観客の期待と欲望に敏感なスポンサーによる資本投下も、選手やジムは受けている。観客、メディア、テクノロジー、資本という四者の関与の仕方は、時代を追うごとに複雑さを増し、資本の拡大に比例して肥大化する一方だ。すでにスポーツは競技者のカラダの競い合いという域を超えている。彼らのカラダそのものが、これら四つの社会性の複雑な絡み合いを表現するメディアなのだ。[★7]

彼ら、いわゆるアスリートのカラダは、それぞれが専門とするスポーツにおいてのみ「たくましく、強く、美しい」。それは、競技ごとに要求される特有の動き、心理的刺激、戦術や戦略の組み立てなどに対して合目的的、合理的なテクノロジーとしてつくりあげられる。そこに栄養学、心理学、トレーニング科学その他、さまざまな専門家によるサポートも加わる。[★8] ボクサーのカラダにしても、程度の差こそあれ、例に漏れず、「自然なカラダ」などではないのだ。

かっこいいカラダ

時代を遡ると、イギリスにおいて議会政治をつくりあげた地主階級らがつくりあげたスポーツは（5章「5-3」参照）、二十世紀のアメリカで大衆社会の拡大と共に発展した。こうして興行は巨大化し、メディア表現の発達が促され、読者の欲望と熱狂が拡大し、競技者のカラダとテクノロジーの融合がもたらされる。必然の流れとして、高度に目的化されたアスリートのカラダは、筋肉増強剤の使用やドーピングに象徴される過剰なものへと変化する。

すでに昔の話だが、世界トップのボディビルダーとして筋肉美の極致を示したアーノルド・シュワルツネッガーは、映画『ターミネーター』のシリーズで未来の殺人マシーンの主役を演じた。それが妙にはまり役だったのは、超科学的なトレーニングでビルドアップされたカラダが、いかにもアンドロイドらしい過剰さと畸形《きけい》性を感じさせたからだろう。[★9] その彼のカラダでさえ、その後の世界トップクラスのボディビルダーと比較すると、控えめに見える。カラダを自分の所有物で管理すべき資産と見なし、支配し、意のままに変えたいという願望は、シェイプアップと身体変工の際限ない逸脱へ、多くの人々を駆り立てる。[★10]そこへの資本主義の関与はますます大きい。

アスリートのカラダが、スポーツの進化と相関して過剰な畸形性を帯びていくのを、人々が目にしすぎたせいだろうか、一方で、「自然なカラダ」のイメージが、一般的なかっこよさの条件に含まれているかのようだ。ただしここでの「自然」は、放漫や怠惰のことではない。行き過ぎず管理され、活動的で、社会的で、強く、しなやかで、バランスのとれたものだ。

二〇〇九年にあるＣＭに「細マッチョ」と「ゴリマッチョ」という言葉の対比があったが、男性の一般的な「かっこいいカラダ」イメージのなかに、細マッチョのイメージは入り込んでいる。こういった時代の流れに対応したものだろうか、それこそゴリマッチョの宝庫だったボディビルの団体も、上半身の筋肉のバランスを重視した、フィジークという新しいコンテストを開設して、トレーニング愛好者の拡大を狙っている。他にもボディビルとは少しコンセプトが異なる、ベストボディ・ジャパン協会主催のコンテストも、二〇一三年に始まった。これも筋肉の大きさをことさらに重視するのではない。全体のバランス、身のこなし、知性・品格・誠実さといった内側の美しさまでも含めて、「かっこいいカラダ」を決めるのだ。[★11]この「かっこいいカラダ」の見方は、衣服の下にあるべきオリジナルとみえるカラダが、スポーツや筋肉

トレーニングを通じて衣服に変換された結果できあがったものだ。[★12]

なおこのベストボディ・ジャパン協会の広告塔は、中量級K－1ファイターとして活躍した魔裟斗だ。K－1はボクシングとは異なるとはいえ、ボクシング技術がそのまま役立つ競技だし、魔裟斗ももとは名門ヨネクラジムでボクサーとしての将来を嘱望されていた選手だ。まさに今、つくられようと目論まれている「かっこいいカラダ」イメージのなかにも、拳で殴り合うゲームのためにテクノ化したボクサーのカラダのイメージが取り込まれているのだ。

3-2 つくられるカラダ

ボクシングの試合ポスターを思い浮かべてみよう。たいがいそこには、精悍で眼光鋭く、自信に満ち、拳に無限大の威力を秘めた屈強の男たちの上半身が映っている。これが現代のボクサーのカラダに対するパターン化されたイメージだが、社会的なカラダが、ある型にはまったものであることは間違いない。そこで次に考えたいのは、拳で殴り合うカラダが、どのような肉体の行使と鍛錬をとおしてつくられるのかについてだ。

殴り合いのプロのカラダ

拳で殴り合うゲームのプレーヤーたちのカラダについて、古代にまで遡ろう。

拳での殴り合いを主要な要素として勝敗を競い合う、古今東西のさまざまなゲームを広く拳闘と呼ぶなら、その歴史は古い。確実に紀元前三〇〇〇年のエジプト文明や、メソポタミア文明にまで遡る。互いに対峙した拳闘士たちの姿が描かれた壁画や壺絵なども、紀元前一六〇〇年頃には東地中海全域から発見されている。[★13]ギリシャ、サントリーニ（ティラ）島のアクロティリ遺跡から出土した壁画「拳闘をする少年たち」（紀元前一七〜前一六世紀、アテネ国立考古学博物館蔵）はよく知られている。しかし、拳闘士を単体で表現した古代の作品は少ない。

時代は下り、もっとも古く見積もって紀元前四世紀とされる彫刻作品に、「拳闘士の休息」あるいは「テルメの拳闘士」などの名で知られるブロンズ像がある。座ったまま後ろをふり返っている拳闘士の、写実的な傑作だ。彼が拳闘士であることは一目でわかる。まず、拳闘士が、拳から前腕部にかけて巻いている雄牛の長い革紐だ。のみならず、歴戦の傷が刻まれた皮膚、カリフラワー耳、折れた鼻、歯の欠損を物語る唇の陥没まで細かく表現された顔の造形。[★14]拳の装備から察するに、試合前か、インターバル中か、終わったあとかのいずれかにちがいない。だが彼の視線の先にいるのはおそらく対戦相手ではない。その表情には、挑発的な闘志よりも、疲労なのか、憂愁なのか、諦観なのか、奥深い静謐が宿っている。それでいて鍛え続けられてきた筋肉の起伏は、ヘビー級よりは軽い階級の、現代のボクサーのカラダにも似かよっている。

アメリカの小説家トム・ジョーンズも、『拳闘士の休息』という作品で、彫像の解釈に筆を多く費やしている。ジョーンズも、もともと一七五戦の実績をもつアマチュアボクサーだった。しかし海兵隊入隊後に側頭葉癲癇《てんかん》を統合失調症と誤診され、ベトナムの戦場に行くことなく除隊した。彼にはそんな前歴がある。その彼も、「完璧なプロポーションをしている」この拳闘士のカラダから目が離せない。

《拳闘士の休息》紀元前4〜前1世紀

筋肉のつき方は、言うまでもなく闘士のものだ。首から肩にかけての僧帽筋が、見事に発達している。広い肩幅、胸板は厚く、しかしボディビルダーのように盛り上がるのではなく、平たく引き締まっている。背中、脇腹、そしてみぞおちは筋肉がくっきりと浮き出ているうえ、現代のボクサーに必要とされる、がっしりとした脚をそなえている。腕は太く、特に前腕はみごとで、カエストスと呼ばれる革の籠手《こて》で補強してある。全体的に見て、小さめのヘヴィ級といった体格だ――ごつくはなく、むしろしなやかだが、うちに秘めた力を感じさせる。ジャック・ジョンソンとかデンプシーとか、ああいうタイプだ。（中略）男は首をねじ曲げ、振り返って何かを見ているようだ――まるで、たったいま誰かに何かを耳打ちされたかのように。ここのところが、この彫刻の〝肝〟だ。もしかしたら、誰かが闘技場に出る時間だと告げたのかもしれない。拳闘士の顔にはかすかにとまどいが浮かんでいるが、恐怖はみじんもない。誰にも迷惑はかけたくないし人を待たせたくないから、言われればすぐにでも立ち上がる、そんな風に見える。もうすぐ自分の生命が危険にさらされるというのに。歪められ、変形した精悍な顔だちにはまた、軽い倦怠《けんたい》と、悟りに似た諦めがにじんでいる。[15]

ジョーンズの記述は文化史的な正確さを欠いているので、注意が必要だ。たとえばカエストスについての説明は誤っている。カエストス（カエストゥス）は鉄と鉛で補強したグローブだが、後代のローマ期における発明品で、この拳闘士が装着しているのはヒマンテスと呼ばれるギリシャ期の革紐だ。[16]

彫像のモデルは、古代ギリシア最強の闘士として誉れ高いテオジニス（テオゲネス）だとも言われる。紀元前五世紀、彼は拳闘のみならず、打撃、投げ、関節技ありの総合格闘技、パンクラチオンでも敵なしだった。第七十五回オリンピック競技会においては拳闘で、第七十六回オリンピック競技会（前四七六年）においてはパンクラチオンで勝利した。[17] たしかに像の拳闘士は、パンクラチオンやレスリングの選手の顕著な特徴であり、現代の柔道家やアマチュアレスリングの猛者にも多いカリフラワー耳をもっている。

この像は現代のボクサーのカラダについて、いくつかの重要なことを気づかせてくれる。まず、これほど顔に傷を刻みつけている人は珍しい。

古代では決められたラウンド数を闘ったら判定決着になるわけではなかった。しばしば試合は数時間におよび、夜になる前に試合を終わらせるため、拳闘士同士が一切防御はしないと取り決めて殴り合うことさえあったという。倒れている相手を殴ることも許されたらしい。だから、壺絵の拳闘士たちを見ると、鼻、顎、頬など傷だらけだ[★18]。そのケガは拳につける、いわばグローブのせいでもあった。

誤解してはいけない。グローブは相手へのダメージを減らすためのものではない。むしろ自身の拳や手首を保護し、かつ素手で殴るより強烈なダメージを、相手に与えるためのものだ。紀元前四世紀ごろに現れた試合用の革グローブは、俗にミュルメクス（蟻）と言われ、刺すような痛みを与えたという[★19]。一方ボクシンググローブは表面にではなく、内奥に深刻なダメージを与える。頭蓋骨の内部にある脳を震盪させ、脳に機能障害を起こさせてカラダのコントロールを奪うのだ。

次に気づかせてくれるのは、ジョーンズも見抜いている通り、ブロンズ像の拳闘士がボディビルダーのカラダではなく、ボクサーのカラダをしていることだ。いったい当時の拳闘士は、ふだんどういうトレーニングをしていたのだろうか。

古代ギリシアのスポーツクラブ

古代ギリシアにおける拳闘試合の記録がある程度残っているように、練習に関してもわかっていることがある。

格闘技の練習は、紀元前六世紀からローマ帝国末期の五世紀まで、パレストラで行われた。パレストラとは個人所有の会員制運動施設で、現代風にいえばスポーツクラブだ。市民の社交場としても機能していたようで、かの哲学者プラトンによると、師ソクラテスも、パンクラチオン選手でもあったイケメン政治家アルキビアデスと、そこでよくおしゃべりに花を咲かせていたそうだ。

パレストラには、コリュコスが吊りさげられたトレーニングルームもあった。コリュコスは、重いものだとなかに砂が入っている袋だったから、まさにサンドバッグだ。軽いコリュコスには雑穀の粉などがつまっていた。三世紀に運動について語ったフィロストラトスによれば、拳闘士はスピードを養うために軽いコリュコスを用いた。一方、パンクラチオン選手は重いコリュコスを揺らさないようにすることで脚を鍛え、ぶつかり合いに耐える肩と指を鍛えたそうだ。後者はどうやら叩くためのものではなかったようだ。

ちなみにボクシングで用いる「サンドバッグ」は和製英語だ。英語ではパンチングバッグ、またはヘビーバッグと呼んでいる。なかに砂はつまっていない。フェルトやらメリヤスといった繊維質のものがつまっているのだ。本当に砂などつめていたら重量と湿度のせいで、下の方から岩のように固くなる。そんなものを力いっぱい叩いたら拳を痛めてしまうだろう。
鏡こそ設置されていないが、フットワークを駆使しながらのケイロノミア、と呼ばれるシャドーボクシングも盛んに練習されていた。拳闘士たちが練習している様子を描いた壺絵が残っているが、驚いたことに、フルート奏者の伴奏つきだ。まるでBGM流しっぱなしの現代のボクシングジムみたいではないか。当時はリズムやハーモニーを持ち合わせていない人は、無教養で動物にも等しいと常識的に考えられていた。[21] おそらく音楽を聴きながら行うトレーニングの効用も認識されていたのだろう。紀元前六世紀という昔でさえ、まるで現代のトップアスリート同様に、医学知識をもつ老練な競技者がトレーナーとなり、トレーニングの方法のみならず競技会に勝つための専門的な食餌法と健康法まで教えていたのだから。[22]
そのほか、筋持久力を高めるために、腕を前や横に伸ばしたまま立ち続けたり、重量挙げや重量投げなどもトレーニングに導入された。また、先に紹介した天才格闘家テオジニスは、ギリシア神話の英雄「俊足のアキレウス」（アキレス腱の言葉で現代にまで伝えられるアキレスとはこの人だ）の本拠地で俊足ひしめくピュティアで開催された競技会に、「どうせ勝つに決まっているから」と拳闘やパンクラチオンではなく、徒競走にエントリーして勝利したというから、[23] 当時の拳闘士にとってもロードワークはあたりまえだったのだろう。
なお古代の拳闘におけるルールについて、詳細はわかっていない。だがホールド（抱え込み）、生殖器への打撃、拳に巻く装置の補強やブタ皮の使用などは禁止されていたようだ。

古い絵などには、対戦する拳闘士の二人以外に、レフェリーやジャッジにあたる第三の人物が描かれていないので、どちらかが死ぬまで闘うルールだったと考える人もいる。しかし、オリンピック競技会だけに限っていえば、前六八八年以来、千年以上も競技種目として採用され続けた拳闘の死亡事故は少ない。また、そうした事故の際には勝者を祝福する冠が死者の側に与えられ、死なせた側はそのスタジアムから永久追放されたというから、相手を死なせるのは名誉なことではなかった。[★24] 相手を死なせてしまい、発狂した拳闘士もいた。[★25]

拳闘の練習法のみならず、そのための道具も時を追って発展した。拳に装着する装置は独自の発展を遂げたし、練習中に耳を保護する装置も発明されている。こうしたことから類推すると、ルールのみならずトレーニング法、食餌法、健康法も、時代を追うごとに洗練されたのだろう。[★26]

拳闘のシンボルは?

古代拳闘のシンボルがなにかを、ご存じだろうか。グローブでもサンドバッグでもない。競技は裸体で行う規則だったから、当然トランクスなどではない。意外にも、なんと「つるはし」だ!

辰吉丈一郎には地元でやんちゃしていた頃、つるはしでケンカ相手の車に襲いかかったという逸話がある。しかし拳闘士たちがつるはしでケンカしたわけではない。試合場は試合の度に、つるはしで固い地面を掘って造成しなくてはならなかった。その作業もトレーニングの一環として、拳闘士たちが行った。つるはしが拳闘のシンボルだったのはそのためだ。試合場としてのリングの出現は、十八世紀まで待たなくてはならない。

拳闘士がつるはしを振り下ろして屈強な肉体の基礎をつくる姿など、映画『ロッキー』シリーズに出てくるロッキーの薪割りトレーニング、あるいは亀田三兄弟の丸太担ぎスクワットなどを思い出させるではないか。二十世紀以降のトレーニングマシンのめざましい進歩にもかかわらず、マシンを用いた筋肉の部分強化トレーニングなどは、日本のボクシングジムでそれほど積極的に導入されてこなかった。ジムワークでは、今でも跳び縄、サンドバッグ、パンチングボール、軽いダンベル以外の器具は用いられていない（エアロバイクは多くのジムにあるだろうか）。自主トレといえば、まずは走りこみだ。つまり日本ボクシングはトレーニング器具にそれほど頼らない伝統が強い。だから日々のトレーニング法も、千五百年以上前までの拳闘士たちと比較的似かよっているのかもしれない。またそれゆえに、カラダも似かよって見えるのかもしれない。

だが、古代には確実になかったトレーニング法はある。その重要な一つが時間に関するものだ。

ボクシングジムでは、リング横にあるデジタル時計が、三分経つとベルを鳴らし、次は三十秒後に鳴り、その次は三分後に、そのまた次は三十秒後に……という具合に三分と三十秒を交互に告げ続ける。もちろんこの三分は試合における一ラウンドの長さだ。

三分間動いて三十秒間休むリズムを、ジムワークの間中繰り返すことで、一ラウンドの時間感覚を練習生たちはカラダにしみ込ませることになる。インターバルを三十秒にしているのは、実際の試合におけるインターバルは一分間なので、その半分の時間で疲労を回復させることをカラダに覚えさせておくと、本番で楽だというわけだ。練習はどのラウンドから始めてもいい。またどのラウンドで終わってもいい。各人次第だ。

太った腹の使い方

両手は長く、前腕は強く、肩は丈夫で、首は長い方がいい。手首が太いとハードなパンチが打てる。手首が細いなら、よく動いてうまく突くことだ。尻は鍛えあげた方がいい。尻がしっかりしないと、パンチを突きだしたときにバランスを崩してしまう。私の観察では、少なくともぶよぶよしている人は向いていない。（中略）両腿はしっかり引き離して立つのが良い。その方が攻撃しやすいからだ。腹は引っ込んでいるのがベスト。その方が軽いし、呼吸もいいからだ。★27

これが、三世紀にフィロストラトスが述べた拳闘士の体型だ。要するに、リーチが長くてパンチ力があり、足腰が強靱で、動きは軽くて、スタミナがあるのがいい、ということだ。私がわざと略した箇所には、「（ぶよぶよしている人は）相手の脛を蹴るのにもたつき、反対に脛を蹴られやすい」と記されている。当時の拳闘のルールでは、相手の脛を蹴ってもよかったのだろう。この点が今日のボクシングと大きく異なっている。だが、脛への攻撃がある分、現代のボクシング同様に、フットワークの重要性がかなり認識されていたはずだ。拳闘に適したカラダが現代ボクサーのカラダに通じるのも、一つにはそのためかもしれない。

だが、右の引用の続きにはこんなことも書かれている。「腹がでっぱっている長所もある。顔へのパンチを防いでくれるだろうし、腹で相手のパンチの威力を測ることができる」と。今のボクサーのカラダを思い浮かべると、ちょっとびっくりだ。なぜなら、ボクサーなら腹が出っぱってなどいないだろうとふつう思うからだ。それに、ぽっこりの腹を使ったテクニックなどあるのだろうか。

だがジョージ・フォアマンを私は思い出した。フォアマンはモハメド・アリに「キンシャサの奇跡」ですべてを奪われたという二年後、キリスト教への信仰に目覚め、一度はボクシングの世界から足を洗った。しかし、宣教活動の資金集めのため一九八七年に十年ぶりに復帰し、一九九四年には四十五歳にしてマイケル・モーラーをＫＯして世界チャンピオンに返り咲いた。

私が思い出したのは、復帰後のフォアマンだ。両腕をクロスさせて太い体幹に巻きつけたアップライトの姿勢から打つ多彩なパンチは、若い猛者たちを恐れさせた。彼の腹もパンチ力測定器としてはたらいたのだろうか。今改めて見るとそれほど太いとも思わないが、当時はあんなに太っていて動けるものだろうかと驚いた（優しい顔になったのにも驚いた）。しかし腹にいくらぜい肉があってもかまわない。ヘビー級だけは体重に上限がないのだ。そう、フィロストラトスが腹が突き出ている拳闘士の長所をあえて語ったのは、古代拳闘に体重制などなかったからだ。痩せていても、太っていても、背が低くても、巨体でも皆一緒くたに闘ったのだ。

しかし、近代ボクシングは、体重のみによる階級制によってこそ特徴づけられる。また、ヘビー級を除く階級すべてにある体重の上限ゆえに必然的に生じる減量こそが、ボクサーのカラダをつくると言っても過言ではない。だから、赤井英和と大和武士らトップボクサーを起用した映画「どついたるねん」で、真に迫るボクシングシーンを撮るためには、過酷な減量とその苦しみを描かないわけにはいかなかった。意地と意地を張り合い、試合に挑むボクサーの舞台裏に、かならず減量はあるからだ。

減量の職人

世界の頂点を極めた日本人トップボクサーたちが、いかに厳しい減量苦を乗り越えたか。逸話はいくらでもある。減量でもっとも苦しいのは水分断ちだが、沢木耕太郎は輪島功一とのこんな思い出を語っている。

　いつだったか輪島と車に乗っていて、突然、彼が車を止めたことがある。もどかし気にドアーを開けると、妙なところに走って行った。ビルのガレージに向かったのだ。そこには洗車用の水道があった。蛇口に口をつけると、驚くほどの必死さで水を貪った。……だが、ふっと顔を上げてぼくの方を見た。そして、その水をコンクリートの上に吐き出した。車に戻ってくると、輪島は小さく呟いた。
《みっともないところを見られちゃったな……》★28

　韓国の柳済斗に奪われた世界チャンピオンのタイトルを取り返すべく一九七六年二月十七日、輪島は柳に再戦を挑んだ。その試合前の出来事だろう。

　前年十二月に、ガッツ石松がコスタリカのアルバロ・ロハスを相手に五度目のＷＢＣ世界タイトル防衛を果たしたばかりだったその際、体中の水分を絞り出すほどの「地獄の減量」を敢行したというニュースを念頭に置いてか、輪島は沢木にこんなことを言った。
「ボクサーがね、どれだけ減量しなければならないにしても、それを苦しいだの怖ろしいだのといって大騒ぎするのはいやだね。何が恐怖の減量だ。そんなことを試合の宣伝に使うのは、プロとして恥かしいことじゃないか」。さらに、「そんなに苦しければ一階級あげればいいじゃないか。そうすれば負けちゃうからあげないのさ。その読みはプロとして当然のことだ。だったら、もっと静かに減量すればいいのさ」と加えた。[★29]

なぜボクサーは減量するのだろうか。沢木に語った輪島の言葉のなかに、そのあまりに単純な答えがある。勝ちたいからだ。

減量すれば勝てるという理屈は、簡単な算数の計算に基づくものだ。つまり、同じ体重の人同士だと、筋肉量の多い方が力が強い。ついでに、背が高い方はふつうリーチも長いから、相手に遠くからパンチを当てやすい。つまり力と距離の点で有利だというわけだ。

「あわてて減量しなくても、ふだんから節制していれば、試合前にそんなに苦しまなくていいのに」と、不思議がる人も多い。もっともな疑問だ。しかしふだんから一般の人たちの想像を越えた過酷な練習をこなしているトップボクサーたちが、しばしば一〇キロ以上も体重を落とすのだ。甘っちょろいものではない。絶飲絶食に近い状態で、熟睡できない、動くこともままならない、力も出ない、そんな状況を克服し、やっと計量にパスした翌日には最高のパフォーマンスをリング上で披露しなくてはならない。輪島の言葉を借りれば、彼らは「経験による科学」を身につけた減量の職人なのだ。[★30]

3-3 名がつくるカラダ

現代ボクサーのカラダは、三〇秒のインターバルを挟んで強度の高い三分を繰り返すサーキットトレーニングと、試合のたびの過酷な減量（ヘビー級は異なるが）という、たえまない禁欲と弛緩の反復に、その本質があると言っていい。既述の通り、「かっこいいカラダ」のイメージにも、このカラダのイメージがそれと気づかず取り込まれている。このように、社会の視線をとおして評価されイメージされる「殴り合うカラダ」は、一方で社会に対し、どのようなものとして名乗るのだろうか。個々のボクサーの名も例として取り上げながら考えたい。

マサト？・コボリ？

名もないボクサーとしての個人的な思い出話から始めよう。

二〇〇九年春、タイ、バンコク郊外で私の試合が決まった。そこで試合用のトランクスを注文しに、ムエタイの聖地と呼ばれる二大スタジアムの一つ、ルンピニー・スタジアム周辺にあるトランクス屋にでかけた。ラフなデザインを描いて店に持参すると、オリジナルトランクスをつくってくれるのだ。

トランクスには、タイ文字とローマ字で名前の刺繍を頼んだ。名前は「マサオだ」と告げると、愛想のいい女性店員に「マサト？」と聞き返された。当時、魔裟斗はまだ現役K－1選手だったし、ブアカーオ・ポー・プラムックのライバルとしてタイでも有名だった。何度も私のことを彼女が「マサト」と言い間違えるので（わざとかもしれない）、出来上がりを確認するまで、「マサト」で仕上がるのではないかと冷や冷やしたものだ。

試合のリング上で、私がどんな名前で紹介されたかは思い出せない。マサトでも、本名のフルネームでもなかったことはたしかだ。たぶんトランクスに縫いつけられている通り、単にマサオと呼ばれたのではなかろうか。というのは、第一ラウンド中に実況アナウンサーが「マサオなんて名は覚えにくいし、呼びにくい。日本人ならコボリだ。これからコボリと呼ぼう」と、私の名前をネタにして観客の笑いをとっていたことを、はっきり覚えているからだ。完全アウェーとはこういうことだ。

応援に来てくれた、タイ文化を研究している優秀な後輩の日本人によると、コボリとは『クーカム』（トムヤンティ作）という作品の登場人物だ。第二次世界大戦中のバンコクを舞台とする小堀大尉と現地の女性との恋を描いた小説は、ドラマ化され、映画化もされた。コボリをタイ人なら誰でも知っている（抄訳が一九七八年に『メナムの残照』として刊行[★31]）。私はその日、かりそめにコボリになった。幸いタイでコボリはマイナス・イメージではない。だがこのコボリとは、日本人のことをコミカルに言い換えただけの記号にすぎない。

もし観客やアナウンサーを熱狂させ唸らせる闘いを見せられていたら、彼らは私にコボリではない固有の名を与えただろう。古今東西の英雄たちが名をもち、偉業にふさわしいニックネームを手に入れたのはそうしたわけだ。ボクサーの場合もそれがニックネームになり、ある場合にはリングネームになる。

「五つ星焼き鳥」のパンチ

タイでの試合の話から始めたので、タイ人ボクサーのリングネームを例に、ボクサーの名に関する話をもう少ししよう。

ウィラポン・ナコンルアンプロモーションという選手がいた。アウェーの日本における世界タイトルマッチで辰吉丈一郎と西岡利晃を合わせて六度撃破し、十四度もの連続防衛の山を築いた名チャンピオンだ。二〇〇五年、ついに長谷川穂積に敗れたが、個人的には大好きなボクシングスタイルの選手だった。

辰吉丈一郎から奪ったWBCバンタム級世界チャンピオンのタイトル防衛戦（一九九九年八月二十九日）で再び辰吉と対戦したときのウィラポンも忘れがたい。もうほぼ勝負がついていた第七ラウンドの途中、「まだ止めないのか。辰吉は精神力だけで闘い続けているだけじゃないか。自分にこれ以上殴らせるのか」とでも言いたげに、レフェリーをチラ見した。しかしレフェリーは試合を止めない。それを確認すると、やむなく仕留めにかかった。ボクシングの残酷さをつくづく感じたものだ。

彼のリングネームをフルネームで呼ぶと長すぎるせいもあるが、ふつうウィラポンと名だけで呼ばれている。タイ人の個人名は役所での登録上は日本とは逆で、名が先にきて、姓氏は後ろだが、日常生活で姓氏が用いられることはまずない。名だけが、いやむしろニックネームの方が通用している。たとえば私の姓名を例にすれば、姓氏のカシナガは日常で用いられず（親しい人でも、私の姓がカシナガだということさえ知らないことも）、マサオという名だけか、もっと頻繁にはニックネームの「カッシー」で生活しているということだ。

ではボクサーのリングネームの場合、たとえばウィラポン・ナコンルアンプロモーションの例だと、ウィラポンが彼個人を指し示す名にあたり（本名ではないらしい）、ナコンルアンプロモーションはスポンサー名だ。

タイ人ボクサーのリングネームは、後ろが所属ジム名やスポンサー名のことが多い。ということは、所属ジムやスポンサーが変わると、リングネームも変わるということだ。日本でも有名なボクサーだと、たとえばシリモンコンがいる。辰吉は薬師寺保栄との激闘に敗れたあと、世界タイトルを狙ってダニエル・サラゴサに二度挑戦するも連敗して崖っぷちにいた。その辰吉が無謀とも言われつつ挑戦した相手が、当時弱冠二十歳で勢いに乗っている無敗のチャンピオン、シリモンコンだった。だが、なんと辰吉は戦慄のボディブローで試合をひっくり返し、チャンピオンに返り咲いた。

その彼は、一九九四年にシリモンコン・シンマナサックとしてデビューした。辰吉と対戦した一九九七年十一月はシリモンコン・ナコントンパークビューであり、その後シリモンコン・シンワンチャーと、まるで出世魚のように次々と改名した。シンマナサックジムは所属ジム名、ナコントンパークビューがスポンサー名、シンワンチャーは彼が属するナリス・ボクシング・プロモーションのプロモーター、ナリス・シンワンチャーに由来していた。

このようなリングネームの命名法ゆえに、タイには「五つ星焼き鳥（ガイヤーンハーダオ）」や「CPフレッシュマート」なんて下の名をもつボクサーもたくさんいる。五つ星焼き鳥は、全国的にチェーン展開する鶏肉屋台だ。CPフレッシュマートも、これまたタイでお馴染みのコンビニ型食品店舗だ。

どうしてこんな命名法なのか。それは、タイにおけるボクシング興行のあり方に理由がある。WBAスーパーフライ級王座を十九度連続防衛したタイのカリスマ、カオサイ・ギャラクシーが登場した一九八〇年代まで、タイにボクシングの単独興行はなかった。現在ではボクシングのテレビ中継も頻繁だが、賭博が事実上公認されているムエタイの試合と異なり、ボクシング興行では入場料をタダにしないと、タイトルマッチでさえ集客できない可能性がある。スポンサーたちからの出資金のみで成り立っているからだ。そのため、リングの上とその周辺、すなわちコーナーポスト、ロープその他、目につくところすべてが広告だらけ。それだけでない。

ボクサーの名前まで広告にするわけだ。[★32] ウィラポンやシリモンコンくらい超有名どころのボクサーだって例外ではない。

タイのボクサーは、ボクシングジム（ふつうムエタイジムにボクサーも所属している）に住み込み、食と住の保証を受けつつ午前と午後の練習をこなし、ジム側が組んだ試合に出場して得るファイトマネーで生活費を工面し、故郷に仕送りする。選手に対するプロモーターやジムの権限は強く、リングネームについても選手の意向は反映されにくいようだ。

リングネームとニックネーム

リングネームとニックネームの区別をはっきりしておこう。端的に、ニックネームは他称だ。これは観客や周囲の人たちに名付けられ、あるいは形容され、マスメディアなどを通じて喧伝される。不断に生まれ続ける名のなかで、当人に付随する数々の物語を象るにふさわしいものが語り広められ、定着して伝えられていく。

一方でこんな例もある。たとえば堀口恒男と聞いて、すぐにピンとくるだろうか。昔の日本のボクシングに詳しい人なら知っているはずだ。日本ボクシングで「拳聖」とまで称されて崇められているピストン堀口のことだ。堀口恒男は知らないが、ピストン堀口なら聞いたことがあるという人も多いかもしれない。

驚いたことに、なんとピストン堀口はリングネームではない。戦前の一九三三年頃から定着したニックネームなのだ。ボクシング評論家として有名な下田辰雄は「自分が名付け親だ」と言っていたそうだが、左右のパンチを止めどなく打ち続けるスタイルが、汽車のピストンを連想させることから記者クラブで自然発生的に生まれたとも言われている。[★33] ニックネームの方が有名になりすぎ、またぴったりしすぎていたから、本名やリングネームを忘れさせてしまった。そんな珍しい例だ。

これに対してリングネームは、ボクサーとして協会に登録する名だ。自称とは限らない。むしろ自称と他称の中間といったところか。リングネームに関しては、考えさせられる騒動があった。それは、協栄ジムから世界チャンピオンになった、勇利アルバチャコフのリングネームをめぐってだ。その詳細を次に述べよう。

「海老原」はヤバい!?

話は一九九〇年代前半に遡る。辰吉が気の強さを前面に押し出した闘いぶりで、八戦目で世界王座獲得、という日本最速記録を打ち立て、日本ボクシングは大いに盛り上がっていた。折しも世界情勢は、冷戦終結真近、ソ連ではペレストロイカの進行で経済が自由化し、スポーツのプロ化も解禁された。協栄ジムはそこに目をつけ、ボクサーを招聘した。そのうちの一人がアマチュアボクシング世界大会優勝者[★34]、ユーリ・アルバチャコフだった。ロシア人とはいってもシベリアのケメロボ州出身で、顔や体型が日本人っぽかったことも幸いし、日本でも人気が出た。一緒に来日したジミントレーナーとの相性は抜群で、まるでトレーナーの指示どおり動く精密機械のように試合を運び、確実な勝利をものにし続けた。

実は彼が一九九二年六月にムアンチャイ・キティカセム（タイ）を破って世界チャンピオンになったとき、彼のリングネームはユーリ海老原だった。一九六〇年代に二度世界チャンピオンになった、協栄ジムが誇る「カミソリパンチ」の海老原博幸にあやかったのだ。

しかしその後、本人たっての希望によりリングネームを本名に戻した。日本語では勇利アルバチャコフ。海老原の名を負うのが本人にとって重荷だったわけでも、当人への個人的な好悪の情によるのでもない。母国のロシア語の問題だ。

私はロシア語ができないので、職場の大先輩の言語学者を通じて、ロシア人の奥さんをもつさる高名なフィンランド人言語学者の教示を仰いだ。その回答によると、とくに男が女性と性交することを意味する動詞「イェバーチ（ебать）」の命令形「ヨビ（ёбь）」の発音が、日本語のエビという発音に似ているからだろうとのことだった。たとえば「ヨビ・ツヴォユ・マーチ（ёбь твою мать）！」と言えば、かなり汚い悪罵だ。ツヴォユ・マーチは「おまえの母ちゃん」。ということは、ヨビは「でべそ」？ いや、それどころではない。テレビなら「ピー」が入る放送禁止用語だ。エビハラという日本語音が、卑猥な連想をさせ、ロシア人の失笑を買う。ユーリ・アルバチャコフも世界チャンピオンになって知名度が上がると、さすがにロシア人としてこっ恥ずかしいリングネームを、いつまでも使い続けることに耐えられなくなった。海老原博幸永眠の翌々年には、ユーリは海老原の名とも別れを告げた。

姓は「ガッツ」？

日本人でリングネームを変更したボクサーで有名なのは、ガッツ石松だ。変更の理由は、実は彼のハングリーなイメージとは反する意外なものだ。

もとのリングネームは鈴木石松。石松は「バカは死ななきゃなおらない」と笑われた、おっちょこちょいの侠客「森の石松」に由来する。森繁久弥、勝新太郎をはじめとする往年の名役者たちが、数々の映画で演じてきたことで有名だ。それはいい。問題は「ガッツ」の方だ。ガッツがあったからではない。ボクシングキャリア前半のヘタレぶりを反省し、「ガッツ」に変えられたのだ。改名のおかげで変身を遂げたのか、彼は世界チャンピオンにまで上りつめ、人生が三八〇度（!?）変わった。今となってはこのリングネーム（芸名）は、眼光鋭くガッツある野性的なカラダと、そこに不釣り合いに宿っている、天然ボケのひょうきんな人柄にいかにもぴったりだ。

ところで、姓はガッツ、名が石松だから、ガッツ石松なのだろうか。私がなぜこんな馬鹿げた問いをするのかというと、日本ボクシングコミッション（ＪＢＣ）のルールで、ボクサーの登録名は本名が原則だからだ。もちろんＪＢＣの承認が得られれば本名以外のリングネームを用いることもできる。だが、リングネームのモデルが本名だから、姓名の順で二つに分かれていなくてはならないのだ。

たとえば拳四朗《けんしろう》というリングネームのＷＢＣライトフライ級世界チャンピオンがいる。漫画『北斗の拳』の主人公と同じ、カタカナのケンシロウをリングネームとして登録したかっただろう。しかし、「漫画やアニメのキャラクターは不可」と規定されている。★35 また姓だけしかない、あるいは名だけしかないリングネームも認められない。だから、姓が拳、名が四朗のように登録せざるを得なかった。★36 こんなところに人名をめぐる日本の文化が反映されている。ボクサーの名は、世界のそれぞれの国や地域でローカル化したボクシング文化に沿ってつくられているのだ。

本章の最初の方で、アスリートのカラダに観客、メディア、テクノロジー、資本という四つの要素が関与していることを述べた。本節では、たとえばタイ人ボクサーの名にスポンサーやプロモーターの名が含まれていることを示したが、このタイにおける命名法は、ボクサーのカラダもまさしくそれら四つの要素を表象していることを、端的に物語っているのだ。

利潤の最大限の拡大を追求する資本主義の論理は、時としてローカルな慣習と衝突し、文化摩擦をひきおこす。ユーリ・アルバチャコフのリングネーム改名騒動も、そうして生じた亀裂の表出だったのだろう。だが一方で、拳で殴り合うゲームが、グローバル化のなかで各地のローカルな慣習と折り合いをつけながら土着化してきた点も否めない。リングネームをめぐる日本的慣習は、こうした土着化の一例だ。この土着化のプロセスについては6章で取り上げることになる。

4章

拳のシンボリズム

ずいぶん前の話だが、ある元ボクサーが恐喝容疑で逮捕されたとき、「オレがグーで殴ったら……」という、彼の脅し文句がテレビ番組で取り上げられた。「グーで殴るプロにそんなこと言われたら、ビビるだろ」とコメントされていたのを覚えている。「グーで殴るプロ」がボクサーなら、「パーで殴るプロ」は相撲の力士だろうか。周知の通り相撲では、パーの張り手はいいが、グーで殴るのは反則だ。

一発の威力で比較すれば、力士の張り手のほうがヘビー級プロボクサーのパンチよりも強力だろう。しかし、パーよりグーで殴る方が、明らかに凶暴な印象を与える。それはなぜだろうか。そう言えば「かわいがり」という名の悪習では、力士もグーで殴る。

というわけで本章では、拳について掘り下げることにしよう。拳という部位こそが、殴り合うカラダの主役だからだ。まず検討するのは、拳を握るジェスチャーの意味という文化の問題もからむ、拳がもつ暴力性についてだ。

だがご存じの通り、正義の味方のヒーローだって拳を振り上げることがある。ここにもきっと文化は介入している。そこでヒーローの表象とパンチとの関わりについて、さらには拳の暴力と正義との関わりについても取り上げることになる。

4-1 拳と手のひら

はっきりさせておきたいことがある。殴る拳は、どのような形状をしているのだろうか。「拳を握る」とふつう私たちが言うとき、広義には親指以外の四本の指を内に折り込むことだ。その際、親指の位置への注意は薄い。

解剖学的に親指は大きく発達していて、しかも他の指と向き合って自由に動く。この拇指《ぼし》対向性が人間の手の特徴だ。たとえば英語では、他の指はフィンガーなのに、親指だけサムと呼ばれている。

このように親指を特別視する言語は世界に多い。あるいは、日本語の「親指」のように、この指に「指の主人」としての地位を与える言語も多い[★1]。ベトナム語や黒タイ語も後者のカテゴリーに属する。

拳の親指

視覚的に意味を伝えるための身ぶりにまで視野を広げると、拳を握るさまざまなジェスチャーで、親指の位置と向きは重要だ。たとえば親指を下に向け四本の指を握ったジェスチャーは、現代でもスポーツの試合やショーでブーイングする観客に用いられている。これは、遡れば古代ローマの円形闘技場で、敗れた剣闘士を観客が「殺してしまえ」と求めるジェスチャーだった。観客が敗者の命を助けたければ親指を隠せばよかった。後に親指を上に立てるジェスチャーがそこから派生し、その後「ＯＫ」の意味に転じた。よく知られる通り、ヒッチハイカーが運転手たちに対して見せる合図でもある。だがこの親指立ては、国や地域によっては男根をあらわすわいせつな意味にもなるから気をつけた方がいい。[★2] また、後述するように人差し指と中指の間から親指を出して拳を握るジェスチャーは、日本でも「よい子」がしてはいけない卑猥なものだ。欧米でもそうだ。

ここで知っておいてもらいたいのは、拳のジェスチャーには、暴力を誘発しかねない攻撃的な意味をもつものが古今東西に多いことだ。

誓いの手のひら

攻撃的なグーに対して、パーはどうなのだろうか。たとえばまっすぐに伸ばした右腕の先の手の指をパーに開いたジェスチャーは、スポーツ大会の選手宣誓でお馴染みのものだ。ヨーロッパでは誓いのジェスチャーとして「ローマ式敬礼」と呼ばれてきた。これを一九二〇年代から台頭したイタリアのファシスト党とドイツのナチスが採用した。そのため「ナチス式敬礼」とも呼ばれるようになり、第二次世界大戦以降はヨーロッパの公的な場で用いられなくなった。今でもこれが残っているのは日本のスポーツ界くらいだ。[★3]

一方、サッカーの国際試合などで行われる国歌斉唱の際に、キリスト教圏の国の選手たちが、パーにした右手を胸に当てているのをよく目にする（ボクシングの世界タイトルマッチでもみられるが、選手はグローブをはめているからグーだ）。胸に手を当てて考えるのが、心を落ち着かせ自分と向き合うことにつながるためだろうか、このジェスチャーは西洋の絵画伝統で、神への忠誠を示すものとして描かれてきた[★4]。右手のひらは多くの社会で信頼の象徴となってきたのだ。契約や挨拶の握手も、互いの手のひらを合わせるところにポイントがある。手のひらによって、信義、誠意、貞節などを表明しようとしているのだ[★5]。

ちなみに奈良の大仏はどちらの手のひらも開いている。左手の印相は手のひらを上に向け、腕はおろしている与願印《よがんいん》で、手のひらをこちらに見せている右手の印相が施無畏印《せむいいん》だ。左手が人々の願いを聞き入れかなえてくれる慈愛を示し、右手で「こわがらなくてもいいよ」と励ましているのだ。

手のひらには、受容とは逆に、それを相手に向けて拒絶を示すジェスチャーもある。これは「それ以上こちらに来たらグーだ」という警告だ。とはいえ、手のひらのパーのジェスチャーには、卑猥なものや暴力的なものは少ない。

殴る拳

再びグーの話に戻ろう。殴るとき相手の顔に当てたいのは、ふつう拳の前面、いわゆるナックルパートだ。つまり四本の指の第三節めとその付け根の出っ張りがつくる、起伏のある四角い面で、解剖学的には四指の中手指節関節と基節骨と近位指節間関節からなる。親指は当てない。

しかし、いや、だからこそ親指の位置は重要だ。殴るときその先端や関節が不用意に当たるとケガをしてしまうからだ。相手も動いているし、なんとかして急所を殴られまいと防御するから、こちらのどの部分が相手のどこに、どんな当たり方をするか知れたものではない。拳の親指を立てていたり、指と指の間から先を突き出したりしていたら、簡単に突き指、捻挫、骨折などをしてしまうだろう。だから、親指は曲げた四指を押さえ込むようにできるだけしっかりと曲げて、当たらないようにする。たとえば空手家は、そうやって握った拳の人差し指と中指の付け根部分を相手の急所に当てるように正拳突きするし、ボクサーもしばしば同じイメージでパンチを打つ。

フランス民族学の泰斗、というより日本ではあの岡本太郎の先生と紹介した方が感動してもらえるかもしれない、マルセル・モースの小論に、文化人類学（民族学）や社会学における身体論の古典的論文「身体技法」がある。身体技法とは、それぞれの社会で人間が伝承している姿勢や身ぶりや動作など、身体の用い方のことだ。モースは身体技法が男女で異なる例として、拳の握り方を挙げた。それによると男性はふつう親指を外にして握るのに対して、女性は親指を内にして握る。★6

拳の握り方のこの男女差がどの程度普遍的なものかわからないが、ボクシングジムで初心者にまず拳を握ってもらおうとしたとき、親指を内にして握る女性が多いのは事実だ。その握り方で人や物を殴ったら、人差し指や中指、あるいはなかに閉じ込めた親指の関節などを痛めてしまうだろう。

心理学的では拳の握り方について、その人の性格と関係があるという。それによると、モースが例示した二十世紀初めのフランスの女性たちのように、親指を内側に入れるのは幼年期への逆戻りのしるしで、他人への依存心のあらわれだ。逆に親指で四指を押さえつけて握るのは満々たる闘志のしるしで、激情に身を任せる性格を示す。また親指が四指に寄り添った握り方は、闘争心の抑制を示す[★7]。

ちなみにボクサーにファイティングポーズをとらせたら、みんな親指で四指を押さえつけた力強い拳を見せてくれるだろう。だがボクサーが激情型の性格の人ばかりとは思えない。いや、かつてはそうだったのに、ボクシンググローブの形状が変わったのに伴い、ボクサーの性格も変わったのだろうか。というのは、今では親指で相手の目を突くサミングなどの反則がしにくいように、試合用ボクシンググローブの親指部分が四指に寄り添う形に固定されているからだ。あるいは闘争心を抑制できるボクサーでないと、競技に不向きということだろうか。

4-2　拳はペニス

前節で見たように、世界の諸文化で、拳のジェスチャーはしばしば攻撃性を宿している。本節では拳のもつシンボリズムについて、世界の文化誌的な観点から踏み込んでみよう。すると拳で殴る暴力が含意する凶暴性が、もっとはっきり見えてくるはずだ。

ガッツポーズの日

唐突だが、四月十一日が「ガッツポーズの日」だとご存じだろうか。誰が、いつ、そう決めたのか、またこの日に因む行事でもあるのかどうか、私は知らない。だがこの日になった理由ははっきりしている。

一九七四年のこの日、ガッツ石松がロドルフォ・ゴンザレスに挑んだＷＢＣ世界ライト級タイトルマッチが行われた。ＫＯで勝った挑戦者は狂喜し感極まってコーナーポストによじ登り、両拳を高々と掲げて王座獲得を観衆にアピールした。祝福する陣営の人たちがリングになだれ込んでもみくちゃにされても、彼の両拳は突き上げられたままだった。この「ガッツポーズ」は新聞などに広く報じられた。「ガッツポーズの日」の由来はこれだ。

ガッツポーズというポーズの名前も、この日のガッツ石松のポーズに由来するとも言われてきた。ただし、これは疑わしい。その頃大流行していたボウリングの雑誌に『週刊ガッツボウル』があった。同誌に「自分だけのガッツポーズをつくろう」という特集が組まれたことがあり、そこにストライクを決めたあとの、さまざまな決めポーズが写真入りで掲載されている。その刊行は一九七二年十一月三十日、ガッツ石松が世界奪取する一年半前だ。

改めて映像で確認すると、彼はグローブをはめているから拳は握っているものの、ポーズとしてはバンザイにも見える。両腕を高くあげるのは勝利の典型的なジェスチャーだ。これによって身長をより高く、より力強く見せるだけでなく、自分を目立たせることができる。もちろんバンザイもこの両腕あげの一種だ。アスリートのみならず政治家もこれを好む。

一方、同じく両腕を高くあげるにしても、ピストルを持った暴漢などに脅されて両腕をあげるのには、正反対の意味合いがある。こちらは勝利ではなく敗北のしるしなのだ。実はこの二つのジェスチャーでは、腕の角度が微妙に異なっている。勝利の姿勢では両腕はまっすぐあがり、曲がるとしても少し前に傾くだけだ。しかし、敗北の姿勢の場合は両腕が肘のところで軽く曲がり、両手は垂直的だ。これによって自分は無力で丸腰だというメッセージを伝えることができる。[★8]

ガッツポーズは文化的

ガッツポーズは和製英語だ。しかし、だからといって日本人独特のジェスチャーではない。英語ではふつうフィスト・パンプと呼ばれているが、その場合、拳の片方か両方を掲げるだけでなく、だいたい上腕に力こぶをつくってアピールする。

ちなみに、本書にすでに登場した動物行動学者デズモンド・モリスがジェスチャーの百科事典『ボディ・トーク』で、フィスト・パンプ（拳ポンプ）として紹介したジェスチャーはこれではない。質問にイラ立ち、攻撃的かつ侮辱的に「とんでもない！」と握りしめた拳を前後に動かしながら否定を強調する、南米の人たちの間で用いられるジェスチャーだ。[★9] 別の本でだが彼は、腕あげ（forearm jerk）と称するタイプのなかにガッツポーズを分類している。

腕あげジェスチャーの基本型は次のようなものだ。腕（ふつうは右腕）をヒジのところで曲げ、握り拳をぐいと上にあげる。それと同時に、あたかもその動きを抑えるかのように、もう一方の手を上膊《じょうはく》部におく。[★10] このジェスチャーは、ヨーロッパではフランス語圏を中心に発達したらしい。その証拠に、フランス語では前腕に「名誉の腕（bras d'honneur）」という別名がある。男性としての名誉とその性的能力とが同一視されていたからだ。

しかしいつの頃からか、その名誉は粗野で卑猥なものへと転落した。今日の中欧や南欧で、腕あげには卑猥な意味合いが強い。女性に対する下品な性的称賛か、あるいは挿入の暗喩から派生した侮辱と脅しだ。南米のフィスト・パンプが侮辱的な意味を含むのも、スペイン、ポルトガルなど南欧文化の影響によるせいだろう。だが同じヨーロッパでも、イギリスを含む北の方ではそうではない。いわゆるガッツポーズがアメリカ合衆国から始まったのも、そこでは拳の突きあげが卑猥な意味をもたなかったからだろう。★11

腕あげジェスチャーの根底にある意味合いは共通している。拳を握った前腕は大きなペニスそのもの、それをぐいと持ち上げる動作は勃起の模擬運動だ。あげた腕の上膊部に反対の手を添えるのは、雄大なペニスがこれ以上深く進めないほど奥まで挿入されている意味だ。しかし男同士の間の侮辱や挑発でこのジェスチャーが用いられたからといって、言うまでもなくそこに同性愛の意味合いはない。「お前の肛門にぶち込むぞ」という最大限の脅しなのだ。

このペニスによる脅しは、サルや類人猿の誇示行動《ディスプレイ》に著しく似ている。ある種のサルの場合は、他のオスを脅すために、オスが足を開いて座り、突然勃起させる。種によっては、誇示行動の高まりにつれて性器が派手に色づく。マウンティングして腰を動かすのは相手を支配していることを表現している。サルはオスがメスの背に乗って交尾するし、順位の高いオスほど交尾できるチャンスが多いからだ。だから優位のオスは、メスに対してだけでなく、劣位のオスに対しても同じことをする。ただしオス相手に肛門挿入はしない。実は同じマウンティングの誇示行動を、メスも他のメスや劣位のオスに対して行う。つまりサルの間でも、この動作の意味はシンボル化されているのだ。

進化した人間の場合、この誇示行動は生殖器から離れたところにある腕の部位の動きに変換され、やがて性的な意味からも自由になった。こうして完成したのが勝利の腕あげジェスチャーだ。その意味でガッツポーズは腕上げジェスチャーのなかで、動物としての本能的行動からもっとも遠い文化的表現なのだ[★12]。

生殖器崇拝

ペニスによる脅しの文化に、もう少しこだわってみよう。この文化が、おそらく拳による暴力にも直結しているからだ。

少し回りくどい話になるが、私が思い出すのは、世界中にある生殖器崇拝だ。日本だけでも性器を模した崇拝物は全国津々浦々に存在する。それらは豊穣祈願と関連づけられて祀られている。宗教人類学者ミルチャ・エリアーデは世界中の例をかき集めて検討し、大地の豊穣を女性の多産のメタファーとして捉える見方は農耕社会に普遍的に見られるものだ

スサノオによるヤマタノオロチ退治とゆかりの深い八重垣神社(松江市)境内にある末社山神神社は夫婦和合、安産、授児子宝、下半身の病に霊験あらたかとして、手作りの男根等を供える慣習を伝えている(筆者撮影)

と結論づけた。[★13] つまり、土壌は子宮と、農耕は生殖行為と、観念的に同一視されているのだ。

私が知っている黒タイの人たちの間でも、焼き畑に作付けするとき、二〇世紀半ばまでこんな習慣があった。豊作を祈り大地に掘り棒で穴をあける男性の後ろを、女性がついて回りながらその穴に作物の種や塊茎を埋めたのだ。まさにこれなど大地が子宮に、種まき作業が男女の交合にたとえられている典型例だ。もっと直接的に表現されているものだと、たとえば田縣《たがた》神社（愛知県小牧市）の豊年祭に大きなペニス型の陽物が登場するのが有名で、これは近隣の大《おお》縣《あがた》神社（愛知県犬山市）における陰物祭祀と対になっているらしい。[★14]

こうした生殖器崇拝の一つとして、威嚇の顔をもつ勃起したペニスのお守りがさまざまな文化圏で確認できる。もちろん日本にもある。これらも含めて推するに、生殖器を崇めるのは、どうやら豊穣を祈願するためばかりではない。

話が飛ぶようだが、たとえばオナガザルの群れが餌をあさっているとしよう。このとき見張り番のオスの二、三匹がかならず群れに背を向けて、目立つ色のペニスを外に対して誇示して威嚇している。そこから、威嚇の顔と勃起したペニスがセットになったお守りも、もともと威嚇を表現したものだったと想像できる。[★15] 生殖器崇拝には、自分たちの生活や生産活動に害を与える悪霊を退散させる、まじないでもあったのだろう。

また話が飛ぶようだが、人差し指と中指の間から親指をはさみ出して握る拳のジェスチャーがある。ヨーロッパでは果物のイチジクの名で呼ばれてきたこのジェスチャーは、日本で女陰を意味するのとは反対に、たとえばイタリアではペニスを意味する。これを人様に向けるのは嘲弄や呪詛を浴びせるのと同じだが、邪視除けにもなる。古代ギリシアとローマではこのイチジクの拳形をしたお守りも盛んに使われていたようだ。[★16] こんな例も、「ウチの子が本気になったら怖いよ！」という「息子」に対する過剰な期待を物語っている。ペニスは邪を払うのだ。

凶暴な拳

人が憤怒したときの攻撃的な感情表現は、通文化的に似通っている。相手に対してカラダを大きく見せ、軽蔑的な表情を示す。さらに地団駄を踏み、拳を握る。[★17]

繰り返すように、拳はペニスだ。だから拳を用いるジェスチャーはしばしば卑猥な意味をもち、悪霊にも挑みかからんばかりの暴れん坊となって他人を侮辱する。拳による暴力が凶暴な印象を与えるのは、衝動的で短絡的な行為と思われるからだけではない。ペニスによる制裁を暗喩しているからだろう。つまり拳で殴り合うとは、どちらがマウンティングするか、あるいはされるか、名誉をめぐって争うことだ。サルのマウンティングとは異なり、人間の場合、たしかに実際の行為に及んだことを示す記録は多い。

たとえばハンガリーの牧童たちは自分のなわばりに侵入してきたよその少年たちに性的暴行を加えたそうだ。同様の性的暴行の話は、ポーランド出身のアメリカの小説家コジンスキーの小説『異端の鳥』にもある。[★18] 彼は第二次世界大戦勃発(一九三九年)とともに僻村に疎開させられたのだが、黒い髪に黒い目をしていたというだけでユダヤ人かジプシーとして見られて異端視され、六歳から六年間も迫害され虐待されたという。この小説は、彼のそんな悲惨な少年時代の体験に基づいたものだ。またフランスのある青少年団では団長が志願者に肛門挿入するような加入儀礼を行っていた。[★19] もちろん戦時の例ならもっと多い。

こういう虐待の記述にため息をつきながら、私はある元プロボクサーの知人の言葉を思い出した。曰く、「ボクシングは人間の尊厳を破壊するスポーツだ」と。

拳がペニスだとしたら、ボクシングで拳につけるグローブはなんだろうか。それは人前にさらすのが恥ずかしい局部を隠してくれる、下着のパンツなどではない。むしろペニスを大きく見せ、華美な装飾で男らしさを際立たせる、ニューギニアや太平洋の島々のペニスケースに近い。赤や青の色鮮やかで目立つグローブで怒張させられた拳で殴られた敗者の屈辱は、心理的には衆目の前で受けるマウンティングの辱めに相当する。ボクシングはその意味で陵辱的なスポーツだ。私が元ボクサーの言葉を名言だと思うのはそのためだ。

ニューギニア島に暮らすダニ族の男性(インドネシア西パプア州にて行木敬撮影。1992年8月)

殴り合いの挨拶

ボクシングの拳は、単に相手を痛めつけ、相手を屈服させるためのみに用いられるのではない。公開計量などの場で現実の闘争さながらにエキサイトし、火花を散らせていた二人でさえ、試合開始時にはレフェリーの指示に従い、これを用いてお互いに挨拶する。両者はグローブをはめた拳同士をタッチし合わせるのだが、これは握手の変形だ。

握手は実にさまざまな文化圏でみられる。二千年にもわたって中国の文化的影響を受け続けてきたベトナムの男性同士がしきりに握手を交わし合うのは、フランス植民地時代の遺習だろうし、日本でもボディビルダーたちが握手好きなのは、アメリカの影響だろう。しかし握手の世界的分布は必ずしも欧米の影響ではない。アフリカでも、ニューギニアでも、中南米でも、ヨーロッパ人との接触以前から同様の挨拶が行われていた。

大人の人間が子どもに助けの手を差し伸べるのとちょうど同じように、チンパンジーの間にも順位の高い者が低い者に手を差し伸べ、手と手を接触させる動作がふつうに見られる。この動作は、一方が食べ物の分け前を乞い、他方がそれに応じるときの動作が様式化されたものらしい。そこから推するに、私たちは握手によって、食べ物の代わりに共感などの情緒を贈ったり共有したりしているのだろう。

私たちにとって、握手は互いの手の接触以上のものだ。ボディビルダーや格闘家同士でなくても、相手の手を握ったり振ったりしながら、笑顔の下に隠して相手の手の力の強弱や感触を探っているはずだ。男同士の挨拶の儀式のなかには、このようにしばしば攻撃的な要素が含まれている。国賓の来日時に、時折自衛隊が実施している礼砲などはその身近な例だろう。もっと危なっかしい例も世界には多い。

極北に住むイヌイットのある集団が、客人を迎える際に行っていた過激な慣習の例をあげよう。村の住人たちが一列に並び、そのなかから歩み出た一人の男と、村への来客が代わりばんこにほっぺたに平手打ちをカマす。この「目には目を」ならぬ「ほっぺたにはほっぺたを」の応酬は、ときに一方が倒れるまで続く。

この挨拶には、強固な仲間意識をつくり出す効果が期待されている。ボクシングにたとえると、「試合前はあれほどいがみ合っていたのに」と、観客が見て驚き呆れるほど、試合後の両者が仲良くお互いの健闘をたたえ合っているようなものだろう。このビンタで殴り合う決闘が「平和」的に終わりを告げると、客は村に受け入れられ、女性の一人とともに過ごすことも許されたそうだ。[★20]

もちろんこうした攻撃的な挨拶が損害や悲劇をもたらすこと、あるいは意思疎通の失敗から実際の闘争に発展することもある。いや、実は挨拶という友好の表示には、他方に密かな敵意が隠されているものなのかもしれない。挨拶がもつこの両義性に気づくと、友好と敵意が、あるいは愛と憎しみが、しばしば容易に変換されることにも納得がいく。

オバマが広めたフィスト・バンプ

最近はグローブをはめたボクサー同士でなくとも、拳と拳を合わせる挨拶をする者が増えた。その挨拶のしぐさがフィスト・バンプだ（ガッツポーズが英語でフィスト・パンプなので、ちょっとまぎらわしい）。

これを世界に広めたのはオバマ大統領夫妻だ。大統領就任直前の二〇〇八年六月、民主党予備選挙に勝利したバラク・オバマは、ミシェル夫人とフィスト・バンプを交わして勝利をたたえ合った。これをマスメディアが広く報じた。フィスト・バンプの由来は半世紀以上前に遡る。アスリート同士がプレー中に成功をたたえ合うのに、握手だとフォーマルすぎる。そこで一九五〇年代までに、選手同士が手のひらを低い位置でタッチし合うローファイブや、高い位置のハイファイブなど、瞬間的で動きのある挨拶が広まった。その後、手のひらが拳にかわってフィスト・バンプとなったことは想像に難くない。

最初にこれを始めたのは一九七〇年代のNBAのバスケット選手だとも言われる。挨拶ではないが、同じ頃にハンナ・バーベラ社の漫画に、ワンダー・ツインという双子の男女のスーパーヒーローたちが拳と拳を合わせる変身ポーズもあった。[★21]

だが似た挨拶はもう少し古くにもあった。それがベトナム戦争中の黒人兵士たちの間で広まった、拳と拳を垂直的に合わせて祝福しあうダップという挨拶だ。次いで、このダップを水平にしたパウンドが、一九八〇年代のヒップホップ界で広まった。これもフィスト・バンプの一種だ。[★22]いずれにせよフィスト・バンプがスポーツやダンスなどアメリカ黒人の躍動的な身体文化から生まれ、一九七〇年代以降に広まったことはまちがいない。

おまけの話をすると、フィスト・バンプは医師推奨の挨拶だ。お互いの身体が接触する面積が小さく、接触時間も短いためだ。つまり受け渡しされるバクテリアの数が少ない。だから感染症の危険性も低い。握手やハイファイブと比較してもフィスト・バンプがその点できわめて優秀なことは、実験の数値によっても裏付けられている。[★23]

4-3 正義の拳

ここまで拳のシンボリズムの暴力性、拳で殴る暴力の陵辱性について述べてきた。だがテレビでおなじみの、よい子も大好きなヒーローたちを思い浮かべてみよう。彼らもよく拳で相手(ワル)を殴っているではないか。もちろんそれはヒーローたちが感染症を予防するためではない。なぜ彼らに限ってそんな野蛮な暴力が許されているのだろうか。

鉄腕アトム

唐突なようだが、「ザ！　鉄腕！ＤＡＳＨ!!」という二十年以上続く長寿番組がある。鉄腕と聞くと、私にとっては長い間、手塚治虫の「鉄腕アトム」だった。「鉄腕アトム」とは、鉄腕というゴリゴリの筋肉質な言葉のイメージと、純粋で愛くるしい少年アトムのイメージとをアンバランスに結びつけた、絶妙なタイトルだと思う（一九五一年に発表されたその前身の漫画は「アトム大使」だった）。一方で、私はこのタイトルについて、「鉄腕」なんてむしろマイナーな日本語をどうして手塚が思いついたのかと、不思議に感じてもいた。

この漫画はアニメ化され、アメリカにも輸出された。英語タイトルは「アストロ・ボーイ」。そこに「鉄腕」のニュアンスはない。手塚は「アトムはおならを意味するスラングなので、アメリカでは名前をかえた」と語っていたそうだが、アメリカでの番組製作に直接携わったフレッド・ラッドはちがうことを言っている。「アメリカ人向けにとびきりの名前をつけよう」と協議した結果、主人公のロボット少年の名はアストロ、それに当時のコミックスで流行りだった「ボーイ」をくっつけたのだそうだ。★24 なお、日本での英語タイトルは「マイティ・アトム」だ。だが、逆にマイティ（力強い）を日本語に訳せと言われて、誰が「鉄腕」なんて言葉を思いつくだろうか。

「鉄腕アトム」は一九五二年に雑誌『少年』に連載が始まった。その約半世紀後の西暦二〇〇三年を舞台とするヒーロー漫画だ。空を飛び、六十ヶ国語を操る十万馬力の人間型ロボット、アトムは人類のために闘う。

一九六三年にはアニメ版が放映された。日本初の国産アニメだ。このとき高井達雄作曲、谷川俊太郎作詞のお馴染みの主題歌も生まれた。以後「鉄人28号」（横山光輝原作）をはじめとする三〇分アニメが続々とテレビのブラウン管に登場し、日本中にアニメブームが起きたが「鉄腕アトム」こそ、その火付け役だった。この記念すべき輸出アニメ第一号は、アメリカでもヒットしたから、日本のアニメ史を語るうえでも無視できない。

「鉄腕アトム」の連載と時期的に重なる一九五四年には、『鉄腕巨人』も上映された。当時、国民的人気プロレスラーだった力道山が怪力無双のレスラー役として主演した、ちょっと荒唐無稽な行き過ぎ感のある映画だ。

また一九五九年には、プロ野球西鉄ライオンズの稲尾和久投手をモデルとした『鉄腕投手稲尾物語』が上映された。だが、これら映画タイトルにある鉄腕は、必ずしも「鉄腕アトム」からの借りものではない。というのも、この言葉は一九二〇年代から映画タイトルとして繰り返し用いられているからだ。つまり「鉄腕アトム」が世に出た頃、「鉄腕」はむしろメジャーな言葉だったのだ。

鉄腕とパンチ

一八九六年以降に劇場公開された日本映画に関する文化庁のデータベース「日本映画情報システム」で検索すると、鉄腕をタイトルに含む映画が十六件ヒットする。年代順に見ると一九二六年にすでに『鉄腕』がある。最後が一九六四年『鉄腕アトム　宇宙の勇者』だ。次章でも触れるが、この『鉄腕』が日本最初のボクシング映画だ。主演したのは日本プロボクシング界の成立と発展に多大な貢献を果たしたボクサー、荻野貞行だ。

そのほか鉄腕をタイトルに含む映画には、たとえば以下のものがある。まず、元柔道選手で日本サイレント映画全盛期のスポーツ俳優、東郷久義が主演する『大学の鉄腕児』、『鉄腕書生』、『唸る鉄腕』の三本。くわえて、ヤクザとのケンカ抗争ものの『最後の鉄腕』、自らが空手の達人になって自分と恋人を辱めたチンピラに鉄拳で復讐する『鉄腕涙あり』もある。のみならず「鉄腕」を含む邦題の外国映画もあった。それが一九三二年公開のアメリカ映画『鉄腕拳闘王』と、戦後間もない一九四七年公開の『鉄腕ジム』だ。

『鉄腕ジム』の原題は、なんと「ジェントルマン・ジム」。銀行員からボクサーに転向し、ジョン・L・サリヴァンを破って初のヘビー級チャンピオンとなったジェームズ・コーベットの物語だ。コーベットのニックネームが「ジェントルマン・ジム」だった。日本で彼はそれほど知られていなかったが、「鉄腕」というタイトルのおかげでこれがボクサーの伝記映画だとわかる。

要するに、二十世紀前半の映画タイトルで、鉄腕とは腕っ節の強い主人公による、拳で殴るアクションシーンを予告するキャッチフレーズだった。だからボクシングやケンカと相性が良かった。

「鉄腕アトム」はどうだろうか。実は「アストロ・ボーイ」が放映された当時、欧米圏でこのアニメは、子どもに見せるには暴力的だと批判されていた。たしかに今「鉄腕アトム」を読み返してみると、ありえないほど暴力的だ。主人公のアトムはもちろん、登場人物たちはしばしば鉄腕をふるい、拳で殴る。スーパーマンの影響だろうが、空を飛ぶときアトムも拳を握っている。アトムは映像メディアの世界における、正統な「鉄腕」継承者だったのだ（その意味で「ザ！　鉄腕！ＤＡＳＨ!!」は路線から外れている）。

正義の味方はパンチしない

手塚自身の多感な思春期に太平洋戦争期があったせいだろうが、手塚漫画には虐待や暴力のシーンが多い。アトムに限らず、登場人物はしばしば拳で殴る。その殴り方は、すっとぼけた表情とはうらはらに言動が暴力的な、水木しげるの漫画の登場人物とは対照的だ。水木漫画には、「ビビビビビン！」のビンタがとにかく多いのだ。根底には、彼が戦地で万年初年兵として上官から受け続けたイジメ体験があるのだろう。これに対し、水木より六歳年下の手塚は、学徒動員で軍需工場にかり出され、大阪大空襲の惨劇に立ち会ったが、戦場には行っていない。その違いかもしれないし、海外の映画やアニメの影響がより強いせいかもしれない。

アメリカでは昔から、正義のガンマンやスーパーヒーローはかっこよくパンチした。[★25] しかし日本では漫画、映画、テレビなど視覚メディアで活躍した正義の味方はパンチしなかった。その意味では、正義の味方も拳でよく殴る手塚漫画は例外的だ。

一九七〇年代までの時代劇シーンを思い出してみても、拳で殴りかかるのは、番組の前半でとっちめられる端役の与太者だ。あるいは武術の心得がある悪者は、か弱い婦女子を誘拐するとき、みぞおちにコンパクトなパンチを見舞い、気絶させる。ボクシングでの常識として、みぞおちにパンチが決まれば意識を失うどころか、悶絶してのたうち回るものだから、恐るべき達人技だ。一方正義の味方は、手刀や手のひらで打つ、投げる、斬る、で悪者を懲らしめる。悪の親玉をやっつけるのにパンチを決め技にすることはない。この点は、初期のウルトラマンや仮面ライダーなどの特撮ヒーロー、ゴレンジャーなどのスーパー戦隊のアクションにも通じるものがある。番組の終盤までちゃんと取り置かれているのは、初期のウルトラマンだとスペシウム光線、仮面ライダー1号だとライダーキック、飛び道具に近いそんな必殺技だった。正義の味方がかっこよくパンチするようになったのは、「太陽にほえろ!」を筆頭とする一九七〇年代の刑事ドラマからだろう。ヤクザ映画ではそれ以前からよく殴り合ったが、ヤクザが大事にするのは仁義であって正義ではない。

柔よく剛を制する

私がここまで、映像メディア作品におけるヒーローのパンチの登場頻度にこだわって述べてきた理由はなんだろうか。それは、パンチと「かっこいい」暴力イメージの関係について文化史的に論じたいからだ。つまり、前節で見たように、拳のジェスチャーがしばしば卑猥で、攻撃的で、侮辱的なものだとすれば、パンチは「かっこいい」どころか、むしろハレンチな暴力のはずだ。この意味の逆転について無視するわけにはいかないだろう。

先述の通り、かつて日本の正義の味方はあまりパンチしなかった。その根拠は、武器なしの闘争をめぐる日本独自の美学にあるのではないだろうか。ある柔道家はかつてこんなことを言った。「柔術は唯一絶対の日本武道の一つの境地であり、犯すことの出来ない天地であった」。これに対してボクシングなど「闘志と熟練と精力の運動競技」にすぎない。つまり彼にとっては組む、投げる、押さえ込む、絞める、で「柔よく剛を制する」武道こそが、拳の暴力より尊いのだ。[★26]

こう語ったのは、太平洋戦争中の一九四二年から発表された富田常雄の小説『姿三四郎』の主人公、姿三四郎だ。この小説は翌一九四三年、黒澤明監督のデビュー作として映画化されて大ヒットし、その二年後には『続姿三四郎』も公開された。その後も一九七〇年代まで繰り返し映画やテレビドラマとして登場し、一九八〇年代にはテレビアニメ化するほど、昭和を通じてその存在感を保ち続けた。

姿三四郎のモデルは西郷四郎だ。会津藩士の三男として生まれ、新潟県で育った彼は、上京すると嘉納治五郎が講道館を設立した一八八二年に、つまりは近代柔道が創始されたその年に入門し、柔道の才能を開花させた。講道館柔道「四天王」の一人として、今日まで名を残している達人だ。

青春小説『姿三四郎』には、紘道館（「講道館」がモデル）が創成された明治時代に、主人公が武道を通じてひたむきに強さを求め、人間的成長を遂げていく様子が描かれている。この小説は、戦時下にあって、国策の宣伝や世論指導などを担当した情報局の推薦図書にもなった。そこには昭和の正義における暴力の美学が凝縮されている。自己放棄の思想と独特の精神主義を核とする「武道のイデオロギー」にも通じるその美学は、[★27] 戦後も長期間にわたって引き継がれていった。

小説のなかで、姿はボクサーとも対戦している。姿は一心流柔術家の関根嘉兵衛がアメリカ人ボクサー、ウィリアム・リスターと異種格闘技戦を行い、なすすべもなく血祭りに上げられKOされたのを目の当たりした。「これを、武道の汚辱と思う。これを日本柔術の恥辱と感じる」と彼は憤激し、リスターの挑発を受け入れる。リスターと向かい合って、「立っていてはパンチを防御する手段がない」と判断した彼は、なんとモハメド・アリとの異種格闘技戦におけるアントニオ猪木（一九七六年六月二十六日）さながらに、床に背をつけ、寝転がってパンチを防ぎ、最後にはお約束通り必殺技「山嵐」（西郷以降この技に秀でた者はいないと言われる幻の技だ）を決めて、失神KO勝ちするのだった。[★28] 身長一八〇センチを越える巨漢のアメリカ人格闘家を身長一五五センチ、五六キロの小兵の武道家（西郷四郎の体格）が豪快に投げ飛ばしたシーンは、黒澤によって『続姿三四郎』でも映像化された。ここに見て取れるテーマは、洋の「力」に対する和の「精神」の勝利だ。それが敗戦直前の日本人の心を、どれほど慰めたかは想像に難くない。

　ここで、空手も日本の伝統的な徒手武道だ、と思っておられるかもしれない読者のために補足しておこう。沖縄から空手が本土に伝わったのは、船越義珍《ぎちん》が沖縄から上京して文部省の第一回体育展覧会で空手（当時は「唐手」）を紹介し、講道館で演舞を披露した一九二二年で、姿三四郎の物語より後のことだ。一方、日本初の本格的ボクシングジム「日本拳闘倶楽部」はその前年には発足している（6章「6-2」参照）。空手が本土で普及したのはボクシングよりも新しい、とさえ言える。

　とはいえ空手がそれまでまったく知られていなかったわけではない。だから姿はボクサー退治を果たすと、ぞっとするほどの超人的な拳の術をもつ空手家、檜垣兄弟との果たし合いに応じる。ここには、アメリカを平伏させ、沖縄を抱えこもうという大戦期日本の軍事的野心が表現されていたのだろうか。とにかく『姿三四郎』で空手について語る会話のなかで、一九一一年に起こった孫文の辛亥革命を支援した宮崎滔天がモデルとされる真崎東天に、「（空手は）精神が違う。日本の武術とは発するところを異にしているのだ」と作者は言わせている。つまり空手を武道として認めていないのだ。本土における空手の整備と普及は一九三〇年代からであり、空手が日本の伝統武道の一つとして広く認知されるようになったのは戦後なのだ。

つまり、日本において伝統的な徒手武道の代表は柔道だった。だから正義の暴力は柔道でなければならず、力で拳を振り回すボクシングや空手の技など、「善」なる武道の精神によって組み伏せられなくてはならない「悪」の暴力だったのだ。これが長い間、日本でパンチが正義の味方にふさわしくない暴力だとされてきた理由だろう。

ちなみに子ども向けアニメの正義の味方で、パンチを必殺技とする代表格はアンパンマンではないだろうか。その人気とともにアンパンチが有名になったのは、「それいけ！　アンパンマン」の放映開始（一九八八年十月）以降だろう。

スーパーマンの誕生

繰り返すように、日本の正義の味方と違ってアメリカの正義の味方は昔からパンチした。そのことはアメコミを見るだけでもよくわかる。

アメコミのスーパーヒーローの代表格はスーパーマンだろう。スーパーマンは一九三八年に『アクション・コミックス』誌（DCコミックス社）に初登場し、スーパーヒーロー時代を幕開けさせた。その後、バットマン（一九三九年）、ワンダーウーマン（一九四一年）、スパイダーマン（一九六二年）、超人ハルク（一九六二年）、X-メン（一九六三年）など、日本でも有名なアメコミのスーパーヒーローが次々と生み出され、彼らが活躍するテレビドラマや実写版映画も数多く製作された。もちろんその最大の見せ場は悪との直接対決だ。派手なアクションシーンで、正義の味方がパンチするのは言うまでもない。

スーパーマンはスーパーヒーローの元祖といっていい。その誕生はアメコミに登場する五年前の一九三三年に遡る。その最初は高校生のジェリー・シーゲルが書いたSF短編で、同級生のジョー・シュスターがイラストを描いた。当初の設定ではスーパーマンは悪者だった。だがその後、ふだんはさえない新聞記者として生活を送り正体を隠しているが、本当は正義の味方の異星人、というご存知の設定に変更された。アメコミ・デビューを果たした頃にはすでに正義の味方だった。

スーパーマンを創造した高校生たち二人は、ユダヤ系の移民家庭出身だった。スーパーマンは彼ら自身だ。このスーパーヒーローには、移民としてやってきた新天地で超人的パワーによって、大衆のなかから空高く飛び上がり、ヒーローとして活躍し成功を手に入れたいという二人の夢が投影されていたからだ（あとで二人も気づくのだが、胸の「S」字マークはもちろんスーパーマンの頭文字であり、シーゲルとシュスター二人の頭文字でもあった）[★29]。移民の国アメリカでは、日頃はさえない凡人でもヒーローになれるという願いが、「自由と平等」を求める幅広い人々の共感と支持を得たのだ。現代に至るまでスーパーマンがアメリカで広く愛され続けてきたのも、そのためだろう[★30]。

それにしても正義の味方が拳で殴る暴力を行使することが、アメリカではどうして受け入れられたのだろうか。結論を先に言ってしまえば、二十世紀前半には、ボクサーはかっこいいというイメージがアメリカですでに定着していたからだ。では、いつからアメリカでボクサーがかっこいい存在になったのか。このことについて論じるには、アメリカにおけるヒーロー像の原型にまで遡る必要がある。

アメリカのニューシンボル

言うまでもなくアメリカ合衆国は新しい国だ。古代も中世もない。一六二〇年に「ピルグリム・ファーザーズ」と呼ばれるイギリス国教会からの分離を目指す清教徒《ピューリタン》のイギリス人が百人あまり、祖国での弾圧を逃れるためにメイフラワー号に乗り込み、大西洋を渡って今日のマサチューセッツ州プリマスの地に植民した。これがこの国の始まりということになっている。つまり四百年しか歴史がない。悠久の昔からその土地をめぐる記憶が、非合理的なものも含めて、人々の間にいびつに堆積しているような古い国とは異なり、神話がない。アメリカとは何か、アメリカ人とは何者かを教えてくれる物語をもっていないのだ。

それゆえに不安定なアメリカ人の精神状態を支えている「集団シンボル」とは、氾濫と言っていいほど国中に掲げられている星条旗、あるいは自由の国を保障するアメリカ独立宣言（一七七六年）や合衆国憲法（一七八七年）だ。だが制度的なもの、精神的なものは曖昧だし、抽象的で具体性に欠ける。アメリカ人とは何かを、もっと目に見える形でわかりやすく示してくれる、血の通ったシンボルがほしい。その渇望にこたえるものが、ヒーローだった。だから常にヒーローは求められてきた[★31]。

独立後のアメリカで国民的ヒーローとして崇敬されてきたのは、第一に建国の父祖たちだ。その筆頭が初代合衆国大統領ジョージ・ワシントン。彼の神格化は生前に始まり、国父として崇敬された。

アメリカの独立と建国の立役者以外でヒーローとされたのは、広大な西部の荒野に立ち向かい、自然を、そして「未開」な先住民を征服し、そこに文明を建設したフロンティア開拓者たちだった。しかし彼らの時代も去り一八三〇年代にもなると、ニューヨークをはじめとする大西洋岸の都市には、工業化が進展して労働者人口が増大した。こうして従来の職人とは異なる、都市労働者階級という社会集団が新しい勢力として生まれた。彼らにとってジョージ・ワシントンなどはるか遠い存在だったし、一方で自分たちの生活と縁のない西部の開拓者たちにも自己同一化できなかった。彼らにはもっと身近な新しいヒーローが必要だった。

その頃大都市では、すでにニューヨーク・バワリー街のような労働者階級の娯楽の場が発達し、若者文化が生まれた。スポーツイベントや劇場公演などの娯楽の商業化も進んでいた。情報産業の発達、新聞や雑誌など安価な印刷出版文化が大衆化したことも、それを後押しした。都市労働者にもっとも人気があった娯楽は、なんと言ってもピュジリズム、すなわち拳闘だった。

近代スポーツとしてのボクシングはまだイギリスで誕生していない。アメリカで拳闘は、サルーンと呼ばれる酒場の主人らが興行主となり、賞金を懸けたプライズ・ファイト（プライズ・ファイトについては5章「5-3」で詳述）として開催された。当時スパーリングと呼ばれたグローブをつけての拳闘が、一八二〇年代という早い時代にアメリカに輸入されると、これも普及し、自己鍛錬のためにたくさんの人がサルーンでこれを学んだ。というのは、イギリス同様、敵対し反目し合う個人や集団同士が、拳闘で決着をつけることが多かったからだ。必定、彼らのヒーローもプライズ・ファイトの拳闘家《ピュジリスト》たちのなかから生まれた。

都市労働者のヒーロー

ピルグリム・ファーザーズたちから二百年が経つと、ずっと移民を受け入れ続けてきたニューヨークなどの都市には、アメリカ生まれと移民、とりわけアイルランド移民との間に、顕著な対立の構図が生じていた。その対立はしばしば暴力による闘争に発展したし、それぞれの出身地の異なる拳闘家同士が対戦する拳闘試合には、その対立感情が持ち込まれた。もちろんそういった試合は、労働者階級の人々をことのほか熱狂させた。

その頃アメリカに、俗に「ヤンキー」・サリヴァンと呼ばれる拳闘家がいた。一八一三年、アイルランドのコーク生まれで、若い頃にロンドンの危険地帯イースト・エンドで拳闘の腕を磨いた。罪を犯してオーストラリアに流刑されたが、一度本国に戻ったあと、アメリカにやってきた。それからプライズ・ファイトの拳闘家として頭角を現し、サルーンを経営する興行主となり、おまけにアイルランド系ギャングの顔役にもなって、アイルランド系のみならずアメリカ全体のプライズ・ファイト界に強い影響力を及ぼしていた。

他方アメリカ生まれの拳闘家としては、トム・ハイヤーが有名だった。一八一六年にアメリカで初の正式なピュジリズム認定試合を行ったとされる、精肉職人で拳闘家のジェイコブ・ハイヤーの息子だった（6章参照）。トムも父のあとをついで精肉職人兼拳闘家となった。一八四一年にはニックネームは「カントリー」のマクロスキーに勝利して、アメリカ・チャンピオンと目される実力と評判を得た。

彼はサルーンも経営した。アメリカ生まれのギャングの顔役にもなった。ある日、ニューヨーク市内のサルーンでサリヴァンと鉢合わせして、ケンカになった。サリヴァンが新聞紙上で正式に拳闘試合を申し込み、一万ドルという破格の賞金を懸けて、一八四九年九月七日メリーランド州で、プライズ・ファイトの試合が行われた。

アメリカ生まれとアイルランド生まれ、どちらが最強かを争ったこの試合は、最初から壮絶な打ち合いとなり、すぐに両者血まみれ状態。だが一七分一八秒と、意外に早くケリがついた。勝ったのはハイヤーだ。彼はアメリカ・チャンピオンに認定され、フィラデルフィア経由でニューヨークまで凱旋した。

この試合の一部始終の詳細を掲載した『スピリット・アンド・スポーツ』誌は、韻を踏んだ詩の形式で二人の拳闘家のヒロイズムを称えた。彼らを描いたリトグラフも作られ、各地のサルーンに飾られた。二人はまさに労働者階級のヒーローとなったのだ。[★32]

この歴史的対戦から五年半が経った一八五五年二月、アメリカ生まれとアイルランド移民の対立から、こんな事件が起こった。

ニューヨーク・バワリー街の酒場で、アメリカ生まれの精肉職人ブッチャー・ビルことウィリアム・プールが、かねてから対立していたアイルランド移民ジョン・モリシーの手下たちから銃弾を受け、十日後に死亡した。いわゆるブッチャー・ビル殺人事件だ。

プールは精肉職人で、拳闘家でもあり、サルーンも経営し、おまけにアメリカ生まれの若者たちのギャング集団「バワリーボーイズ」の一員、という堂々たる肩書きだったから、トム・ハイヤーとの共通点も多い。一方のモリシーはアイルランド系ギャングで、後にはアメリカ・

チャンピオンになったほどの拳闘家だったから、こちらもサリヴァンに似ている。ちなみにハーバート・アズベリーの小説が原作で、レオナルド・ディカプリオ主演の映画『ギャング・オブ・ニューヨーク』で、ダニエル・デイ・ルイスが演じた敵役ビル・ザ・ブッチャーことウィリアム・カッティングは、プールがモデルだ。[★33]

事件そのものは、当時の労働者階級を特徴づけていた暴力的な文化にあっては、起こりがちな抗争の一つに過ぎなかった。だがハイヤー対サリヴァン戦では、勝利したのがアメリカ生まれのハイヤーの方だったのに対し、この事件で殺されたのはアメリカ生まれのプールの方だった。

その後、事態は意外な方向に展開する。この事件を、アメリカ生まれの人々の間にあった反移民感情を煽動する政治家が政治運動に利用したからだ。そのためプールは「真のアメリカ人」として祭り上げられ、アメリカ生まれの労働者階級のヒーローとなった。

もちろんそうなったのは、プールにその条件が備わっていたからだ。まず第一に、彼は精肉職人だった。この職種にはアメリカ生まれが多かった。そのうえ、男気や勇気といった精神性を含む独自の職人の伝統を継承していて、まさにアメリカ的なイメージだったのだ。次に、彼が属するバワリーボーイズは、いかにもアメリカっぽいしゃべり方とファッションでキメている、アメリカ生まれの若者からなるギャング集団だった。だが、彼が有名な拳闘家だったことが何よりも大きい。

工業化の進展により労働からの人間疎外が強まり、自立性を失いつつあった工場労働者たちにとって、自らの鉄腕を頼りに自力で運命を切り開く拳闘家こそ、もっとも男らしい憧れの存在だった。[★34] 当然、プライズ・ファイトのチャンピオンは彼らの偉大なヒーローだ。プールはアメリカ生まれの人々がとりわけ好む、アメリカ的性格をいくつも兼ね備えていたのだ。

大統領はボクサー

ブッチャー・ビル殺人事件が起きた十九世紀半ばでも、拳闘家がアメリカのすべての社会階層の人々にとってヒーローだったわけではない。たとえば北部の都市の商工業者や自営業者など中産階級の白人たちが美徳としたのは、洗練と上品さだった。彼らは暴力的文化を楽しむ労働者階級を野蛮だと蔑視し、当然、労働者階級が愛してやまないプライズ・ファイトも野蛮だと非難した。そのため各地でその興行を禁止する法律が制定された。

中産階級の白人たちが「男らしさ」を軽んじたのではない。男らしさの意味がちがったのだ。彼らにとっての男らしさとは、自己抑制、勤勉、節制によって、生産労働にいそしみ、向上することだった。またその身体性について重視したのは、ケンカに強そうなマッチョなカラダであることではなかった。それ以上に、飲酒や性欲などを自制できるという自己規律の点だった。彼らは家庭から暴力を排除したから子どもへの体罰もしなくなった。彼らにとって家庭とは、慈愛に満ち快適で道徳的な女性にふさわしい場でなくてはならず、また自らは情愛豊かな、よい夫、よい父であろうとしたのだ。

しかし、南部の奴隷解放を実現した南北戦争から四半世紀が経ち十九世紀末にもなると、状況は変わった。その間に法人資本主義の興隆に伴う企業の巨大化、官僚的組織の膨張、労働運動の激化、移民労働者のますますの増加、女性の社会進出の拡大などの社会変動を経て、公的領域を締めていた白人中産階級の男たちの間で、「男らしさ」を再定義する必要が生じていたのだ。今度は自らの「男らしさ」のなかに、攻撃性、暴力性を取り込もうとし始める。

それは次のような現象にも顕著にあらわれていた。たとえば南北戦争以前には彼らが否定していたスポーツが、戦後、彼らの間で流行したことだ。激しく身体をぶつけ合うフットボールは大学生の人気競技となったし、また近代ボディビルも興隆した。さらに拳闘やボクシングまでもが、心身鍛練に適した紳士のスポーツとして、好んで受け入れられた。

このような新しい白人中産階級の男性性を体現する人物の一人に、合衆国大統領にもなったセオドア・ルーズヴェルトがいる。彼はニューヨーク名門のブルジョワの子弟でありながら、学生時代から狩りや拳闘などのスポーツに熱中した肉体派の政治家だった。しかも一八九八年に米西戦争が起きると海軍次官の職を辞してまで、喜び勇んで戦場に赴いた。大統領に就任した後も、在任中にボクシングで片目を大ケガするほどのやんちゃぶりだった(網膜剥離らしい)。

白人男性の「男らしさ」

このように白人の中産階級男性たちは、かつては野蛮さの証と見なし拒絶していた攻撃性や暴力性を、自分たちの男らしさのなかに取り込んだ。だがこのことで、自らの文明性とその優越性は脅かされなかったのだろうか。このジレンマを解決するために、彼らは都合の良い詭弁を持ち出した。それが人種の言説だ。具体的には自分たちを、白人女性の純潔を、野蛮で劣った有色人種たちから守る存在として位置づけた。それは、自分たちは暴力を自らのうちに取り込んであまりあるほど文明的だ、と自己定義し直すことで実現された。つまりこの男らしさには、そもそも人種差別の偏見が内包されていたのだ。

エドガー・ライス・バローズによるベストセラー小説『類猿人ターザン』に、この男らしさは端的にあらわれている。

イギリス貴族の両親をもつターザンは、アフリカのジャングルのなかでメスの猿人に育てられた。やがて卓越した身体能力と戦闘能力を身につけることで、他の猿人、猛獣、黒人との死闘に打ち勝ち、ジャングルの王になる。一方で彼は、両親が残した書物から文字を自力で学んでいる。つまりいかにターザンが暴力と血にまみれていようと、「育ちより氏《うじ》」だ。生まれは白人だから、ジャングルのなかにいても文明を失いはしないのだ。最後に彼は、アメリカの白人女性ジェーンを誘拐した猿人との格闘も制してこれを殺し、ジェーンを救出する。ここに表

現されているのは、まさしく白人女性の純潔を守る白人男性の「文明的な」男らしさだ。[★35]
ちょうどターザンが人気を博していた頃、ボクシングの世界では白人たちの憎悪を一身に集めながら、黒人ボクサー、ジャック・ジョンソンがヘビー級チャンピオンとして君臨していた。国外逃亡中の一九一五年四月、彼はキューバのハバナで身長二メートルの大男ジェス・ウィラードを相手にタイトルマッチを行い、二六ラウンドKO負けを喫した。後に八百長試合だったと『リング』誌に告白したが、真相はわからない。とにかくウィラードこそが、それから約二十五年間続く白人によるヘビー級チャンピオン時代を幕開けさせたのだ。[★36]ジャック・デンプシーも登場したその時代には、ボクシングは国民的人気のあるスペクタクル・スポーツになっていた。もちろんチャンピオンはヒーローだった。そういう時代にスーパーマンも誕生した。

ヒーローのカラダ

ようやくスーパーマンにまで話が戻ってきた。ご存じの通りスーパーマンはマッチョだ。その描かれ方は時代により推移するが、アメコミに登場した頃からマッチョだった。他のスーパーヒーローたちも例に漏れずマッチョだ。アメリカのヒーローの原型が、荒野に立ち向かう自然人というイメージだからだろう。荒野の開拓事業には大きくて強靱な肉体が不可欠だったし、その一方で高度に発達した文明としての知性は、どこか胡散臭く見られていたのだ。[★37]

歴史上実在するヒーローには小さい人もいたが、西部開拓者のダニエル・ブーンにしろ、デイビー・クロケットにしろ、実物より大男として空想されている。シルヴェスター・スタローンが演じるロッキーやランボーの肉体も常人離れしている。アメリカのヒーローとは大きく強い肉体をもち、実に忙しく活動するものだ。[★38] マイク・タイソンはヘビー級チャンピオンとしては小柄だったが、全盛期の彼の人気がすごかったのは、どんな巨体の相手だろうと、太くて逞しい筋肉の俊敏な躍動で相手を豪快になぎ倒してKOの山を築いたからだ。

この点は日本におけるヒーロー観と食い違っている。一寸法師ほどの小人は極端だとしても、日本のヒーローには小柄な人も多かった。義経も、秀吉も小さい。身のこなしが軽く、機動力があって機転が利く、そういう人が評価されたからだろうか。ヒーローは小柄でも、怪力の持ち主でなくてもかまわなかった。逆に怪力の持ち主でも、大男にはマヌケでのろまな「ウドの大木」の嫌疑がかけられる可能性さえある。力自慢の怪僧、弁慶が牛若丸（義経）に京都の五条大橋でとっちめられ子分にさせられたように、『あしたのジョー』でも鑑別所に入所させられた新入りの矢吹丈を手下らにリンチさせた牢名主の如き悪の親玉、西寛一は大男だった。しかし翌日には不死身の如く息を吹き返した矢吹に、パンチで血祭りに上げられる。それ以来、二人揃って送られた「泣く子も黙る」東光特等少年院（現実には特等少年院という制度はない）でも、シャバに出た二人が属した丹下ボクシングジムでも、西は矢吹の忠僕であり続けた。

こうしたヒーロー観の違いは、ボクシングの見方にも反映されている。ふつうアメリカで圧倒的に人気があるのはヘビー級で、いくら名ボクサーでも軽量級なら大衆の人気を得るのは難しい。これに対し、日本で国民的人気を集めたボクサーには軽量級も多い。

時代を遡ると、拳で殴る暴力をかっこいいイメージにしたのは、かつてのアメリカにおける拳闘とボクシングの大衆的な人気だ。それはさまざまな大衆娯楽を通じて日本にも輸入された。今では漫画、テレビ、映画などの視覚メディアの作品で、ふつうにかっこよくパンチは描かれている。3章「3-1」でも触れたように、現在の「かっこいいカラダ」イメージにも、ボクサーのカラダはそれとなく入り込んでいるのだ。

4-4 国家による拳の暴力

正義のヒーローと、拳で殴る暴力との関わりについて、前節で論じてきた。この「正義の拳」はフィクションの物語のなかに描かれたイメージだった。次には現実の正義の暴力を扱おう。正義の暴力のなかには、国家が被疑者や囚人に対して科す身体刑も含まれる。だとすると、公刑としての「拷問」でパンチは用いられたのだろうか。日本とヨーロッパの例から考えたい。

拷問と清め

そもそも拷問は何のために行われるのだろうか。ズバリ、自白を得るためだ。そして自白が、裁判で信用に足る根拠として扱われるからだ。

あまりに痛々しいし、本書の趣旨から外れるので詳細を記すのはやめておくが、ヨーロッパの拷問の歴史を遡ると、古代ギリシアで発展しローマに受け継がれたものが、近代まで知られた拷問の基本型としてすでに出揃っていたようだ。しかし古代における拷問は、自由人に対してではなく、主として奴隷に対して行われた。自由人の証言は証拠として信用されたが、奴隷の証言はそのままでは信用されなかった。拷問によって肉体を痛めつけ、「清め」ないことには信用できないと考えられていたからだ。

中世末期まで行われた拷問も、古代と共通するところがある。肉体に苦痛を与え魔力から解放させないことには真実の証言を得ることができないという、魔術信仰の考えに基づいていたからだ[★39]。百年戦争におけるフランスの救世主ジャンヌ・ダルクは、イギリス占領下で異端審問にかけられ火あぶりの刑に処せられた。火刑は犯罪者の身体をきれいさっぱりこの世から消し、浄化する必要のある罪、具体的には男色、近親相姦、妖術、子殺しなどに適用された身体刑だった[★40]。十六世紀まで続いた魔女狩りで横行した残虐な拷問にも、根底には「清め」の観念があったのだ。

なお日本最古の拷問の記録とされるのは、『播磨国風土記』にある第十六代仁徳天皇の御代のものだ。贅沢と専横を極めた伯耆の国と因幡の国の男二人が、清酒で手足を洗っている、と朝廷が知った。そこで二人の親族まで捕らえて「水責め」にしたそうだ。[★41] この罪科も、「神に奉る清酒で足を洗うとは神霊に対する冒瀆だ」という観念に基づいていたとすれば、この拷問は清めだったのかもしれない。

司法との対決

古来日本にもさまざまな拷問があった。短期間に苦しめるもの、長時間を経て苦しみが徐々に加わるもの、屈辱感を与えるもの、恐怖心や嫌悪感を利用するもの、思考力を失わせるものなど、あらゆる方法が考案され用いられてきた。しかし、古い記録にある拷問は公刑か私刑かの区別が曖昧で、明文化された法制のなかでの拷問の実態がわかっているのは、江戸時代以降だ。[★42] 公刑としての拷問は、明治期にはなくなった。

他方ヨーロッパでは、十八世紀の百年の間に、旧王令が廃止されて旧習が消滅し、新しく近代的法典が立案ないし起草されると、身体刑は急速に消滅に向かった。[★43] それまで身体刑の執行は、人々にとって一大スペクタクルだった。老若男女が集まって入り乱れ、苦しみ死んでいく罪人の姿を食い入るように見物した。[★44] 血を流して無残に傷つき死んでいく敗者の哀れな末路を見届けたかったのだ。

ちなみにフーコーが『監獄の誕生』で指摘していることだが、見世物としての刑罰が姿を消したのは、観衆が同情して処罰される敗者にむしろ名誉を与え、合法的な刑罰の執行人に不名誉を与える逆転の事態も生じるからだという。[★45]この同情は、暴力と流血を嫌悪する感性にそのまま通じるものだろう。

さて、拷問は厳密な司法上の作用でもあった。そのため、規定の手続きに従って、規則正しく執行されなくてはならなかった。たとえば、拷問の時期と時間、使用される道具類、綱の長さ、重りの重量、楔の数、尋問する司法官の介入の仕方などがすべて、慣行に基づいて細心の注意を払って定められていた。被疑者の囚人を白状させられなかったら裁判官は職を失う決まりだった。拷問は司法側にとっても、勝つか負けるかの賭けだったのだ。[★46]

小伝馬町牢屋敷の牢内の日中の様子。畳を何枚も重ねた上に座っている牢名主の姿が左上に見えるほか、「極め板」と呼ばれる分厚い板で殴られ焼きを入れられている囚人の姿もある

この点は江戸時代の奉行所も似ていた。というのは、拷問で自白が得られなかったら取り調べ側の恥となったし、口頭での取り調べで罪人を屈服させられず、拷問による無理強いで屈服させたとなっては信用に関わった。だからなるべく奉行所も拷問を避けたがったようだ。[★47]

拷問の拳

江戸時代の拷問には笞《むち》打ち、石抱き、海老責め、釣るし責めなどがあったが、その詳細は本題から外れるので、そろそろ拳で殴る暴力の話に戻ろう。拷問について紙幅を費やしてきたのは、次のことが言いたかったからだ。すなわち、拳で殴って被疑者を痛めつけて白状させるという形式の拷問は、公刑には珍しいことだ。私の個人的推測にすぎないが、次のような理由が想定できる。たいがいの被疑者は捕らえられる際、あるいは公刑執行前に、私刑として拳の暴力を何度も受けていることが多い。たとえば江戸時代の牢屋敷もその内部は、階級制度や厳しいしきたりで、陰湿に統制されていた。そこでは手痛い虐待、リンチ、殺害も公然と行われていて、拳で殴るくらいの暴力は日常茶飯事だった。[★48] それに拳で殴るより、はるかに省エネで効率よく激しい苦しみが与えられる方法は他にいくらでもあった。だから公刑にそれを利用しない手はなかったのだろう。

文化と残忍さ

ここまでの話をまとめよう。人間は怒って興奮すると自然に拳に力が入る。拳で殴る暴力は、このような感情に対する身体的反応のすぐ延長線上にある攻撃行動だ。だから文化的だと自認する人たちは、しばしば拳で殴る暴力を野蛮だとして眉をひそめるのだろう。一方で2章「2-2」で述べたように、人間の本質は手にこそある。このことの意味は、手そのものが道具となるということだけではない。手で道具を用い、さらには手で道具をつくり出す能力の無限の可能性にある。そのことを証明するかのように、人間は人間に苦痛を与える数々の道具と技術を、念入りに自らの手でつくりあげてきた。拷問もこうした文化の産物に他ならない。その意味で拳で殴るに勝る残忍な苦しめ方はいくらでもあったし、文化と残忍さは相容れないものでもない（もちろん拳で殴るのが残忍でないという意味ではない）。

拳で殴る「野蛮」な行為のなかにある「文化」についても述べておこう。一口に拳で殴るといってもさまざまだ。拳の軌道、相手に当てる拳の部分、体の捻り方、体重の乗せ方、拳を当てる相手の身体的部位などによって、動きが異なるからだ。そのため、たとえ拳で殴るのが「野蛮」と見られようと、その技術は古今東西でまさに文化として磨かれ、体系化され、継承されてきた。その数々の技術体系のなかで、グローブを装着した拳のナックルパートで、相手のベルトラインから上の前面を殴る技術に特化して拳で殴る、「野蛮」な行為を文化として成熟させたのがボクシングだ。

遡ると、歴史の浅いアメリカで、長い間ヒーローとして崇められていたのは、自然に立ち向かい、荒野を拓いてそこに文化をもたらした力強い開拓者たちだった。代わってフロンティアも消滅する十九世紀、都市労働者の間では、拳の暴力で裸一貫のしあがり、富、名誉、地位を手に入れた拳闘家やボクサーが新しくヒーローとなった。ボクサーがヒーローとして社会で崇められる状況が、二十世紀には生まれていたのだ。

こうして文化として洗練されたボクサーのパンチが「かっこいい」と称賛されるようになった。スーパーヒーローたちにもそのかっこよさは受け継がれたし、マスメディアを通じてそのかっこよさは複製された。一方、アメリカの娯楽文化とともに、日本にもパンチの描写は流入したが、拳の暴力に内在する「自然」ゆえに、日本でこれが正義の味方にふさわしい「かっこいい」暴力として受け入れられるには、「文化」の反発があったために時間を要した。この受容と定着に、ボクシングの普及と大衆化、漫画やアニメなどの娯楽メディアが大きな役割を果たしたことはまちがいない。

だがこうしたことについて語る前に、ボクシングの成立と発展から語りおこすことにしよう。

5章

殴り合いのゲーム化

人間の闘争全般に話を引き戻そう。

人間社会において、闘争はさまざまに形式化されてきた。たとえば巷のケンカでは勝敗があいまいなことも多い。しかし闘争を形式化すること、つまりは闘争をゲーム化することで、勝敗の結果の白黒がはっきりさせられる。古くはこれに儀礼や賭博が関与していることも多かった。このことも含めて闘争のゲーム化は、対立を融和に導くための人間の知恵だったのだろう。

ゲーム化された闘争としての決闘は、世界中にある。拳での殴り合いが中心のゲームも広い地域で見られる。なかでもよく知られているのがヨーロッパだ。何千年という長きにわたる拳闘の歴史があるだけではなく、それに関する厖大な量の記録が蓄積されてきたからだ。

本章ではまず、世界のゲーム化された闘争の諸事例を俯瞰する。そのうえで、ヨーロッパの拳闘の歴史を繙き、ゲーム化された拳の闘争が、社会の革新や人々の意識の変化とも関わってどのように展開してきたのかを述べる。さらに殴り合いの暴力を旨とするボクシングが、流血や暴力を取り除いた近代スポーツとして、どのように成立したのかを示す。このように拳で殴り合うゲームの歴史をたどることは、人間が拳で殴る暴力とどのように向き合ってきたのかについて、考えさせてくれるはずだ。

5-1　闘争のゲーム

暴力による闘争には、大別して二つの形態があった。その一つが、夜襲、待ち伏せ、リンチなど、手段や武器を選ばず殺戮も厭わない「戦闘」だ。もう一つが、何らかの紛争解決を目的として、個人や集団の代表同士が、時間、場所、方法、勝敗の判別基準について合意のうえで行う「決闘」だ。[★1] もちろんこの二つは理念的なモデルだから、実例の大半はこれら二つを極とするその間にあるものだ。ちなみに国家間の戦争は、それ自体が「戦闘」ではない。「戦闘」的な局面と、「決闘」的な局面が無数に組み合わさって構成される。

戦闘と決闘

ヨーロッパが第一次世界大戦で総力戦の悲劇を経験するまでは、戦争はしばしば血を流すゲームの一つとして考えられてきた。2章「2-3」でも触れたように、近代まで殺人、流血、決闘、復讐はいくらでもあり、庶民のボール遊びでさえ、その血腥いことと言ったらなかった。命がけの遊びもたくさんあった。だからホイジンガは、『ホモ・ルーデンス』のなかで「遊びと戦争」として一章を割いてまで、古代の戦争の祭儀的側面、またその高潔な名誉の遊びとしての側面について論じたのだった。[★2]

かつて戦争は名誉、忠誠、勇気、自制心、礼節、といった美徳が発現する契機として、理想化さえされていた。とりわけ一騎打ちは、ゲームとしての「決闘」だった。たとえば『平家物語』で熊谷直実は先に名乗りを上げると、相手（平敦盛）にも名乗りを求めてから討ち取った。武士たちの形式に則った一騎打ちは、明らかに儀式的闘争の相貌を帯びていた。戦争における英雄たちの、ゲームとしての決闘の例は世界にいくらでもあり、詩的に謳いつがれ、語りつがれている。

決闘というゲーム

「決闘」は紛争解決のためにも行われた。その勝ち負けを神の裁定とみなすことを申し合わせたうえで競争や勝負を行い、集団間のいざこざを決着させたとする神話や伝承は世界中にある。たとえばベトナム西北部にすむ白タイの伝承では、かつて先住異民族との間で行われた代表者同士の射的競争で、自分たちの祖先がずる賢く勝利をかすめ取ったから現在にいたるまでその土地を占めているという。これはその典型例だ。

かつてヨーロッパに決闘裁判という紛争解決法があった。中世を通じて有効な法的制度として正規に認められていた。なんとイギリスでは十九世紀初頭まで形式上認められていた（事実上はとっくに形骸化していたのだが）。これなどは歴史的にその存在が確認できる「決闘」の、しかも公的な例だ。

決闘裁判は神明裁判の一種と考えていい。神明裁判とは神の意志により罪科を決定するもの

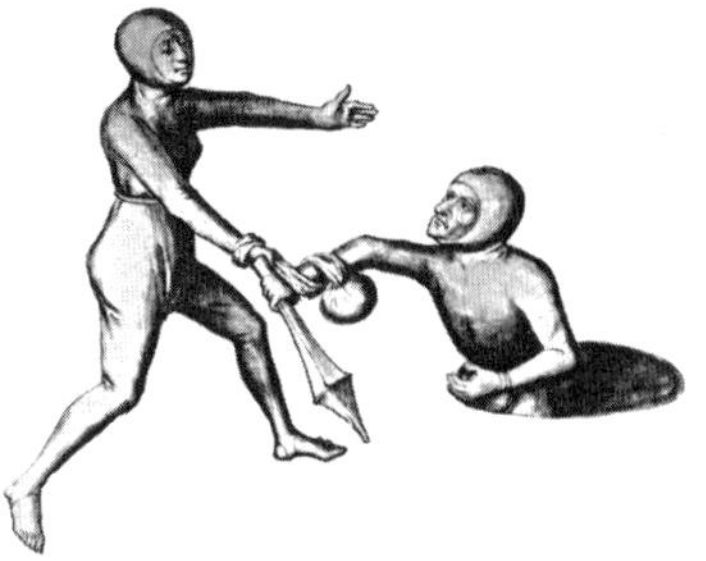

男性と女性の決闘裁判の様子を描いた15世紀の絵の一枚。男性は腰までの深さの丸い穴の中にはいって立ち右手に棍棒を、女性は数ポンドの石を包んだ袋を武器に闘う、ハンディキャップ・マッチだった。この絵は、女性が振るった石の袋を男性が腕に巻きつけ、女性を自分の方に引き寄せて反撃しようとするところ

で、その代表例が、被疑者の手を熱湯に入れさせ火傷の程度で判定を下すものだ。日本では盟神探湯《くがたち》と呼ばれ、中世ヨーロッパにおける熱湯神判がこれにあたる。

同じ神明裁判といっても、熱湯神判と決闘裁判との違いは明白だ。前者では証明のために課される拷問が、ふつう一方に対してだけで、しかも結果は奇跡頼みだ。これに対し決闘だと、その勝敗を自分の実力に賭けることができる。★3

男女の間で行われる決闘裁判では、女性側にハンディを与えて平等性を図った。当事者ではなく、代理人同士が闘うことさえあった。だが敗れた当事者は、闘う前の誓約に反したとして偽誓の罪にも問われたから、重い刑事事件だと命も財産も失うほど、その制裁は過酷だった。もっとも決闘裁判の実例は少なく、しかも十六世紀にはほとんどなくなった。★4

民族誌には次のような報告もあるので付記しておこう。

オーストラリアのクイーンズランド州の先住民のあいだでは、係争の解決のために、それぞれ集団の代表者が、衆人環視のなかで棍棒と盾を手にし、一回ずつ交互に撲り合った。同様に

棍棒で交互に一回ずつ撲り合う形式の闘審は、アマゾンの先住民ボトクドやヤノマメにおいても報告がある。ヤノマメの棍棒による決闘は、そのきっかけがたいがい姦通で、異なる村の者同士で行われた。決闘でいずれかが死ぬと村同士の戦争に発展するから、どのみち誰か死んだという。★5

殴り合う民族競技

ここに紹介した公的な性格を帯びた決闘は、顕在化している対立を解消するためにゲーム化された闘争だ。だがゲーム化された闘争には、集団間の連帯を促進したり、集団内の統合を強化したりするために行われるものもある。スポーツとして近代化されず、ローカルで小規模な「気晴らし」のゲームの段階に留まっているそれらを、民族競技と呼んでおこう。民族競技としての拳で殴り合うゲームも、世界の各地にある。

たとえばヤノマメの「胸たたき」は、饗宴の打ち上げ的イベントとしてちがう村の者同士が相手の胸を交互に殴り合うゲームだ。だが、決して生っちょろいものではない。あらかじめ幻覚剤をのんで戦闘ムードを十分に高め、拳骨に渾身の力をこめて思いっきり殴るのだ。意識を失ったら自分の頭を振って正気に戻し、ときには三時間も互いに殴り合う。それでも決着がつかなかったら、平手での脇腹への打ち合いという第二ラウンドに突入する。ときには棍棒での殴り合いにまで発展するという過激さだった。[★6] 極北の民イヌクジュアク・イヌイットも、大人の男同士が握った拳の底部を使って代わりばんこに相手の頬を殴る我慢比べを、二十世紀半ばまで行っていた。[★7]

そのほか、参加者双方が文字通り拳で殴り合う拳闘の類の民族競技も、ヨーロッパ以外の各地にあった。その発達が著しかったのは太平洋の多島地域ポリネシアだ。トンガ、サモア、ニュージーランド、ハワイなどの地域から報告されている。その競技は収穫祭、結婚式、葬式、髪切り式など、さまざまな儀礼や祭礼のイベントとして行われた。またアフリカの例だと、ナイジェリアとニジェールにまたがって住むハウサが、右腕で攻撃、左腕で防御、という機能分化したスタイルの拳闘を伝えていることも知られている。[★8]

スーダンに暮らすヌバは、重量2キロ近くもある銅製の腕輪をつけた両腕で互いに殴り合う闘技を、娯楽であり神聖な活動として行う。後方に控えた審判が対戦を慎重に見守り、審判が棒を両者の間にさし入れると試合は即座に停止する。負けても、男らしく苦痛を見せず、頭の傷に砂をこすりつけ血止めするだけだ［エヴァンス=プリチャード 1978］

こぶしうち

拳で殴り合う民族競技は、古くは日本にもあった可能性がある。

平安中期の十世紀に源 順《みなもとのしたごう》が編纂した辞書『和名類聚抄』に、「須末比《すまひ》」と「古布志宇知《こぶしうち》」の二種の力比べが記されている。言葉面から解釈する限り、「こぶしうち」は拳打ち、すなわち拳闘なのだ。だが、こぶしうちがどのようなものだったかわからない。後に力比べを総じて「すまひ」、そして相撲と呼ぶようになった。[★9]

古代の相撲の様子はある程度推測できる。もともと相撲は、収穫占いと結びついた、あらかじめ勝敗の決まった芸能だったのではないかとも言われている。[★10] 記録上では、出雲（島根県）のオオクニヌシに国譲りを迫った鹿島（茨城県）のタケミカヅチに、オオクニヌシの次男タケミナカタが力比べを挑んだという『古事記』にある記述が最古の相撲だ。そして、垂仁天皇七年に野見宿禰《のみのすくね》と当麻蹶速《たいまのけはや》が相撲を取ったという記載が、『日本書紀』にある。これが最初の天覧試合とされる。

ちなみに、タケミカヅチに軽々と投げとばされてビビったタケミナカタは、諏訪湖まで逃げて命乞いして許してもらった。しかし当麻蹶速の方は、得意の蹴りが野見宿禰には通じず、腰骨を踏み砕かれて死んだ。私たちの知る相撲と大きく異なり、古代の相撲は禁じ手なしの血腥いもので、おそらく拳で殴ることも許されていただろう。

足技があっても「拳法」

ここまで相撲以外のアジアの話をあまりしてこなかったが、中国にも拳で殴り合うゲームがある。拳法だ。「拳」法とはいうものの、拳で殴るだけではない。身体各部を武器として用いる闘争のゲームだ。

中国の拳法は、後漢時代には体系化された。その技法が洗練されていく過程で「気」の理論に基づく健康法が取り入れられ、また道教や仏教の修行法として実践されるようになる。これが奈良時代以降に日本にも僧や留学生を通じて伝わった。寺門の僧侶が肉体の鍛錬や自衛のために稽古して伝えたさまざまな格闘術は、鎌倉時代以降、武士の間でも普及する。

日本の柔術や沖縄の唐手（本土での普及の過程で「空手」と改称）にも、中国の拳法の影響は色濃い。一方で、中国の拳法は東南アジアにも伝わっている。タイ人最古の王朝スコータイ朝にまで遡るとも伝えられるムエタイや、ミャンマーのラウェイなどはその発展型だ。あまり知られていないことかもしれないが、東南アジアでもその技術体系を伝承したのは主に仏僧だった。これら広い地域のいわゆる拳法系格闘技には、共通点がある。それは戦場での白兵戦や、決闘で勝つための戦闘術だったはずなのに、精神修養文化としての側面を併せ持って発展したことだ。[★11]

本節ではゲーム化する闘争の諸相について、世界の例から述べてきた。それらは戦争のなかで、あるいは司法制度のなかで、あるいは祭りなど共同体の結束を強めるためのイベントのなかで行われてきた。そのなかには拳での殴り合いを中心に据えたゲームもある。またそれらゲーム化された闘争は、たとえば太平洋やアフリカの拳闘では男らしさという価値観と結びつき、中国拳法から派生した各種格闘技では道徳や精神修養と結びついている。いずれもそれぞれの社会独自の価値観をとりこみ、文化として継承されてきたのだ。このことを理解したうえで、次節からヨーロッパにおいて拳闘が、ローカルな価値観とどのように結びついて発展してきたのかを、具体的に見ていくことになる。

5-2 古代オリンピックの拳闘

拳での殴り合いをゲーム化した拳闘を競技として、発達させてきたのは地中海世界だ。日本の古代の相撲がそうだったように、古代の拳闘の血腥いことと言ったらなかった。拳で殴り合うゲームが社会の変化に応じてどのように制度化され、文化として発展していったのか、そのプロセスを時代を追って論じることにしよう。まず古代の拳闘から取り上げる。

ホメロスが語る拳闘

拳闘の起源は、よくわからない。紀元前三〇〇〇年のエジプト文明やメソポタミア文明にも拳闘らしい競技があった証拠が、壺絵などに残されている。青銅器時代後期（前一六〇〇〜前一二〇〇）以前と考えられる拳闘士たちの図像も、地中海全域で発見されている。しかし、現在のボクシングとの連続性が確実そうなのは、古代ギリシア時代の拳闘からだ。

文学における記述も古代ギリシア時代に遡る。ホメロスの英雄叙事詩『イリアス』（前七五〇年頃）に、懸賞をめぐる最古の拳闘の記録がある。俊足のアキレウスが、戦死した親友パトロクロスを火葬したあと、開催された葬送競技会のなかで、勝者には六歳の苦役に耐える騾馬《らば》を、敗者には把手が二つついた盃を与えるという条件で、拳闘試合が行われた。「自分が最強だ」と豪語するエペイオスに、エウリュアロスが挑んだ。腰にふんどしを、拳には牛の革を巻いた二人は、激しく拳を交わし合った。最後はエペイオスの強烈な頬への一撃が、エウリュアロスを失神させた。★12

クレタ島の北にあるサントリーニ島にあるアクロティリ遺跡の壁画《拳闘をする少年たち》紀元前17〜前16世紀

このような国家間の戦争に伴う、葬送競技会の開催の目的ははっきりしない。ただ日本における相撲と同様、儀礼と密接に関わって開催される盛大な行事だったことはまちがいない。拳闘の他に、戦車競走、レスリング、徒競走、鉄塊投げ、槍投げなども行われた。[★13]『オデュッセイア』（前七二五）にも拳闘の記述はある。ペロポネを妻に娶ったオデュッセウスを妬んだ男たちが、食い意地の張った乞食の大男、イロスをそそのかしてオデュッセウスを侮辱させた。男たちは二人を闘わせておいてその結果をめぐり、金銭を賭けて楽しんだという。オデュッセウスはイロスの首の骨を数本折って砕き、見せしめとしてその体を引きずり回した。[★14]

今日的にはやり過ぎだ。それにイロスだって、悪者たちの悪巧みに利用された被害者ではないか。だが黒海のアミュコスは、通りがかった異邦人に拳闘試合を強要してはことごとく殴り殺したそうだから、[★15]当時の拳闘はかなり血腥かった。当時拳闘で勝負をつけるとは、これくらい徹底的にやり合うことだったのだろう。のみならず物語の聞き手たちも、流血と、敗者の証として死にも匹敵するほどのむごたらしい傷が、生々しく描かれないことには楽しめず、盛り上がれなかったのだろう。

オリンピアの祭典

ホメロスの英雄叙事詩が文字化された前八世紀は、ギリシアにポリスという都市国家が生まれた時期だった。農業や牧畜は奴隷が行い、貴族や富裕な市民はしばしばスポーツに参加した。古代ギリシア人にとって、古来伝わる多種多様な宗教儀礼を、しきたり通り怠りなく行うことが、この上もなく重要だった。そして儀礼や祭礼の際には、前述のパトロクロス葬送競技会のような競技会もしばしば開催された。そのなかでとりわけ重要だったのが、いわゆる古代オリンピックだ。これはゼウスの神域にあるオリンピアの祭典として開催された。

その第一回は、『イリアス』編纂とほぼ同時期の前七七六年に開催されたとされる。古代オリンピックの歴代優勝者の記録を、過去にまで遡って編纂し始めたのは紀元前四〇〇年頃だ。編纂開始から三百年近くも前のことに関する記述が正しいかどうかについては、異論もある[★16]。だが、少なくとも前六世紀から紀元後四世紀まで千年以上にわたって途絶えることなく、四年に一度開かれ続けたことはたしからしい[★17]。

競技会の日数は、最初は一日だった。それが種目の増加とともに延び、第三十七回（前六三二年）には三日間になり、最終的には五日間となった。

準備は祭典の一年前から始まった。まず聖域と競技場を整備、修復し、十ヶ月前には大会役員が準備を開始した。選手たちはそれぞれの町でトレーニングに専念することが義務づけられた。一ヶ月前になると選手たちはエリスという町に召集され、そこで厳しいトレーニングを課された。いよいよ祭典二日前になると、審判、トレーナー、選手ら一団は「聖なる道」を海沿いにたどってオリンピアへの五八キロにおよぶ行進を始め、エリスとオリンピアの境界にある

ピエラの泉に到達すると、ブタを生け贄に捧げて儀礼を行った。[★18]

大会も儀礼から始まる。最初に、評議会場の祭壇に立つ「誓いのゼウス」像の前で審判と選手による宣誓式が行われる。また五日間のうちには儀式や供犠が何度もあり、とくに満月直後にあたる祭典中日の朝には、ゼウスのために雄牛百頭の生け贄が盛大に捧げられた。少なくとも前一四六年にギリシアがローマ人に征服されるまでこの競技会は、宗教儀礼や神話の歴史と密接に結びついていた。その後も競技会自体は、五百年以上続いたのだが。

ソクラテスも拳闘ファン

拳闘は第二十三回（前六八八年）の競技会から採用され、スミュルナのオノマストスの名が初代の勝者として記録されている。拳闘は人気競技だった。かの哲学者ソクラテスも拳闘経験があり、アテネからオリンピアまで、三日三晩の旅をしてオリンピック見物に行くほどの大の闘拳ファンだった。[★19] もっと昔だと、私たちが中学の数学で必ず習う「三平方の定理（ピタゴラスの定理）」で有名な、あのピタゴラスも拳闘が強かった。ついでにソクラテスの弟子プラトンはレスリングが強かった。哲人は鉄人でもあった。

当時の拳闘のルールについて正確なことはわかっていないが、壺絵、後世の辞典類、文学における記述などから類推はできる。当然だが現代のボクシングとはかなりちがっていた。

大英博物館が所蔵する壺絵に描かれた古代拳闘試合の様子。左の二人は打ち合っている。打ち倒された右端の拳闘士が人差し指を立てているのは敗北のしるしで、中央の審判は試合終了を告げている。

まず競技場の形は不明だが、少なくとも試合場を区切るロープなどはなかった。また体重などによる階級制もない。対戦の組み合わせは籤《くじ》で決められた。試合が始まると、選手同士は常に接近して休まず闘うことを要求された。審判は梯子や棒のような器具を用い、両者に近くで殴り合うよう促した。また、クリンチは禁止されていたから、クリンチをする選手を審判が叩くこともあった。

ラウンド制や時間制限もなかった。しかし、選手同士の合議があれば、試合中に休憩時間をとることを審判が許可した。禁止されていたのは、レスリングではあたりまえのホールド、股間への打撃などだ[★20]。勝負の決着は、一方が指を一本か二本立てて降参のサインを送るか、一方が失神するかで決まった。引き分けはない。審判の採点による判定などもない。

先述の通り、『イリアス』にあるパトロクロス葬送競技会の選手たちは闘う前にふんどしを巻いたが、古代オリンピックの選手はふんどしもせず、裸で競技した。現在でもボクシングの教習所はジムとよばれるが、この言葉はギリシア語のギュムナシオンに由来している。ギュムナシオンとは古代ギリシアの都市にあった新参兵の教練施設であり、市民のトレーニング場のことだ。ギュムナシオンは「ギュムノス」という「裸の」を意味するギリシア語に由来する。トレーニングは裸でするものだったのだ。[★21]

拳の装着具

唯一の装着具は、拳に巻きつけるひもだった。選手たちは紀元前五世紀までに、ヒマンテスと呼ばれる、柔らかい牛革のひもで手首と指を固定し腕に巻きつけるようになった。その後、ヒマンテスはどんどん進化し、指関節には固い革ひもを巻くようになり破壊力も増した。

しかし、ヒマンテスは複雑で、巻くのに時間もかかった。そのためじきに、革ひもを巻いた形をした、できあいの装着具が登場した。この「鋭い革ひも（オクセイス・ヒマンテス）」こそ、史上初の公式ボクシンググローブと言っていいかもしれない。3章「3-2」ですでに紹介したミュルメクス（蟻）とよばれる、当たると痛いヤツだ。指の部分は固い革ひもで強化され、かわりに内側は羊毛で手を保護するようになっていた。この装着具が、ロー

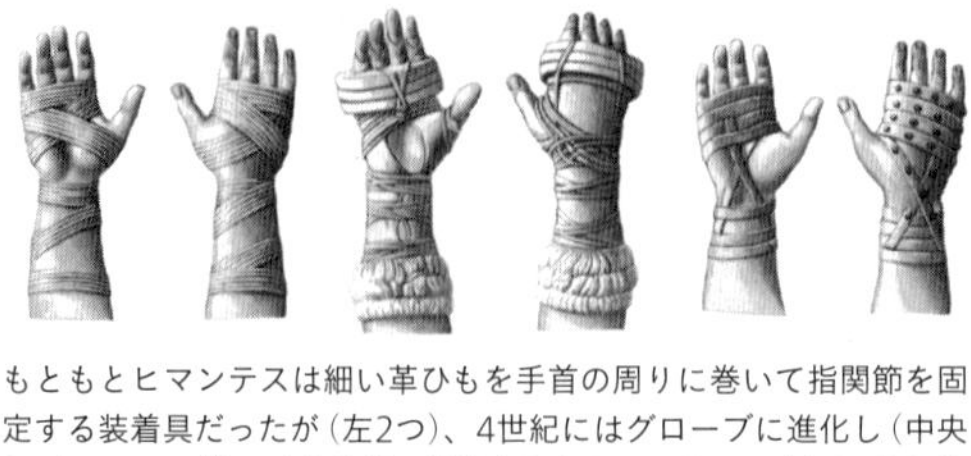

もともとヒマンテスは細い革ひもを手首の周りに巻いて指関節を固定する装着具だったが（左2つ）、4世紀にはグローブに進化し（中央2つ）、ローマ期には鉄や鉛で補強されたカエストゥス（右2つ）となる［アンドロニコス他 1981：218］

マ期の二世紀末まで用いられた。そのあとに登場したのが、悪評高いカエストゥスだ。鉄と鉛で補強されていたから、グローブというより、こうなると凶器そのものだった。

拳の装着具の変化は、拳闘そのものをも変えた。柔らかい革ひもを用いていた初期は、俊敏な攻防の技術を競っていた。しかし「鋭い革ひも」が導入されると、一発のパンチのダメージが大きいため、防御中心へと動きが変化した。その後カエストゥスが導入されると、今度は顔面と肉体を破壊し合う競技、いや、ほとんど血腥い破壊的な見世物へと化したのだ。

古代の拳闘競技はいつまで続いたのだろうか。たとえば古代オリンピックの最終回は、第二九三回（三九三年）だとされてきたが、証拠はない。ローマのキリスト教国教化によって、テオドシウス一世が異教祭祀の全面禁止令（三九二年）を出したからだとされるが、記録に残っている最後の大会は第二九一回（三八五年）だ。このときレスリング、パンクラチオン、徒競走などとともに拳闘も開催されている。[★22] つまり拳闘が、古代オリンピックで千年以上開催され続けたことは確実だ。

古代オリンピックの終焉

なぜ、古代オリンピックは終焉したのだろうか。フェアプレーの精神が衰え、アマチュアリズムが腐敗したからだなどと吹聴されていたことがある。しかしそんなのは、古代を過剰に美化したロマンチックな俗説にすぎない。紀元前四世紀にアレクサンダー大王が東方に版図を拡大して迎えたヘレニズム期には、ギリシアの競技も帝国内に広く普及し、それとともに選手たちのプロ化もすでに進んでいた。またいくら公式の賞品がオリーブの冠だけでも、勝者と彼の故郷にとってはとてつもなく大きな名誉だったから、勝者には富と権力が集中した。もちろん賄賂や八百長がらみの不祥事だっていくらでもあったのだ。

たとえば古代の競技場近辺には、かつてゼウス像が立っていた四角い台座が、遺物として十以上も残っている。それらの像はすべて八百長関与の罰金で立てられたものだ。なかにはヘレニズム期以前に遡る台座もある。ちなみに優勝者が三人から勝利を買収した事件の罰金で立てられた、前三八八年のゼウス像が六体もある。なんとその不正が行われた競技は拳闘だ。[★23]二千四百年前の八百長拳闘の不祥事が、石の文化ゆえに、現代まで伝えられているのだ。

前出のテオドシウス一世の死後、帝国は分裂した。五世紀以降はヨーロッパにおける民族大移動によって帝国の安定が揺さぶられ、オリンピアの聖域も荒廃した。さらに地震、洪水、地滑りなどの自然災害で、六世紀にはオリンピアは破壊された。結局のところ、平和の終わりが古代オリンピックを終わらせたのだ。[★24]

ふり返ると古代の拳闘は、ゲームとして競技化された初期から激しいものだったが、千年の間に道具、トレーニング法などの進歩を経て、その過激な暴力性と血腥さはますます増していく。しかしこの、野蛮とも見られがちな暴力のゲームを、歴史記録から消したのはローマの平和の終焉だ。血腥い文化は、平和によって支えられていたと見ることもできる。

5-3 イギリスの拳闘――流血と底力

ボクシングの前史に関する解説は、古代オリンピックの華々しい千年間のあと、十八世紀までいきなり千年以上もタイムスリップすることを常としている。長い空白期間中も、ヨーロッパで拳闘は存続していたはずだ。しかし、断片的な情報しか伝わっていない。たとえばイングランドのアルフレッド大王の兵士たちが気晴らしで拳闘に興じたとか、十三世紀のイタリアで若者たちに拳闘が奨励されたとか、シェークスピアも劇作品で描いたイギリス中世最後の王、リチャード三世は拳闘がうまかった[★25]、などといった話だ。十七世紀まで教会の説教者たちは、宗教的なつとめをサボって気晴らしや娯楽にうつつを抜かしている庶民の日常を、堕落として非難しまくっていた。しかも庶民の文化や娯楽など権力者たちに低く見られていたから、拳闘についてもほとんど記録されず、歴史の闇に埋もれてしまったのだ。

しかし、議会が世俗の権力を掌握する十八世紀頃になると事情が変わる。上流階級や有力者たちが庶民の娯楽のパトロンにもなったからだ。本節ではイギリスにおける拳闘の発展を見ていこう。

イギリス初の拳闘試合

一七二七年にイギリスを訪ねたフランス人のド・ソシュールは、労働者二人が仲たがいして、行きつくところまで行ったらどうなるかを書き記している。要約すると以下の通りだ。

二人はまず静かなところへ場所を移し、腰から上は裸になる。その間に集まってきた見物人が、円陣をつくって二人を囲む。二人は握手を交わし、お互い素手での攻撃を開始する。時には頭でも当たり合う。見物人は一撃ごとに批評し合う。一方が倒れても、とどめのブローも一発は許されるルールだ。見物人は賭けているので、一方が打ちのめされて「もうたくさんだ」と音を上げるまで闘いをけしかけ続ける。[★26]

このように銃や剣を持たない庶民は、ケンカでもめ事を解決することも多かった。[★27] ケンカとはいえ、暗黙のルール、見物人、賭博という要素が組み合わさっていたから、拳による決闘と呼んでいい。行きずりの見物人が賭博を楽しむために、ゲームの進行と勝敗を律するルールがどうしても必要だった。

この記録から半世紀近く遡る一六八一年に、イギリスの拳闘試合の最初の記録が、『プロテスタント・マーキュリー』紙に掲載された。アルバマール公爵の面前でその公爵の従者が、すでに「イングランド最高の拳闘家」として知られていた肉屋の男と闘ったという記録だ。4章でも述べたが、この種の賞金の懸かった拳闘試合は、プライズ・ファイトと呼ばれた。プライズ・ファイトはフェアと呼ばれる都会の定期市や、田舎の祭りの際などによく行われていた。★28その後百年かけてプライズ・ファイトは発展し、成文化されたルール、出資者としてのパトロン、専用闘技場、観衆などといった、興行の要件を整えていくことになる。

初のチャンピオン

ここで紹介したのは十七世紀から十八世紀の記録だが、ちょうどこの時期は、西洋において人間の身体が大きく変化する時期に当たっていた。

思想家ミシェル・フーコーは、彼独自の身体論を展開するなかで、十七世紀の兵士像と十八世紀後半の兵士像にある大きな違いについて論じている。十七世紀の兵士の身体は、生まれつきの資質によって兵士らしい力と勇ましさを示していた。これに対して十八世紀の兵士の身体は、まだ形をなさないうちに矯め直されたものだ。もはや彼らに農民の物腰はなく、規格化された兵士の態度を一様に示している。要するにそれまでは生まれつきガタイがゴツくてふんぞり返った奴が兵士になったのが、十八世紀になると変わった。兵士のカラダは、規律と訓練によってつくられるものになったのだ。管理と強制（矯正）による規格化が進んだからだ。このような十八世紀の変化は、イギリスの拳闘家のカラダについてもあてはまる。

映画『ロッキー』で、時代遅れのファイター、ロッキー・バルボアが肉屋の冷凍庫に吊り下がった肉を、サンドバッグ代わりにパンチしまくるシーンを覚えているだろうか。このシーンは示唆的だ。十七世紀、拳闘の主役たちは水夫、肉屋、鍛冶工など屈強な上半身を誇る肉体労働者だった。[★29] アルバマール公爵の従者が挑んだのがそうだったように、肉屋の拳闘家も多かった。拳闘家のカラダに転機をもたらしたのは、まさに「イギリス初の拳闘試合」があった一六八一年に生まれたとも言われる「拳でも棒でも剣でもなんでも来い」の豪腕格闘家、ジェイムズ・フィッグだ。

　フィッグは町の広場で、端と端を結んだ長いロープの輪のなかに立ち、「誰か、やれんのかあ！」と挑発した。名乗り出た者がいると、最前列の観衆たちがロープをつかんで引っ張り、彼とフィッグの二人を囲む丸い輪をつくった。これが「リング（輪）」だ。[★30] 今のボクシングの試合場は四角い。なのに「リング」と呼ばれるのはこのためだ。

　フィッグはめっぽう強かった。一七一九年、ロンドンに棒術と剣術と拳闘術を教える学校「劇場型競技場」[★31]を開き、自らイングランドにおける拳闘のチャンピオンを名乗った。以来、拳闘で生計を立てるプロがたくさんあらわれた。労働者ら下層階級の出身者やアイルランド系、ユダヤ系をはじめとする移民が多かったが、チャンピオンクラスになると上流階級に属する貴族やジェントリなどがパトロンになったから、その庇護を受けることもできた。これによって名声も社会的地位も高まった。[★32]

ブロートン・ルール

だがフィッグの時代には、まだ成分化されたルールは存在しなかった。拳闘ルールが初めて成分化されたのは一七四三年で、それがブロートン・ルールだ。カンバーランド公爵邸の前にあったソーホー屋外競技場に掲示されていたとされるブロートン・ルールの概要は、次の通りだ。

①対戦者にはそれぞれセコンドが付き添い、セコンドの立ち会いのもと試合は開始される。
②対戦者のダウンでラウンドが終了する。
③ラウンド間のインターバルは三〇秒。
④ダウンしている相手を殴ることや、腿や尻など、腰から下をつかむのは禁止。
⑤セコンドが敗北を申し出るまで決着がつかない。
⑥事前の個人間の取り決めがどのようなものだろうと、懸賞金の三分の二を勝者が受け取ることができ、その分配はステージの上で行う。
⑦紛争を避けるために、(観客のなかから)審判二人を選出し、二人の裁定を絶対とする。★33

現在のボクシング・ルールにつながるこの最古の成文化ルールを定めたのは、フィッグの弟子で次代のチャンピオン、ジャック・ブロートンだ。もとはテムズ川の船頭だ。一七二三年に国王の命令で設置された拳闘用リング初興行で優勝した。以来、カンバーランド公爵という強力なパトロンを得たし、一七三四年から一七五〇年もの長期にわたってチャンピオンとして君臨した。最後は「肉屋のスラック」に番狂わせの敗北を喫し、視力とタイトルを失った。そのうえ、その敗北で公爵に大損をさせて絶縁されるという、踏んだり蹴ったりの憂き目に遭った。[★34]とはいえ、ロンドンに拳闘学校を開いて後進を育成したし、上流階級の貴族や有力者たちの間に拳闘の実践練習を普及させるなどもしたから、彼の功績は大きい。

ブロートン・ルールは当時の拳闘について、さまざまなことを教えてくれる。まず、腰から下のつかみなどが反則とされたことだ（④）。もっとも、レスリングに見られるような腰投げはその後も試合でよく用いられたし、倒れた相手を蹴ったり、打たれてもいないのに自分からダウンするような行為もなくならなかった。一八三八年に「ロンドン・プライズ・リング・ルール」が定められて、頭突き、つねり、ひっかき、噛みつき、蹴り、目玉えぐりなどの行為が再度禁止された。それでもこの種の反則はなくならなかったから、この種の行為はプライズ・ファイトの重要な要素だったとも言える。[★35]

次に、時間でラウンドを区切る発想が当時なかったことだ。ダウンによってラウンドは終了した（だから休むために自分から倒れもした）。三十秒のインターバルを取って休ませるのは（②③）、もちろんダメージから回復させるためだが、必ずしも拳闘家の安全のためではない。激しい殴り合いを繰り返させるためだ。その方が逆転などで試合が大きく動くかもしれず、賭けをしている観客の興奮を高めることができるからだ。現代まで踏襲されているラウンド制の起源が、激しくボクサーを殴り合わせるために設けられたルールだとは、読者の方々にとっては驚愕の事実かもしれない。

プライズ・ファイトでは、勝敗に賞金が懸けられたのみならず、別枠のさまざまな賭けも拳闘家自身や観衆によって行われていた。この別枠の賭けでは、最初のダウンや最初の流血までもがその対象だった。

なぜこの時期に拳闘のルールが、ブロートンによって成文化され、明示されたのだろうか。それはブロートン自身が、挑戦者の一人を試合で死なせてしまったことを悔やんだから、とも伝えられている。しかし、ルールの内容から判断すると、別の理由の方が納得がいく。それは、観衆の試合への干渉を極力排除し、賭けの公正性を保証するためだ。[36]だからセコンドと審判の役割と権限(①⑤⑦)、および試合の展開と反則(①~⑤)を明示されているのだ。また、懸賞金の配当とその方法についてまで明記したのは(⑥)、裏取引が原因のもめ事が頻発していたからだろう。

賭けがあってこその興行だった。だから、賭けが公正《フェア》であるためには、試合そのものが公正でなくてはならなかった。成文化によるルールの開示はそのためだ。またフェアプレーの精神が重んじられたのも、賭けのためだ。

なお、次世紀にできた「ロンドン・プライズ・リング・ルール」では、試合の決着がつかなかった場合すべての賭けは中止、と規定された。[★37] ルールは賭けを視野に入れて定められたのだ。後にライト級、ミドル級、ヘビー級の三階級の体重制が導入されたのも、その方が賭けが面白くなるからだ。[★38] もちろん、賭けは悪なんて考え方はそこにない。イギリスの賭博史を見渡すと、全財産を失っても顔色一つ変えずに立ち去る「高貴な敗者」たちの話で彩られている。[★39] その敗者は、ブロートンが最後そうだったような、血みどろの敗者とは対照的なのだ。

流血の楽しみ

その頃人気の娯楽に、アニマル・スポーツがあった。スポーツとはいうものの、今日の意味とは少し趣が違う。闘鶏、闘犬、鎖でつながれた猛牛にイヌをけしかけ闘わせ嚙み殺させるウシいじめ（クマいじめ、アナグマいじめもあった）のように、動物同士を闘わせる娯楽も含んでいたからだ。さらには狩猟や競馬、棍棒などを手にした群衆が牛を追いかけ回して撲るウシ追い、縛りつけたニワトリに遠くから棍棒を投げてぶつけるニワトリ当てもこれに含まれる。[★40] そのほとんどが流血必至の動物いじめだ。

クマいじめ。鎖で縛られたクマにイヌをけしかけるのだが、一匹はクマにかじられている

動物だけではない。参加者もしばしば盛り上がりすぎて流血した。イギリスでは上流階級から下層階級の間まで広い階層の人々が、血を見て歓喜し、賭博に狂騒したのだ。

この種の娯楽はブラッド・スポーツとも呼ばれた。拳闘もその一つだった。血こそが、男らしさ、勇気、忍耐といった、騎士道精神に由来する古くからの名誉を象徴していた。拳闘家にとって底力《ボトム》こそが最大の美徳とされたからだ。底力とは、相手の一撃に断固として耐える気性のことだ。[★41] すでに死語かもしれないが、つまりは「ド根性！」。

素手拳闘のプライズ・ファイトにおける流血シーン

たとえばブロートンの頃の試合では、両者は互いのつま先同士を合わせて立った位置で殴り合った。防御はブロックだけで、フットワークを使うのも卑怯とみなされていた。[★42] 十八世紀終わりに、ダニエル・メンドーザが体格にやや恵まれなかったせいもあり、フットワーク、ジャブ、防御に重点を置き、スピードとコンビネーションを生かしてチャンピオンになったが、臆病者だの、イギリス的でないだの（メンドーザはユダヤ人だった）と、批判されたものだ。ジョン・ジャクソンとの試合では、ついに一方の手で長い髪をつかまれ、もう一方の手で殴られまくって負けた。[★43]

十八世紀、ブラッド・スポーツは大人気だった。その背景にあったのは賭博との結びつきだけではない。道路事情の改善と駅馬車交通の発達、興行の広告や結果を知らせる新聞・雑誌といった活字メディアの発達もあった。[★44]活字メディアの社会における重要性が高まった時代だったからこそ、ブロートン・ルールは成文化されたのだ。しかもこのルールが、その後百年近くもプライズ・ファイトを支配することになる。

暴力からゲームへ

もう一度十七世紀に遡ろう。国王チャールズ一世が議会を蹂躙したかと思えば、今度は一六四二年にオリバー・クロムウェルが軍事クーデター（いわゆるピューリタン革命）で逆襲し、一六四九年に国王を処刑する。クロムウェルが没すると、一六六〇年には亡命先から帰国したチャールズ二世が即位して王政が回復するが、一六八八年には議会が国王に政権の譲渡を約束させた（名誉革命）。少し込み入っているが、要するにイギリスの十七世紀は、暴力による政権転覆が繰り返された内戦の世紀だったのだ。

ところが十八世紀になると、歯止めのきかない暴力の応酬に、社会全体がいいかげんウンザリした。こうして土地を所有するジェントリら特権階級が議会政治をつくりあげた。暴力を用いないで権力を譲渡するシステムがつくられたのだ。暴力による対決は議論による対決へと置き換えられ、対立する権力者間の戦闘は回避されるようになった。

実は、キツネ狩り、拳闘、競馬、球技などの余暇活動がはじめて「スポーツ」と呼ばれたのも、その内容がスポーツ的特徴を帯びはじめたのもこの時期だった。つまり議会政治を発展させたジェントリら地主階級らこそが、スポーツをも発生させたのだ。

このように議会政治の開始とスポーツの成立との間には、明確な結びつきがある。[★45] 暴力による政治的解決法は、十八世紀になると、国家による暴力の独占と議会政治の発展によって抑制され、政治は言論によるゲームと化した。この言語による政治のゲーム化を、身体に移してモデル化したものこそが、近代のスポーツ（闘争のゲーム化）だったのだ。[★46]

プライズ・ファイトの急衰

では、ボクシングというスポーツはどのようにして成立したのだろうか。これについてはプライズ・ファイトの盛衰の話抜きには語れない。

プライズ・ファイトは、貴族やジェントリがそのパトロンとなった十八世紀に人気娯楽となった。十九世紀初頭の国民の熱狂はすさまじかった。国民は、ナポレオンが率いるフランス軍と自国イギリス軍の戦闘に関するニュースなどより、競馬やプライズ・ファイトの方によほど関心があった。アメリカの黒人奴隷出身のトム・モリノーがトム・クリッブにリマッチを挑

んだ一八一一年九月の試合に集まった観客、というか群衆の数は、二万五千人とも四万人とも言われる。[★47]

一八一四年にパトロンたちによる上品な団体「拳闘クラブ」がロンドンで結成され、プライズ・ファイトの設備、懸賞金制度の整備、ルールの厳格化、八百長追放などに尽力した結果、プライズ・ファイトは全盛期を迎えた。しかし、一八二〇年代にこのクラブが閉鎖され、上流階級の人々がパトロンから手を引き始めると、プライズ・ファイトに対する社会の評判は落ち、たちまちその人気は陰った。[★48]

その後のプライズ・ファイトの衰退は、大きく分けて次の二つの理由による。まず法的規制の強化、次に八百長など不正行為の蔓延だ。

法的規制の点でいえば、実はブロートンがチャンピオンの座を失った一七五〇年には、地域の治安を乱す不法集会だとして、プライズ・ファイトの興行の開催を禁止する法的根拠がすでにあった。しかし、治安当局は以後も黙認した。拳闘こそ勇気、忍耐強さ、男らしさといったイギリス魂が発露される場として、人々に称揚されていたからだ。それに何よりも、貴族やジェントリら有力者がパトロンとなって主催し、彼らもこれに熱狂していたからだ。

全盛期にはプライズ・ファイトの開催日と場所が広告されると、貴族から犯罪者まですべての社会階層の人が、ときには二万人も全国から結集した。この突然出現する祝祭的な雑踏は、地域の平穏を脅かした。[★49] また興奮した観衆が試合と賭博の公正性をめぐって暴徒化することさえあった。だから治安当局はプライズ・ファイトの興行をいつまでも黙認していられなくなった。

くわえてブラッド・スポーツが残酷さの観点から批判され始めた。一八三五年に「動物虐待防止法」で、ウシいじめなどのアニマル・スポーツの一部が禁止されると（一八四九年法でさらに強化）、その厳しい矛先は「野蛮で残忍な」プライズ・ファイトにも向けられた。ついに一八七八年に、拳闘家オートンが対戦相手を死亡させた事故をめぐる裁判で暴行罪が適用された。こうなると、プライズ・ファイトはもはや「健全な娯楽」などではなく、ケンカや私闘として扱われるようになった。[★50]

要約すると、十九世紀を通じたプライズ・ファイトに対する取り締まりは、まず、治安を悪化させ社会を脅かすものとして、次に残酷さというモラルの観点から、最後に当事者の生命と健康を脅かすものとして、と三段階で強化されたのだ。

それまで、プライズ・ファイトが盛り上がったのは、貴族やジェントリらがパトロンだったからだ。彼らが後援し、しかも来場してくれてこそ興行に花が添えられた。しかし、賭博にまつわる八百長はあとをたたなかったから、試合の公正さに対する信頼が失墜し、彼らもパトロンになることをやめた。[★51] するとすぐさま衰退が始まったのは当然の成り行きで、十九世紀後半にはプライズ・ファイトは表舞台から消えた。

だが、ボクシングが成立するために、プライズ・ファイトは衰退しなくてはならなかった。

これが次節で見ることだ。

5-4　ボクシングの成立

ここで一度、現代に戻ってこよう。

リング上でレフェリーが二人のボクサーの間で声をあげる。

「ボックス！」

ボクシングとは、ボックスするスポーツだ。だが、ボックスとはなんだろう。

ボックス！

実は私は長いあいだ、このボックスは箱を意味するのだと思い込んでいた。リングは血腥い闘争が繰り広げられる、弱肉強食の「四角いジャングル」にもたとえられる。ジャングルのイメージの問題はともかく、なるほどリングは、闘士たちを閉じ込めた四角い箱《ボックス》に見えるではないか。私の思い込みはそんなところからだろう。しかし、リングがもともと文字通り輪《リング》だったことは、前節で述べた通りだ。

ジョージ・A・ヘイズ《素手拳闘（ベアナックル）》1870〜1885年

プライズ・ファイト時代のイギリスでは、拳闘は一般的にはピュジリズムと呼ばれていた。拳闘家はピュジリストだ。

百年も前にイギリスで出版されたボクシング史の古典『ピュジリスティカ』によると、ピュジリズム、ピュジリスト、ボクシング、いずれの言葉も起源は同じだ。これらは拳で闘うことを意味するラテン語「ピュギラトゥス（pugilatus）」から派生している。ではこのラテン語はというと、闘うためのゲンコツを意味する古代ギリシア語「プグメス（pugmes）」から派生している。ラテン語やギリシア語の細かい言語学的解説は端折るが、このゲンコツの形（プグメス）は箱にもたとえられた。だから「ボックス」が拳闘を意味するのだ。★52

そう、リングのなかでレフェリーはボクサーたちに「箱！」と叫んでいるのではない。「さあ、殴り合え！」と命じているのだ。

では、ボクシングがいつ、どのようにピュジリズムに取って代わったのだろうか。本節では、ボクシングというスポーツの成立について述べる。実はこれには、資本主義的な産業の発達による社会の近代化や、人々の意識や価値観の変化も関わっている。

スパーリングの発生

前節では、イギリスにおける十七世紀から十九世紀半ばのプライズ・ファイトの盛衰を見たが、拳闘史では、十七世紀から一八六〇年代までをベアナックル・ファイトの時代、以降をグローブ・ボクシングの時代として区分している。つまりその違いは試合が素手で行われるか、グローブをつけて行われるかだ。

実は十八世紀にはマフラーと呼ばれるグローブが考案されていた。「目に青タンつくったり、あごが砕けたり、鼻が曲がったりはしませんマフラーを使いますからね！」と、貴族や有力者に向けて、拳闘教室の広告を一七四七年に出した人がいる。「ブロートン・ルール」を制定したブロートン当人だ。

当時はグローブをつけての実践練習やエキジビションの非公式戦を行うことが、スパーリングと呼ばれていた。拳闘教室やパブで「高貴な自己防衛の技術」としての拳闘を学ぶ場合、拳闘の練習といえばスパーリングだった。ブロートンがグローブを導入したのは拳闘の理論化を目指したからだ。拳闘を科学《サイエンス》にする道具こそ、彼にとってグローブだった。のみならず、グローブを用いる安全性を売りにしてスパーリング愛好者を拡大することもできた。

ちなみにパブとは、単なる居酒屋ではない。宿屋を兼ねていることもある。またブラッド・スポーツをはじめとする見世物、賭博、観劇にも興じられる総合娯楽センターだった。その他、商取引の場、選挙事務所、郵便と交通のターミナルなど、パブは地域のあらゆる機能を兼ね備えた複合施設として十九世紀まで発展してきた。そのため拳闘の試合場や練習場にもなった。[★53]

スパークリングの話に戻ろう。「素手で殴り合う命がけのプライズ・ファイトこそ、男の真剣勝負だ」という昔気質の拳闘ファンのなかには、「イギリス人のくせにグローブをつけるなんて軟弱な！　スパーリングなど貴族やジェントリのおぼっちゃまらのママゴトだ」と言わんばかりの人も多かった。とはいえ、まさにプライズ・ファイト全盛期の一八一〇年代に、その知識と情報を詰めこんだ大著『ボクシアーナ』を世に出したジャーナリスト、ピアス・イーガンでさえ、スパーリングは「見せかけの拳闘だが、それでいて本物の闘いのようであり、いや、まさに本物の闘いである」として、十分に興奮して楽しんでいた。[★54]もっと言えば、この時代の「おぼっちゃま」らの間でスパーリングが流行ったからこそ、スパーリングが社会に定着し、後にボクシングは成立できたのだ。

高貴な自己防衛の技術

意外かもしれないが、メンドーザの髪の毛をつかんで殴りまくって一七九五年にチャンピオンの座に着いたジョン・ジャクソンのあだ名は、なんと「紳士」だった。拳闘家らしからぬ教養と気品を兼ね備えたタフガイで、女性たちにもモテモテだったから、皮肉でもなんでもない。ビジネスマンになってさっさと引退したが、彼も拳闘学校の師範をつとめ、その弟子の三分の一は貴族だった。その一人にロマン派詩人として名高いバイロン卿もいた[★55]。彼が拳闘の大ファンだったことは、彼の作品にもあらわれているが、彼に限らず、健全な肉体のために、また自己防衛のためにスパーリングをたしなむ者は貴族やジェントリの間にも多かった。このことには、イギリス独自の歴史的背景も関わっていた。

　イギリスではジェントリの権力が強かった。ヨーロッパ大陸とは異なり十六世紀には封建的な主従制度が事実上廃止されていて、貴族が一方的にムチや剣をふるって自分たちの優越性を誇示することなどできなかった。しかも治安がきわめて悪く、ケンカや暴力くらい日常茶飯事だった十七世紀や十八世紀のロンドンでは、武器をもたない庶民に、貴族がゲンコツや取っ組み合いなど、素手による決闘に応じさせられることもあった。このような決闘が繰り返された結果、絞め技や蹴りなどを禁じ手とする拳闘ルールが次第に出来上がっていった。ストリートでの拳の決闘では、行きずりの人がにわか審判になった。

　こうしたわけで貴族たちも、自己防衛のために拳闘の練習を怠らなかった。だから拳闘は「高貴な自己防衛の技術」だ。なお、拳闘にかけひきやフェイントを持ち込んだのも、フェンシングの嗜みがある貴族だと言われている[★56]。

プライズ・ファイトからボクシングへ

ちょうどプライズ・ファイト最盛期、ドーバー海峡を挟んで三〇キロあまり離れているだけの隣国フランスは、大混乱していた。フランス革命によって国王を頂く旧体制が転覆、崩壊して社会は秩序を失った。その混乱状態を収束させたナポレオンが、今度はヨーロッパ征服の野望まで企んだものだから、ヨーロッパ全体が緊張の渦のなかに巻き込まれた。このフランスの脅威を受けてイギリスのナショナリズムが高まるなか、拳闘家のド根性こそイギリス人魂のシンボル、拳闘こそイギリスの国技としてみなされるようになった。

実は十九世紀初頭のプライズ・ファイト最盛期には、正式な試合とは別に、グローブをつけてスパーリングを観客に披露する「エキジビション」と呼ばれる興行も盛んだった。その代表的な会場が、ロンドンにあった「ファイブズ・コート」だ。拳闘家にとっては技術と肉体を披露し、かつパトロンに見出してもらうための絶好のチャンスをここで得た。他方、セレブな紳士淑女が集う華やかで活気あふれる社交場でもあった。[★57] 現在ではふつうだが、チケットを先行販売して収益を得る興行形態もここでできあがったものだ。

いわばプライズ・ファイトの落とし子だったこのスパーリング・エキジビションのなかにこそ、近代ボクシングの胎動を見ることができる。前節に記した通り、プライズ・ファイトは一八一〇年代を最盛期として衰退に向かった。だが興行との関わりから手を引いてもなお、上流階級や有力者たちの間でスパーリングの流行は衰えなかった。そのため拳闘擁護論も根強かった。拳闘は自衛のためだけでなく、健康と長寿のためにも効果的で、かつイギリス的とされたからだ。

さらに追い風が吹いた。それはアスレティシズムとの結びつきという新しい状況だ。アスレティシズムとは、とりわけクリケット、フットボール、ボートなど集団的運動競技を、人格の陶冶のために重視する教育方針のことだ。スポーツが男らしさ、勇気、忍耐、フェアプレイの精神を身につけるのに良い、と考えられるようになったのだ。

ついに一八六〇年代にはスパーリングが、三つのパブリック・スクールで体育教育に取り入れられた。[★58] 八百長や反則は横行するわ、流血必至の残酷ショーだわ、地域社会の平和を乱すわで、興行としては社会の表舞台から疎外されつつあった血腥い殴り合いが、勇気や根性といったイギリス的美徳を涵養するにふさわしいとして、青少年の修養科目にまでのし上がったのだ。

競技としてのスパーリング・ルールが初めて成文化されたのは、まさしくそれと同時代の一八六七年だ。それが以下に述べるクイーンズベリー・ルールだ。これを以てグローブ・ボクシング時代が幕開けした。近代ボクシングが誕生したのだ。

クイーンズベリー・ルール

ボクシングという言葉の広まりは、プライズ・ファイトの衰退と軌を一にしていた。もともとこの言葉は、プロのピュジリズムに対比され、グローブをつけたアマチュアによるスパーリング競技を意味していたのだ。

ケンブリッジ大学トリニティ・カレッジ出身のエリート、ジョン・グラハム・チェンバース主宰のアマチュア・アスレチック・クラブは、一八六七年からボクシングの競技会「クイーンズベリー・カップ」を開催した。それに当たって作成したのが、クイーンズベリー・ルールだった。

このルールには次のような特徴があった。①つかむ、投げるなどレスリング行為の禁止、②一ラウンドを三分とし、インターバルを一分とするラウンド制の導入、③ダウン後のテンカウントの導入、④グローブの着用、⑤滑り止めのないシューズの使用、などだ。また「クイーンズベリー・カップ」では、ライト級、ミドル級、ヘビー級の三階級が設けられ、試合は三分三ラウンドでポイントを競った。[★59]

これを見れば明らかなように、このルールのなかに、現在のボクシング・ルールの骨組みがもうできあがっている。もちろんこのルールがすぐに一般化したわけではない。だが、その七年前に行われたセイヤーズ対ヒーナン戦を最後にプライズ・ファイトの大規模な興行は姿を消した。[★60]一八六〇年代を境に、落ち目のピュジリズムに対しボクシングが目に見えて優勢になるのだ。

このクラブではアマチュアを、「プロが参加するオープン競技、あるいは賞金や入場料収入を得て行う競技会にはけっして出場しない者。人生のいかなる時期においても生計を立てるために教えたり、競技力の向上を助けたりしたことがない者」と規定していた。しかし入会するには身元照会を必要とした。お高くとまっていたわけだ。

そこでこのクラブに対抗して株式仲買人ジャック・アングルは、一八八〇年にアマチュア・ボクシング協会を結成した。この協会への加入は、労働者や少年にも認められた。キャッチフレーズは「ボクシングをしろ、だがケンカはするな!」。最初から労働者階級の若者の加入をあて込んでいたからだ。

当時、労働者らの居住地域で暴力事件が頻発していた。だからジムで発散させることで、若者の内側に巣くっている情動不安定で好戦的な悪魔を追い払い、若者たちに規律と秩序を身につけさせ、名誉、誠実さ、純潔、節制といった上流階級の理念に感化させよう。そんな意図がボクシング普及の陰にあった。このアマチュア・ボクシング協会が全国的な統括団体として成長し、クイーンズベリー・ルールもそこに引き継がれていった。★61

時計の時間

一般的にクイーンズベリー・ルール制定をもって、近代スポーツとしてのボクシングの成立とされている。それはなぜだろうか。まず重要な点は、ルールで時間が明確に規定されていることだ。

プライズ・ファイトではラウンドの時間が計られなかった。ダウンのあとのテンカウントはもちろんなく、ダウンによって両者に三〇秒のインターバルが与えられたが、セコンド付き添いの試合再開までの時間は、正確ではなかった。これに対して、クイーンズベリー・ルールが一ラウンドを三分、インターバルを一分とするラウンド制を導入したこと、およびダウン後のテンカウント制を導入したことは革新的だった。秒と分で刻まれる時間に、競技が厳密に縛られることになったのだ。その背景には、一日を二十四時間、一時間を六〇分、一分を六〇秒に区切り、量として時間を計る時間観念の普及がある。つまり近代産業社会に生きる人々の心の習慣が、ここに持ち込まれたのだ。

私たちにとって、時間を量として計算するのはあたりまえのことだ。しかし歴史を遡れば、世界で初めて時計が時を刻む社会になったのは、世界一の時計産出国だった十八世紀のイングランドだった。以後、安い時計の普及と鉄道網の発展によって、まずヨーロッパの人々が時間の正確さに敏感になった。十九世紀終わりの労働現場では、生産も賃金も労働量も、すでに量的な時間との関連で計算されるようになっていた。[★62] 近代になって人々が新しく身につけた時間観念を前提として、ボクシングのルールはできあがっている。いや、量的な時間の拘束のなかでカラダを用いて競い合うこと自体、近代スポーツにほぼ普遍的な特徴なのだ。

スポーツ	最初の全国的組織	設立年
競馬	ジョッキー・クラブ	1750
ゴルフ	ロイヤル・アンド・エンシェント・クラブ	1754
クリケット	メリルボーン・クリケット・クラブ（MCC）	1788
登山	アルパイン・クラブ	1857
サッカー	フットボール・アソシエーション（FA）	1863
陸上競技	アマチュア・アスレティック・クラブ	1866
	アマチュア・アスレティック・アソシエーション	1880
水泳	アマチュア・メトロポリタン・スイミング・クラブ	1869
ラグビー	ラグビー・フットボール・ユニオン	1871
ヨット	ヨット・レーシング・アソシエーション	1875
自転車	バイシクリスト・ユニオン（Bicyclist's U.）	1878
スケート	メトロポリタン・スケーティング・アソシエーション	1879
漕艇	メトロポリタン・ローイング・アソシエーション	1879
ボクシング	アマチュア・ボクシング・アソシエーション	1880
ホッケー	ホッケー・アソシエーション	1886
ローン・テニス	ローン・テニス・アソシエーション	1888
バドミントン	バドミントン・アソシエーション	1895
フェンシング	アマチュア・フェンシング・アソシエーション	1898

イギリスにおける競技スポーツの統轄団体一覧
（[松井 2000A:198] より筆者作成）

世界に先んじ、一八六〇年代から一八九〇年代に、イギリスで競技スポーツ団体の多くが設立された。★63 アマチュア・ボクシング協会の設立は一八八〇年だ。ボクシングが成立したのは、まさに近代スポーツ成立期まっただなかだ。世界でいち早く産業革命を成し遂げ、もっとも先進的な近代資本主義国となったイギリスで、世界でもっとも早くスポーツが成立したことは自然な流れだ。アスリートが時間をどうやって味方につけるかに心を砕きながらトレーニングし、競技することもイギリスで始まったのだ。

流血と底力の排除

それにしても、なぜボクシングがそれまでのピュジリズムと明確に袂を分かち、新しい競技としてその後、独自の発展を遂げることができたのだろうか。

そのもっとも大きな要因は、ボクシングが流血と底力という、プライズ・ファイトのピュジリズムにおけるもっとも重要な二つの要素を排除したからだろう。本章「5-3」で述べたように、プライズ・ファイトではこれら二つが、男らしさ、忍耐、勇気といった古くからの名誉を象徴していた。拳闘家はその名誉のために闘い、生活の糧を得、社会的地位を上昇させた。観客はその名誉をめぐる興奮の渦のなかで、賭博に熱中した。

しかし、グローブを使用するようになって、プライズ・ファイトでは不可欠だった流血がもはや必要ではなくなった。また、クイーンズベリー・ルールによってレスリング行為が名実ともに排除されたので、プライズ・ファイトにおいてまさに底力の見せ所であった組み打ちや抱え込みなどができなくなった。[★64] グローブの使用とレスリング行為の禁止が、流血と底力というプライズ・ファイトで観客をもっとも熱狂させた二つの要素を、競技から取り除いてしまった。いや、流血と底力の排除によって、ようやく真に拳の打撃による競技としてのボクシングができあがったと言っていい。

さらに付け加えるならば、流血と底力こそが「イギリス的ド根性！」の象徴だったとすると、これらの排除は、ボクシングをイギリスらしさというローカルなくびきから解放した。だから、二十世紀はじめにはアメリカ、オーストラリアなどイギリスの旧植民地のみならず、広く国際化できたのだろう。

よく探すと、現代ボクシングのなかにもプライズ・ファイトの痕跡は数多く見つかる。たとえば現代のプロボクシング興行の仕組みは、イギリスにおけるプライズ・ファイト発展の過程ですでにできあがっていた。十八世紀には企業家としてのプロモーターが主催し、賞金やファイトマネーのために拳闘家が試合を行い、観客が賭けを楽しむという形が一般化していたからだ。また一八二四年のスプリングとランガンの試合では、会場に観覧席が設置され、プロモーターが約束した懸賞金を埋め合わせるために、観客から入場料を徴収したことも知られている。

つまり今から二百年前には、ボクシングの近代的なプロモーションの原型がすでにできていた。[★65] さらに試合の告知、結果予想、結果報告などにマスメディアが一枚嚙むことで人々の試合への興味を高め、興行を盛り上げた点も、現代と同じだ。

決闘の面影

本章では、世界の拳で殴り合う闘争のゲームを紹介し、十九世紀のイギリスでボクシングが成立するまでの歴史的プロセスを、古代にまで遡って明らかにしてきた。

古代ギリシア・ローマ時代における拳闘が、祖国の兵役にそなえた鍛錬に発した競技だったのに対して、イギリスの拳闘は拳で殴り合う決闘にその端緒があった。この拳による決闘は、貴族やジェントリなど、上流階級や有力者の庇護を受けてプライズ・ファイトとして発展を遂げた。ローマ期の拳闘ほどではないにせよ、プライズ・ファイトも流血必至の血腥いものだった。その後、多党制の民主的な議会制度の安定がもたらした国家による暴力の独占を背景として、暴力を取り除き、身体の振る舞いに規則が課されたスポーツがあらわれる。十九世紀終わりには、プライズ・ファイトから流血と底力という不可欠な要素を取り除いたボクシングも成立する。その背景には、安定した政治と平和のなかで平等を求める市民たちの間に、暴力や流血を嫌悪する感性がそれまで以上に大きくなってきたこともあった。ボクシングはそういうものとして現代までひきつがれている。

古代ギリシアの拳闘の面影を現代のボクシングのなかに見つけるのはもはや難しい。ボクシングという言葉に、その片鱗を留めているくらいだろうか。しかし、十六世紀以前のイギリスにおける拳による決闘の名残なら見つけやすい。上半身裸で殴り合うのもそうだし、靴を履いているのもそうだ。もともとはストリートのケンカの作法を、見世物としての拳闘にするためにフィッグが広場に持ち込んだ一本のロープの輪が、今や四本のロープで囲まれた四角いリングへと姿を変えていることも、本章「5-3」で述べた通りだ。

6章
「殴り合い」は海を越えて

ここまで読んできて「おやっ」と思った読者も多いかもしれない。ボクシングと聞いて、ふつうすぐに思い浮かべるのは、映画『ロッキー』、モハメド・アリ、マイク・タイソン、ラスベガス、マディソン・スクエア・ガーデン、ドン・キング等々、アメリカのものばかりではないか。発祥の地だからと言って、イギリスの、いったい何を連想しろと言うのかと。不思議に思うのももっともだ。

歴史を遡ると、産業資本主義を勃興させたイギリスは十七世紀から七つの海を支配する世界帝国へと発展を遂げ、世界中に植民地をもった。安定した法制度がない植民地では、拳闘による対決が裁定の手段として用いられることもあった。そのため拳闘の達人であることが、支配者としての優位性を見せつけるのにも役立った。中世ヨーロッパでフェンシングの腕前が貴族としての品位に関わったように、アメリカ、カナダ、オーストラリアなどの植民地では拳闘が征服者の品位に関わるたしなみだったのだ。[★1] そのため十九世紀にはこれら新大陸の国々で、ブロートン・ルールやロンドン・プライズ・リング・ルールに基づくピュジリズムが広範な普及を見せた。

イギリスでプライズ・ファイトが衰退し始めると、一八六〇年代以降、かわってアメリカ合衆国がプライズ・ファイトとボクシングの本場となって発展した。その後、ボクシングはアメリカから大衆文化として各国に発信され国際化した。日本にも、やはりアメリカから伝わった。拳で殴り合うゲームとしてのボクシングは、流血と底力というイギリスにあったローカルな価値観から解放され、移民の国アメリカでどのように発展し、世界に発信され、各地で土着化していったのだろうか。その格好の例が日本だ。この外来文化が日本に定着するまでには、まず固有の文化との緊迫した競合があった。その後、両者のすみ分けが実現しボクシングは土着化した。その過程では新聞、テレビ、映画などのマスメディアや映像娯楽の影響も大きな役割を果たした。本章の記述はそのことが中心になるが、ボクシングの普及とその人気の拡大は、日本でもアメリカの「かっこよく」拳でパンチするヒーロー像の受容と一体でもあった。

本章では、日本とアメリカにおけるボクシング、およびその興行の発展を歴史的に扱っている。多少マニアックな、ボクシングをめぐる数々のエピソードと一緒にお楽しみいただきたい。

6-1 ボクシングは港から

ヨーロッパ起源の拳闘が日本に紹介されたのは、科学技術、軍事力、経済力、社会制度における圧倒的優位を見せつけられ、脱亜入欧を果たそうと躍起になっていた時代だ。しかし日本も柔術や相撲など、固有の徒手格闘技の伝統を育んでいた。そのため舶来のボクシングを、おいそれと黙ってありがたく受容したわけではなかった。あたかも日本人と欧米人の、そのカラダの優劣を確認するための競争として開催された異種格闘技戦の興行を通して、ボクシングは日本の武道と対比されるものとして、まずその知名度を高めることになる。本節では伝説の検証から始めることにしよう。

黒船とともに

西暦一八五三年七月八日の夕方、浦賀に四隻のアメリカ艦船が突然現れた。日本が開国、維新、近代化へと突っ走る、激動の時代の幕開けを象徴する黒船来航だ。

ペリーを乗せた黒船は翌一八五四年にも日本にやってきて開国を迫った。このときピュジリズムも一緒に初来日したという話がある。しかも二月二十六日に横浜で行われた盛大な接見式の席上では、力士がアメリカ水兵の拳闘家と素手で対決したというのだ。ボクシング愛みなぎる筆致で、日本ボクシング史の悲喜こもごもを描いた山本茂の『拳に賭けた男たち』に基づき、事の顚末をかいつまんで説明しよう。

この日、幕府は二百俵の米をペリーに贈るために十三人の力士を動員して、船まで運ばせた。そのうちの一人、白真弓は幕内最下位ながら身長百九十五センチ、体重百四十キロ超えの巨漢だった。しかも、背中に四俵負い、胸に二俵ぶら下げ、両手に一俵ずつ持ちと一度に八俵。キログラム換算すれば五百七十キロもの米を運ぶ怪力だった。これを見た水兵たちは黙っていられず、力士相手にエキジビションマッチを申し入れた。そこで条約締結記念という名目で、ピュジリズム（クイーンズベリー・ルール制定以前なのでボクシングではない）と相撲の異種格闘技戦が実現した。ルールは「互いに相手の生命を奪うような危険な手は避ける」というおおざっぱな申し合わせだけだった。

試合では、海兵隊員の拳闘家キャノンと白真弓が闘った。出鼻にパンチの雨を降らせたキャノンを白真弓が上突っ張りでよろめかし、張り手でKOという結末だった。次に大関の小柳常吉が、レスラーのブライアンとウィリアムスと拳闘家キャノンの三人を一度に相手した。投げ飛ばし、締め上げ、足で踏んづけ、殴りかかったキャノンを再び張り手でぶちのめした。[★2]

日本は国家間の外交通商交渉では、圧倒的な軍事力をもつアメリカの要求を呑んで開国するほかなかったが、両国の威信をかけた相撲とピュジリズムの日米異種格闘技対決では圧勝し、面目を保ったというわけだ。なんとアッパレな、めでたい話！

アメリカ人にとって、公式には相撲とのこの初めての邂逅は『ペリー提督日本遠征記』のなかにも記されている。この本はペリー提督らが一八五六年に議会に提出した報告書の一部だ。それによると、たしかにアメリカ人たちは力士たちの巨体とその身体能力の高さに目を見張った。大関小柳の名も登場する。しかしその内容はかなり違っている。

ペリーたちは相撲を見て興味を示すどころではなかった。血に飢えた獰猛な動物か、二頭の猛牛のように、力士たちが額を血まみれにし、胸を腫れあがらせながらぶつかり合う、残酷で胸のむかつく見世物だったと、むしろ呆れていた。水兵が異種格闘技戦を申し入れたことも書かれていない。[★3]ペリーらの記述がプライズ・ファイトと関わりをもつのは、トム・クリッブやトム・ハイヤーズという英米の名だたる拳闘家の名を引き合いに出して大関の地位を説明しているところだけだ。

だが黒船来航時にピュジリズムと相撲の異種格闘技戦が行われたとするこの話は、日本プロボクシング協会の公式ウェブサイトにある「ボクシングの歴史」[★4]にも掲載されている。おそらく典拠は山本茂の『拳に賭けた男たち』だ。山本が典拠にした一つは『黒船談叢』だろう。『黒船談叢』は、ペリーが来航した下田の森斧水という開国研究家が、戦時中の一九四四（昭和一九）年まで二十一年間にわたって刊行した地方誌『黒船』から抜粋した記事で、終戦後につくった本だ。そのなかにある「安政の日米競技」[★5]の記事が山本の記述とかなり重なっている。

日米和親条約締結後、ペリーたちに贈答品を運び込む日本の力士たちの錦絵

「安政の日米競技」の典拠は、江戸幕府の公式記録『温恭院殿御實記』にある記録かもしれない。安政元年二月十六日に、黒船に贈り物の米俵を届けたことが記されているのだ。[★6]

そこには白真弓の八俵担ぎ、大力無双の小柳が一度に三人やっつけた話が書いてある。しかも最後は、幕府側による「美味しいお米をたくさんあげるから、たくさん食べて強くなってね」という、微笑ましいオチだ。水兵たちがふざけて興味本位で挑んだお遊びにすぎなかったからか、あるいは逆に水兵たちが真剣勝負を挑んだのにこっぴどく負けて恥じ入ったからか、理由はわからないが、ペリー側の記録には記されていない。[★7]

真相はともかく、『黒船談叢』がＧＨＱ統治下の時代に刊行されたことは重要だ。開国前の日本人がアメリカ人をこっぴどくとっちめたなんて話は、敗戦で傷ついた人の心を慰めるのにいかにもおあつらえ向きではないか。

アメリカのピュジリズム

たしかな話としてピュジリズムなり、ボクシングなりが日本に初めて紹介されたのは、一八八七（明治二〇）年だろう。ペリー来航からすでに三十年以上後のことだ。その間にピュジリズムをめぐる状況は大きく変化していた。まずイギリスではプライズ・ファイトが衰退し、代わってクイーンズベリー・ルールに則ったボクシングが成立していた。くわえてピュジリズムの本場もイギリスからアメリカにすでに移り、またボクシングもアメリカが牽引する立場にあった。

言うまでもなくアメリカのピュジリズムとボクシングは、イギリスとは異なる発展の歴史をたどった。ここで簡単に十九世紀のアメリカのピュジリズムとボクシングの動向について触れておこう。

アメリカで初めて正式のピュジリズムとして認定された対戦は、一八一六年のジェイコブ・ハイヤーとトム・ビーズリー戦だとされている。[★8]ちょうどこの頃、折しもイギリスはプライズ・ファイト全盛期だ。しかし、続く一八二〇年代から三〇年代には、一転してプライズ・ファイトの人気も衰えた。

これに対しアメリカでは、イギリスより遅れてほぼ入れ違いの一八二〇年からプライズ・ファイトが盛り上がった。国土が広く未開拓地も多かったアメリカでは、イギリスと違って、労働者を中心とする観衆が暴徒化する治安悪化の懸念が比較的小さく、警察の介入も少なかった。移民が多く民族構成も複雑なこの国にわんさといる大衆娯楽の仕掛け人たちが、プライズ・ファイトのプロモーターや選手たちと手を組み、ピュジリズムとボクシングは「見るスポーツ」として社会の支持を得て発展していく。その先達がスコットランド系のウィリアム・ヒューラーだ。彼が一八三〇年代にプライズ・ファイトで各地を回り、ニューヨークにジムとスパーリング学校をつくり、品位ある紳士的な物腰で普及に努め、育ちの良い人たちにも受け入れられる素地をつくった。[★9]

同じ時期、ニックネームの通り「耳が聞《デ》こえない《フ》」ジェームズ・バークが、イギリス国内で対戦相手が見つからなくなったためアメリカにピュジリズム行脚にやってきて、一八三五年、イギリスのチャンピオンとして初めてアメリカで試合を行った。

このときバークが対戦したのが、アイルランド系のサイモン・バイルンだった。なんと三時間以上にわたる驚異の九九ラウンドを闘った。そのあと、バイルンは死亡したから正真正銘の「死」闘だ。これに対しアイルランド系のジム・オルークが仇討ちを誓い、一八三六年にニューオーリンズでバークに挑戦した。オルークが劣勢になったときにオルークの仲間がロープを切ってリングに乱入した。バークは命からがら逃亡した。以来、イギリス人選手はアメリカで試合したがらなくなった。[10] この試合の騒動については異なる話も伝わっているが、本題とは外れるためここでは略そう。

イギリスとアメリカのチャンピオン対決

アメリカ初の正式なピュジリズム試合を行った、先述のジェイコブ・ハイヤーの息子トム・ハイヤーが、一八四九年に「ヤンキー」・サリヴァンと対戦して勝利し、初のアメリカにおけるヘビー級チャンピオンとして認定された。黒船で日本にやってきたペリー提督が、相撲界における大関の地位をアメリカ人に説明するために引き合いに出した「トム・ハイヤーズ」とは、このトム・ハイヤーのことだろう。この試合を契機として、ピュジリズムはアメリカで大衆的な人気を博し、以来ビッグマッチのたびにスポーツ雑誌や新聞が取り上げるようになった。[11]

このように、アメリカとイギリスとで別々にチャンピオンが認定されるようになると、両国のチャンピオン対決が期待されるようになった。ついに一八六〇年、セイヤーズとヒーナンという、イギリスとアメリカそれぞれのチャンピオンが、イギリスで闘った。この試合がプライズ・ファイトの初の世界タイトルマッチだ。だが奇しくも、これが前章「5-4」でも触れた通り、イギリスにおける最後の大規模なプライズ・ファイト興行となった。

ちなみにこの試合では、三七ラウンドにロープを切って観衆がリングに乱入し、レフェリーは恐れをなして逃走した。そのままヒーナンも列車に飛び乗って逃げ失せ、試合は引き分けに終わったとも、その後も二人は戦い続けたが四二ラウンド中に警官隊が到着し、ついに二人とも逃走し引き分けに終わったとも伝えられる。[12]

観衆も殴り合う大混乱に終わったセイヤーズvsヒーナン戦が、イギリスにおける最後の大規模なプライズ・ファイトの試合となった

この試合後の激しいプライズ・ファイト批判により、イギリスの主要な拳闘家はアメリカに移住した。そのため、プライズ・ファイトの中心もアメリカに移った。[13] とはいえ、イギリスとアメリカのチャンピオン同士による世界タイトルマッチは、一八六三年にもトム・キングとヒーナンの間で行われている。

この試合では一九ラウンドにヒーナンがすでにキングを

メッタ打ちにしていたのだが、レフェリーがヒーナンの勝利を一向に宣言しようとしない。そのうちに息を吹き返したキングが底力を発揮して、二五ラウンドには形勢が逆転した。最後はヒーナンのセコンドがタオルを投入してキングが勝利した。国の威信を賭して世界一を争う場面で、ホーム側のイギリス選手が負ける興行など、観客もプロモーターも許さなかったのだろう。

実はこのとき、キングが保持していたイングランド・チャンピオンのタイトルは、ジェム・メイスに対する二度目の挑戦で一八六二年に手に入れたものだった。このときキングはチャンピオンの称号をはめ込んだベルトも授与された。これが史上初のチャンピオンベルトらしい[★14]。またこのメイスこそ、アメリカでボクシングを発展させた立役者とされている。

金メッキ時代の殴り合い

イギリスでクイーンズベリー・ルールが制定されたばかりの一八六八年頃、メイスはアメリカに渡り（後にはオーストラリア、ニュージーランドにも）、ピュジリズムとボクシングの普及につとめた。彼はグローブ・ボクシングにも積極的で、またジャブやフットワークを駆使したボクシング技術がプライズ・ファイトでも有効なことを、五十八歳で引退するまで実戦で証明し続けた。のみならずイギリスの伝統あるピュジリズムの技術を新大陸に紹介し、新しい独自のアメリカ・ボクシングのスタイルを築くのにも貢献した[★15]。

アメリカでは、メイスの貢献がありジョン・L・サリヴァンを経て、プライズ・ファイトからスムーズにボクシングへと移行できた。イギリスほど流血と底力にこだわらなかったからだ。一方、本家本元のイギリスではプライズ・ファイトこそが男らしくイギリス的だとする価値観が依然として強く、流血と底力を排除したボクシングとの間にある深い溝はなかなか埋まらなかった。その後ボクシングはアメリカで発展していく。

サリヴァンは卓越したピュジリストでもあり、一八八九年までプライズ・ファイトの試合にも出場し続けた。また同時に「四ラウンドまで持ちこたえられたら賞金一〇〇〇ドル」を売りに、クイーンズベリー・ルールによる四回戦の試合をこなしてアメリカ中を巡業し、一八八五年にはシカゴで一万二千人もの観客を集めた[★16]。

それまで不敗神話を誇っていたサリヴァンに、銀行員出身の若武者ジェームズ・コーベット（映画『鉄腕ジム』の「ジェントルマン・ジム」のことだ。4章「4-3」参照）が一八九二年、ニューオーリンズで挑んだ。これが初のクイーンズベリー・ルールによる世界タイトルマッチだ。グローブはなんと五オンス！　現在のプロボクシングの軽量級公式戦でも六オンス、ヘビー級だと一〇オンスだから、現在の半分の大きさだ。

プライズ・ファイト用の膝下までの長さのズボンをはいたサリヴァンは、ボクシングのショートパンツを着用したコーベットに二一ラウンドでKOされた。この構図がプライズ・

ファイトの終わりを象徴していた。[17]ボクシングの時代が来たのだ。
とはいえ、それまでのサリヴァンの人気と活動こそが、プライズ・ファイトやボクシングにつきまとっていた、いかがわしいイメージを和らげたことは特筆すべきだ。彼の活動を受けてプライズ・ファイト興行を公認したりボクシング反対の法律を撤廃するなど、規制緩和を進めた自治体もあった。そのほか、ボクシング普及に果たしたサリヴァンの功績は非常に大きい。[18]
プライズ・ファイト最後のチャンピオンでボクシング最初のチャンピオン、という輝かしい称号をもつサリヴァンに関してはもう一つ重要なことがある。記録の上では一八七九年に最初の試合に勝利して以来、連戦連勝で賞金を荒稼ぎしまくり（当時は勝者が賞金の一〇〇パーセントを取り、敗者はゼロだった）、一八九二年にコーベットに敗れるまで「ボストン・ストロング・ボーイ」として、その名をアメリカ中に轟かせた彼が「金メッキ時代」の申し子だったことだ。
金メッキ時代（金ぴか時代）とは、南北戦争が終結した一八六五年から一八九三年の恐慌までの二十八年間に対して、『トム・ソーヤーの冒険』などで有名な小説家マーク・トウェインらが後に付けた名称だ。西部開拓によってフロンティアが消滅に向かう時期とちょうど重なり、全国にはりめぐらされた鉄道網のおかげで、若い男女はカネと名誉を手に入れる成功を夢見て都会に集まり、世の中は成金趣味と拝金主義に染まっていた。若者たちの理想とはうらはらに、富は一部の資本家たちが独占し、彼らに操られた政治家らによって政治は腐敗していた。そのうえ社会の経済格差は大きく、下層階級は貧困にあえぎ、労働者たちは低賃金でこき使われていた。

この金メッキされているかのような上っ面の豊かさの時代、大金を賭けて熱狂する男たちの視線の先に、賞金をめぐって半裸で殴り合う男たちがいた。[★19] その頂点に君臨しつづけた者こそサリヴァンだった。

4章「4-3」で述べた通り、アメリカでスーパーマンなど「かっこよく」パンチするスーパー・ヒーローが登場したのは、ピュジリズムやボクシングのチャンピオンが大衆にとってかっこよかったからだ。ではチャンピオンたちが、いつからそんなにかっこいいと崇められるようになったのか。やはりサリヴァンの存在は大きい。拳一つで成り上がり、富と名誉と名声のすべてを手に入れた彼は、人々の羨望を一身に集めていたのだ。

日本初のボクシング

サリヴァンがアメリカで「かっこよく」活躍していたその同時代の日本の話をしよう。明治から第二次大戦後までの長きにわたり、ジャーナリストとして活躍した著名人に長谷川如是閑がいる。その実兄もまたジャーナリストで、その名を山本笑月といった。その山本が書いた『明治世相百話』によると、「拳闘が初めて日本へ来たのは明治二十年の春」だ。レスリングの初来日も同時だ。

「拳闘の方はよく覚えていない」と断ったうえで、拳闘家がスパーラーとよばれていたことを山本は記している。[★20] ボクサーは当時スパーラーと呼ばれて日本に紹介されたのだ。グローブ・ボクシングのことが、長い間スパーリングとよばれていたからだろう。ちょうどサリヴァンによってアメリカで人気が高まっていたボクシングが、初輸入されたのだ。

このときのプロモーターは、浜田庄吉だったようだ。もともと彼は、一八八二年に三国山の四股名で初土俵を踏んだ、伊勢ヶ浜部屋の力士だった。仲間の力士、荒竹が単身でアメリカにわたって人気プロレスラーになり、巨万の富を築き、美しい白人女性と結婚したのを羨み、プロレスラーになるべく渡米した。その後ボクシングに転向した。詳しい戦績などは伝わっていないが、彼こそが日本人初のボクサーとされている。

浜田は一年間の在米中に英会話とスポーツ・ビジネスを勉強し、一八八七年五月、十数人の白人のプロボクサーとプロレスラーを連れて帰国した。そして六月一日に東京の京橋の空き地にテントを張って興行を行った。当時朝日新聞社の記者だった山本笑月が、これを観戦した。

この興行はアメリカ人同士のボクシングの対戦ではなく、日米異種格闘技戦として行われるはずだった。元熊本藩細川家の武道指南役で、明治維新により失業していた起倒流柔術家、楠文太夫師範がボクサーと対戦することが決まっていたのだ。しかし試合当日、警視庁から日本人と外国人の格闘を禁止する指示が出た。日本人が負けたら国辱になると、警察が怖れたのかもしれない。この警察の介入ゆえに、図らずもこの興行が日本における純粋なボクシング初披露の機会になった。

横浜のメリケン練習所

開国以来、アメリカ軍艦の艦上でしばしば紅白のアンダーシャツを着たアメリカ兵が拳闘に興じているのを、たくさんの日本人が遠くから見守っていた。また外国の船乗りたちは港町で酔っ払って拳闘におよぶこともあった。[★21] そのため拳闘やボクシングは、「メリケン」と呼ばれて巷で知られた。メリケンとは「アメリカン」のことだ。

日本初のボクシングジムができたのは横浜で、その名も「メリケン練習所」だった。一八九〇年代のことだ。[★22] その次が神戸で、一九〇九（明治四二）年にできたとされるのが「国際柔拳倶楽部」だ。

ボクシングジムが最初に国際貿易港があった横浜と神戸にできたのは偶然ではない。それで思い当たるのはサッカーだ。サッカーは一つのボールをめぐってつかみ合い、殴り合い、蹴り合う乱暴な民衆娯楽だった街角のフットボールから発展したスポーツだが、十九世紀半ば以降に船乗りや鉄道技師たちを介して世界に拡散した。[★23] 同じように、日本にもボクシングは外国船に乗ってまず港町にやってきたのだ。そういえば、映画『波止場』（一九五四年）でマーロン・ブランドが扮する主人公の元ボクサーも、船乗りではないにしても港湾労働者だ。ボクシングは港と縁が深い。アメリカでの違法拳闘は、治安当局の摘発を避けるため艀の上でよく開催されたものだ。

さて、日本最初のボクシングジム、メリケン練習所を開いたのは、アメリカ帰りの斎藤虎之助とジェームス北条の二人だ。青森県人の斎藤はアメリカでプロにはならなかったが、ミドル級で強かったそうだ。明治八年、横浜山手八番館で生まれたジェームス北条は、競馬騎手の中国人を父とし、母を日本人とするハーフだった。横浜で水兵のケンカを見てボクシングに興味を持ち、明治二十二年にアメリカ西海岸に渡り武者修行した。

メリケン練習所のメリケンは、もちろんボクシングのことだ。「メリケン（ボクシング）はルールのあるケンカだ」とばかり、入門者にいきなりスパーリングさせてボコボコにしてしまうので、練習生が集まらず、入会金は夜の酒代に消え、ジムはまもなく閉鎖した。

その後ジェームス北条は、葵拳というボクシングジムでボクサーの指導に当たり、戦後はフィリピン人の国際プロモーター、ロッペ・サリエルが東京に開いたバンブージムのコーチとなって、フラッシュ・エロルデにムチのようにしなる左フックを仕込み世界チャンピオンにまで導いた。自身も晩年まで毎朝のロードワークを欠かさず禁欲的にトレーニングしていたが、郡司によると「最期の姿はだれもわからない[★24]」。一方の斎藤については、一九〇四（明治三十七）年に勃発した日露戦争に従軍し、激戦の二百三高地生き残りの勇士として金鵄《きんし》勲章を賜ったことだけが知られている。

異種格闘技の人気

欧米列強による世界分割が進み、政治と経済と文化のあらゆる面で白人優位に世界が構造化されようとしていた時代だったから、日露戦争でアジアの小国がロシアを破ったニュースは世界の人々の度肝を抜いた。実は同じ時期、ボクシングにおいても白人優位を打ち崩す変化が進んでいたのだ。

黒人ボクサーがチャンピオンになった例は、観衆の関心が低いヘビー級以外の階級ではそれまでもあった（バンタム級とフェザー級のジョージ・ディクソン、ウェルター級のジョー・ウォルコットなど）。だが黒人がヘビー級の世界チャンピオンになったのは、ジャック・ジョンソンが最初だ（すぐれた黒人ボクサーは当時も、そしてそれ以前もたくさんいたが、黒人には挑戦するチャンスが与えられなかった）。一九〇八年シドニーの特設リングで行われたトミー・バーンズとの試合でジョンソンは、「おや、まあ、トミーちゃん、元気ないんじゃないの？」と散々チャンピオンをコケにしてからかいながら、一四ラウンドに警官がバーンズを助け出すまで強打でいたぶり続けたとさえ伝えられている。[★25]

翌一九〇九年、ジョンソンは、試合中ものべつまくなしにまくしたてて相手を侮辱しながら、五人の白人選手の挑戦を斥けた。のみならず、激しい黒人差別に対する積もり積もった怒りと恨みと憎しみを晴らすべく、リング外でもこれ見よがしな贅沢と白人娼婦との遊蕩を繰り返し、

白人の憎悪をかき立てたから、新聞や雑誌も敵意あらわにジョンソンの傲慢をしばしば叩いた。[★26]
ちょうど同じ頃、近代化を急ぎ、アメリカの先進的な文化を取り入れることに躍起になっていた日本で、ボクシングに目をつけた男がいた。それが嘉納健治だ。

嘉納は灘の生一本として名高い「菊正宗」の分家筋の生まれだ。ピストルの名手だったから「ピス健」の異名を取り、その度胸と怪力と風格で西日本のヤクザの大親分になった。武芸百般に通じる武道マニアで、ボクシングにも関心を持った。外国人の船乗りたちを見かけると自邸に招いてボクシングを教わり、ジャック・ジョンソンの話なども伝え聞いて、熱い血潮を沸きたたせたのだろう。邸には柔道家、剣道家、外国人ボクサーやレスラーまでゴロゴロいたという。ついに一九〇九年、嘉納は柔道場と剣道場を兼ねた道場「国際柔拳倶楽部」をつくったという。道場にいた柔道家、ボクサー、レスラーらを闘わせる異種格闘技興行を、京阪神各地で開催した。連日満員盛況だったので、東京にも進出した。しかし柔拳の興行は、ボクシングの試合を見せることよりも、日本人柔道家が外国人ボクサー（おもにイギリス人、ドイツ人、ロシア人だったとか）をやっつけるのを見せることに重点があり、その傾向は後になるほど強まった。興行としては成功したのかもしれないが、山本茂による評価は「ボクシングの正統から外れている」と、ちょっと低い。とはいえ、この国際柔拳倶楽部が後に大日本拳闘会（大日拳）に発展し多くのボクサーを輩出したのだから、日本ボクシング興隆に尽くした功績は大きい。[★27]

ちなみに彼は、オリンピック競技にも採用されている講道館柔道の創始者、嘉納治五郎の甥

国際柔拳倶楽部主催の柔道拳闘秋季大会開催を知らせる紙上記事（朝日新聞神戸附録1920年10月21日）

だ。治五郎は十一歳で父と上京し、健治が生まれた翌年一八八二（明治一五）年には講道館を東京に開いていた。とはいえ、健治も若い頃東京で講道館の道場の門を叩いているので、接点がなかったはずはない。それどころか、講道館柔道のスポーツ競技化を進める一方で、柔道をあらゆる格闘技の攻防にも対処しうる最強の格闘技に進化させたい、という治五郎の夢を健治が引き継ぐ形で、柔拳興行を通して最強の柔道の形を模索したようだ。[★28] しかし結局、柔拳はその道の追求をやめ、ボクシングに吸収された。蛇足だが、治五郎の夢を追求する道を貫いたのは、彼の弟子で世界を渡り歩いた末にブラジルでグレーシー柔術の祖となったコンデ・コマこと前田光世かもしれない。

まとめると、日本が躍起になって脱亜入欧を目指していた頃に、ボクシングは西洋のものとして舶来した。アメリカでは、ボクシングのチャンピオンがかっこいいともてはやされ、人種や民族などを超えて、誰が一番か競っていた時代のことだ。一方で日本には相撲や柔道などの伝統的な徒手格闘技があった。だから最初は、日本人による「柔」の技が、欧米人によるボクシングの「剛」を制することが期待されていた。その期待にも応じるための、異種格闘技興行をとおして、ボクシングは次第に人々の間に知られるようになっていったのだ。

6-2 「一石四鳥」のスポーツ

一般的に、本場のものを、本場で修行した人がそのまま持ち込もうとしても、なかなかうまくいかないものだ。だが、メディアなどを通して本場のものに対する憧れが、人々の間にすでに芽生えていれば話は早い。拳で殴り合うゲームが、日本に入ってくるときにも同じようなことがあった。この節で述べるのはそういった話だ。

前節で見たように、ボクシングはまず日本人に馴染みある柔術（道）などと競い合う異種格闘技戦のなかで、その価値が吟味された。

その後、外国映画の影響などで本場のホンモノに対する憧れが醸成されてきたときに輸入され、「拳闘」と呼ばれるスポーツとして、相撲や柔術とは異なるゲーム化された闘争に、新しく付け加えられる形で定着していくことになる。

柔道対ボクシングのケンカ

黒船に乗ってやってきたボクサーとレスラーが、相撲の力士をコケにしてナメきり、無謀にも果たし合いを申し込み、逆に「ぎゃふん！」と言わされ赤っ恥をかいた、という痛快な逸話はすでに紹介した。これとは対照的に、後の日本ボクシング創設者となる若者たちが初めて足を踏み入れた異国アメリカで、柔道を武器に拳に立ち向かったときのやられっぷりは、惨憺たる有様だった。

その一人が一八八七年に栃木県で生まれ、貿易商になるべく十九歳でサンフランシスコに渡った渡辺勇次郎だ。市内見物中に白人の若者たちにケンカを売られ、柔道黒帯の名誉にかけて受けて立った。が、組み付く前にパンチの雨あられ。メッタ打ちにされた彼は、貿易学を学ぶ前に、学ぶべきはボクシングと改心した。

しかしジムに通うにはお金が必要だ。本当は経験もないくせに「コック募集」の貼り紙を見て応募し、まんまと船に乗り込んだ。しかし偽コックの化けの皮はすぐにはがれて、またもや気性の荒い海の男の拳の洗礼を顔面に受けて、港で放逐された。

渡辺が横浜を出港した頃、アメリカへの密入国を企み、コヨーテの咆哮のこだまするメキシコ国境線を彷徨う男がいた。鹿児島生まれで、渡辺より一つ年下の郡山幸吉だ。一九〇六年に貨物船に忍び込み、出航後すぐに船員に見つかったが、洋上では親切にしてくれて、アメリカに行きたいならメキシコから密入国する方が簡単だと、メキシコまで送ってくれたのだ。その後、めでたくアメリカに密入国を果たすことができた。

サンフランシスコに辿り着いた郡山は、昼は工員として働き、夜は学校で英語を学んだ。ある日、「ジャップ、ジャップ」とバカにしてうるさい巨漢のクラスメートを、得意の柔道で投げ飛ばした。しかしその帰り道に待ち伏せをくらい、完膚なきまで殴られた。このとき「ケンカにはボクシングが一番だ」と、ボクサーになって見返す決心をする。

アメリカで白人にボコボコにされ、ボクシングを志した日本人の若者二人が、その後ダウンタウンにあったルーフ・ターナーのジムで奇しくも出会うことになる。人種差別の激しいサンフランシスコで、人種に関係なく、スパーリングのトライアウトにさえ合格すれば入門できたのはこのジムだけだった。ターナーが黒人だったからだ。なお、入門希望者にトライアウトのスパーリングを課すジムは、フィリピンには今もあるが、日本ではあまり聞かない。

渡辺と、彼に兄事した郡山の二人は、その後アメリカでプロボクサーとして四回戦の試合に出場した。渡辺はデビュー以来破竹の十六連勝という記録を打ち立て、一九一三年にウイリー・ホッペと太平洋岸の三位決定戦に勝利して「四回戦王」（当時カリフォルニア州では四回戦までの試合以外禁止されていた）と呼ばれたという。たしかな資料は残っていないが、それぞれ五十戦ものキャリアを積んだと言われている。★29

日本ボクシングの発足

渡辺は一九二一年に十五年ぶりに帰国した。同年のクリスマスに、「ボクシングは体育、精神作興、国際親善、外貨獲得と一石四鳥の国策的スポーツである」とうそぶき、東京目黒に日本拳闘倶楽部（日倶）を創設した。これが現在のプロ、アマ両組織の祖だ。こうして日本ボクシング界が発足した。渡辺が日本の「ボクシングの父」とされているのはこのためだ。

翌春には郡山もアメリカ人選手二名とマネージャーを伴って帰国した。日倶への入門者は少なく、収入も苦しかったから、嘉納健治が手掛けて大盛況の、柔道対ボクシングの「柔拳」試合に対抗して、「純拳闘」と銘打ったボクシングの国際試合の興行で儲けようと企んだのだ。渡辺、郡山も六回戦の試合に出場しながら、東日本と西日本（神戸、大阪での興行は嘉納に協力してもらっている）を行脚した。だが、客入りは悪く、損ばかりが大きくて、しかも「柔拳の方がずっと面白い」と不評だったらしい。ちょっと残念なこの興行こそ、記念すべき日本初のボクシング国際試合だった。★30

キャッチコピーは「東郷」

谷譲次という小説家をご存じだろうか。林不忘の名で「丹下左膳」シリーズの時代小説を書き、牧逸馬の名で犯罪小説や怪奇小説を発表するなど、三つのペンネームを使い分けた奇才だったが、戦前に三十五歳の若さで亡くなった。谷譲次の名では、アメリカ滞在中の体験に基づく「めりけんじゃっぷ」シリーズを発表していて、そのなかの『テキサス無宿』に、ヤング東郷の逸話が実見談風に語られている。[★31]

一九二〇年頃、クリーブランドの電車内で一悶着があった。一人の日本人が、座席の隣に座っていた白人男性に「か弱いレディが立っているってのにボーッとしてんじゃねえよ、アホンダラ！　席を譲ってやれよ！」と、人種差別的な態度で迫られた（谷はもっとお上品に書いている）。やおら立ち上がった日本人がその男にパンチ一発お見舞いして懲らしめた、という胸のスカッとする話だ。彼の正体がライト級ボクサーのヤング東郷、すなわち郡山幸吉だった。「ブルドッグ」や「東郷郡山」などのあだ名もあった。

実はアメリカにはヤング東郷なるボクサーが、もう一人いたからややこしい。ハワイ出身の日系二世だった以外に詳しい素性は不明だが、ライト級で世界チャンピオンになったデンマーク人、バトリング・ネルソンの対戦記録に、「一九一二年、ヤング・トーゴーに六ラウンド判定勝ち」として記録が残っている。[★32]

ちなみにこのネルソン、かつて反則屋としてなかなか有名だった。アメリカ生まれの黒人としては初の世界チャンピオン、ジョー・ガーンズに、ネルソンが一九〇六年に初めて挑戦したときのことだ。先に二度のダウンを奪って試合を有利に進めていたガーンズを、四二ラウンド

（！）にローブロー（下腹部や急所への反則パンチ）で悶絶させた。結果はガーンズの反則勝ちだが、なんとローブローがネルソンの得意技（？）だったとか。

ちなみにネルソンには他にも必殺技があった。レバー（肝臓）を狙ってボディブローを当てた瞬間に親指と人差し指を肝臓にさしいれてつねる、という達人芸だ。こちらは反則ではない。しかしジョー小泉も首をかしげて言う。「そんな打ち方をしてよく突き指しなかったものだ[★33]」。

さて、二人のヤング東郷の「東郷」とは、日露戦争の日本海海戦でバルチック艦隊を破った連合艦隊司令長官の東郷平八郎にちなんでいる。日本海軍勝利のニュースでたちまち世界中に東郷平八郎の名も知れ渡ったから、「日本人＝東郷」として記号化した（3章「3-3」で述べた、タイの「コボリ」みたいなものか）。東郷は賛嘆のシンボルにも、憎悪のシンボルにもなったから、東郷とあだ名された怪奇な日本人が世界のあちこちに現れた。そうした東郷の一人が、漫画『ゴルゴ13』のデューク・東郷なる素性不明のスナイパーだ。また、まだ反日感情が強かった戦後のアメリカで、ヒール役プロレスラーとして活躍した日系アメリカ人、グレート東郷もそうだ。

ちなみにグレート東郷は最初から「東郷」だったわけではない。終戦直後のリングに「グレート東条」の名で上がったところ、アメリカ人には刺激が強すぎて、試合後に興奮した客から腹をナイフで刺された。ヒトラー、ムッソリーニと並ぶ三ワルの一人、東条英機を思い出させたからだ。病院のベッドの上で考えて、東条から東郷に乗り換えたのだ[★34]。ついでに彼は一九五二年には、後に極真空手創設者となる修行時代の大山倍達をマス東郷として、後に力道山とともにプロレスを盛り上げた柔道家の遠藤幸吉をコウ東郷として、三人兄弟「トーゴー・ブラザーズ」を結成し、シカゴを皮切りに全米をプロレス行脚したとか、しなかったとか（『空手バカ一代』には、これを事実としたすったもんだのドタバタ劇が描かれている）[★35]。とにかく「東郷《トーゴー》」の記号は、日本海海戦から半世紀たった後でも威光を保っていたのだ。

メリケンから拳闘へ

渡辺の回顧によると、アメリカにいた十五年のうち最後の三、四年は「舌一枚で或は炭鉱夫として」働き詰めに働いたのに、帰国するときは友人に船賃を借りなくてはならないほどカネがなかった。だから帰国後ボクシングジムを開くための資金繰りには苦労し、父親の残した遺産をつぎ込み、口八丁で親族から借金もした。前述の通り、どうにかジム（日倶）を一九二一年クリスマスにオープンできたが、世間に注目されず、入門者もなかなか増えない。また先述の通り、初のボクシング国際試合も興行的に失敗した。おまけに関東大震災（一九二三年九月）でジムが倒壊した[★36]。

一方で渡辺は、この時期にアマチュア育成の必要性を痛感した。競技者全体のレベルアップのためには、まず競技人口を増やし底辺の層を広げなくてはならない。こうして一九二五年に学生選手権が始まり、翌一九二六（大正十五）年には全日本アマチュア拳闘連盟（日本アマチュアボクシング連盟の前身）を発足させた。二年後一九二八（昭和三）年には、アムステルダムで開かれた第九回オリンピックに二人の日本人選手を送りこんだ。うち臼田金太郎は、会場でブーイングが出るほどの不可解な判定によって敗れたとはいえ、二勝して準々決勝に進出する大金星を挙げた。ちなみにこのオリンピックで日本は初めての金メダル（三段跳びで織田幹雄、二〇〇メートル平泳ぎで鶴田義行）を獲得し、女子八百メートルでは人見絹枝が銀メダルを獲得している。

大正13（1924）年4月26日に日比谷公園で日本初の日本人同士によるボクシングの試合が、アメリカ人審判の下で開催された。そのキャプションには「柔道では誇る日本人も拳闘ではまだまだ幼稚なもの」とも

昭和初期には、日倶の他に、神戸には国際柔拳倶楽部から大日拳と改称したボクシングジムがあった。また、東京には荻野貞行による帝国拳闘会拳道社（帝拳。現在の帝拳ジム）も新生していた。荻野は大日拳の嘉納に船賃をもらって、渡辺に無断で上海遠征して試合に出場したことで日倶を破門され、その後、帝拳を創設したのだ。日倶、大日拳、帝拳それぞれがしのぎを削りながら、プロボクシングは隆盛していった。[37]

先の山本笑月は「拳闘は近来大流行、全く時代が違う[38]」と、一九三六年に刊行された本の中で日本初のボクシング興行（一八八七年）の不人気ぶりを思い出し、隔世の感に打たれているが、こうした日本におけるボクシングの発展と普及は、渡辺勇次郎らの努力の賜のみによるではない。ちょうど渡辺が日倶を興した頃から、ボクサーが映画のなかに登場し始めていた。ボクシングといえば『ロッキー』や『あしたのジョー』など映画や漫画を思い浮かべる人も多いように、娯楽メディアがボクシングの宣伝とイメージの普及に、当時も重要な役割を果たしていたのだ。

先に述べた柔拳興行の人気のせいで、大正初め（一九一六〜一八）年頃には東京でボクシングが「モダンボーイ」と当時呼ばれた変わった物好きの学生や、不良少年たちの熱視線を浴びていた。だから、神田にあったＹＭＣＡの体育場で練習する者や、校庭や公園や空き地などで見よう見まねで練習して殴り合う同好会も出現した。この機運に油を注いで燃え上がらせたのが映画だった。

一九二〇（大正九）年にライト・ヘビー級世界チャンピオンのジョルジュ・カルパンチエ主演の『不思議の人』、一九二二年には元ヘビー級世界チャンピオン、ジェームズ・コーベット主演の『深夜の人』が浅草で封切られた。[★39]渡辺が日倶を開いたのはこの年の暮れだ。

さらに一九二六年には松竹が、日本初のボクシング映画『鉄腕』（蔦見丈夫監督）を製作していた。主演は、なんと帝拳をつくった荻野貞行だ。荻野は志願兵として入隊したときにたまたま知り合った小津安二郎の取り持ちがあって、主演に抜擢されたのだった。[★40]

後に郡司信夫は、渡辺勇次郎をボクシングの父というなら荻野こそ「ボクシングの母」というべきだと評している。立教大学商学部在学中にプロデビューしたインテリの荻野は、帝拳の設立、アメリカ遠征試合の実現、名審判としての活躍、映画への出演、ボクシング専門誌『ボクシング・ガゼット』における執筆など、幅広い活動を通じてボクシングの普及に貢献したからだ。★41

なお、『不思議の人』に主演したカルパンチエは、ヨーロッパで圧倒的な強さを誇ったフランス人ボクサーだ。彼について特に有名なのは、漫画『はじめの一歩』の主人公、幕之内一歩の得意技「デンプシー・ロール」の生みの親で「マナッサの殺し屋」の異名をもつジャック・デンプシーに、一九二一年にアメリカで挑んだ試合だ。

世界ヘビー級チャンピオンのデンプシーは、第一次世界大戦に召集されたとき病気の母親の看病のためという理由で入隊を拒否したから、非国民呼ばわりまでされたヒールだった。一方でカルパンチエは、同大戦で二度の負傷にもめげず十八ヶ月間も前線で戦い続け、勲章も授かった戦争の英雄だった。この試合のキャッチコピーも、「浮浪者上がりの徴兵拒否者VS超イケメンの戦争の英雄」！　またヘビー級とライト・ヘビー級の現役チャンピオン同士の対戦としても注目を集めた。「史上初の一〇〇万ドル興行」を実現した超ビッグマッチだったのだ。なんと新聞記者だけで七百人、観客の数は八万人！　だが、デンプシーの四ラウンドKO勝ちで、大方の人をがっかりさせた。★42

史上初の100万ドル興行として8万人の大観衆を集め、アメリカで初めてラジオ中継もされたジャック・デンプシーとジョルジュ・カルパンチエの試合（1921年7月）

日本の話に戻ろう。映画の影響もあり、ボクシングの知名度が上がると、このスポーツの名称は「メリケン」ではなく（実は幕末には「喧嘩渡世」という呼び名もあった[★43]）、「拳闘」に統一されていく。では拳闘という訳語はいつできたのだろうか。

浜田庄吉が初めてボクシングの興行を行った一八八七年に発行された体育雑誌のなかに、「海外スポーツ拳闘」という言葉がある。これが文献では一番古いそうだ。もう少し後だが、サンフランシスコにも二年間滞在した剣道の大家、桜田孝次郎が一九〇〇年に出版した日本初のボクシング入門書『防御自在西洋剣道拳闘術』にも「拳闘」の文字が使われている[★44]。

先述の通り、渡辺が開いた日本初のボクシングジムの正式名称は日本拳闘倶楽部だった。その三年後の一九二四年にできたのが東京拳闘会、一九二六年に荻野が開いたのは帝国拳闘会拳道社（帝拳）だったように、初期のボクシングジムにはたいがい拳闘会や拳闘倶楽部の文字がついている。大正期には、すでに拳闘が一般化していたのだ。ちなみに東京拳闘会は、現存最古のボクシングジム「東拳ボクシングジム」として今も池袋にある。なお、アメリカの日系人

社会では「拳固」と訳されていたそうだ。[★45]

6-3 「拳闘」がやってきた！

ちょっと古いが、山本茂は一九九六年の著書で、日本のボクシング史をふり返って、黎明期、隆盛期、復興期、黄金期、再生期の五つに時代区分した。山本は時代区分の理由を説明していないが、次のように解釈できる。

ボクシング史の時代区分

①黎明期は、黒船来航に始まり、渡辺勇次郎らによってプロ・アマのボクシング界組織の土台が出来る一九三〇年頃まで、②隆盛期は、ピストン堀口らの登場によるボクシング人気の高まりを中心とする時期、③復興期は、終戦後のボクシング興行の復活から、日本人初の世界チャンピオン白井義男が引退するまで、④黄金期は、ファイティング原田の活躍に始まり、個性派の世界チャンピオンが次々とあらわれた一九八〇年まで、⑤再生期は、日本人世界チャンピオン不在という低迷期を乗り越え、辰吉丈一郎ら平成のスター登場で人気を取り戻

すまで。

この五つの時代区分は、①が日本の開国維新後の近代的発展を経て大恐慌（一九二九年）まで、②が日本ファシズム台頭期、③が戦後復興の混乱期、④が高度経済成長期、⑤が先進国の一員として国際社会における地位の安定期、にも対応している。日本におけるボクシングの人気は、政治や経済の情勢にも応じて変化してきたのだ。

⑤の時代が終わってから、すでに二十年以上経つ。冷戦が終わり、バブル景気からの転落を経て日本のボクシング界は大きく変わった。たくさんの階級から男女の世界チャンピオンが生まれた。複数階級を制覇したチャンピオンは何人も現れたし、亀田三兄弟の、三兄弟同時チャンピオンや、WBA・WBC・IBF・WBO四団体総なめチャンピオン（高山勝成）その他、新しい記録が次々とつくられ更新された。

一方で、かつて前田衷が二〇〇〇年代の日本ボクシングを総括して指摘したような、世界チャンピオンの価値の下落も囁かれ続けている。[★46]その理由の一つは、各団体で暫定チャンピオンにくわえてスーパーチャンピオン、シルバーチャンピオンなど、さまざまなチャンピオンが増殖したからだ。のみならず二〇一三年にはJBCが、それまでのWBAとWBCにくわえIBFとWBOにも加盟したからだ。こうしてJBC登録選手はこれら四団体の世界タイトルマッチに挑戦できることになったから日本人世界チャンピオンの数はさらに増えた。他方、チャンピオンになって記録を残すことだけではなく、強さを証明し記憶に残るボクサーになることが求められる時代に突入したこともまちがいない。

山本茂区分に乗っかって、日本ボクシング約百年を時代区分した場合、それぞれの時代を代表するボクサーは誰だろうか。そんな話で盛り上がれる人は、まぎれもなくボクシングファンだ。それぞれに意見があるだろうが、隆盛期の代表がピストン堀口だということは、ほぼ異論がないのではなかろうか。

以下ではピストン堀口のボクシングとその時代を中心として取り上げ、イギリスで発生して、アメリカで成長を遂げ、日本に輸入されたボクシングが、日本にどのようにして定着したのかをみることにしよう。結論を先取りするようだが、イギリスのピュジリズムにおいて重要な要素だった流血と底力の二つが、日本では賭博とは無関係に重要視され、ボクシングは土着化していったように見えるからおもしろい。

初のスーパーアイドル・ボクサー

ピストン堀口とは、なんと古風な名前だろう。無骨で不器用だが蒸気機関車を前進させる力強いピストンの動きに、無尽蔵のスタミナで左右のパンチを連打する攻撃スタイルがたとえられている。天を突きモクモクと煙を吐く煙突の林立する光景が、重工業の発展と国力を象徴していた、いかにも昔日の発想だ。しかし二章ですでに述べたように、これがぴったりハマりすぎていたのか、リングネームではなくニックネームだったことはほとんど忘れられている。

ピストン堀口こと堀口恒男は、渡辺勇次郎によって発掘された。二人の出会いは一九三一年にまで遡る。

渡辺が門弟の徐廷権を伴って、母校の栃木県立真岡中学を訪れたときのことだ。渡辺の講演が終わり、場所を移してスパーリングを生徒たちに見せたあとスパーリングへの飛び入りを渡辺が呼びかけた。そのとき自ら名乗りを上げ、売り出し中の新鋭だった徐を相手にスパーリングしたのが柔道部主将だった堀口だった。

徐がいくら殴っても異様にしつこい。しかもラウンドが終わる度に、「もう一回!」「もう一回!」と食いついてくる。結局三ラウンドやってダウンは一度もしなかった。最後に渡辺が「ボクシングがやりたかったら、うちに来い」と声を掛けた。堀口はその言葉を信じ、翌一九三二年の卒業を待って上京し日倶に入門するのだ。

足を鍛えるため歩くのはいつもつま先立ち。もちろん鉄道車内でもつま先立ち。他の人より二時間も前に練習を始め、消灯まで練習し続け、寒中に素っ裸で俵を担ぎ、皮膚を強くするため砂で顔を洗い、馬のたわしで全身をゴシゴシこする。こんなスポ根漫画顔負けの独自の荒行敢行の甲斐あってか、すぐにアマチュア・デビューを果たし、一〇戦九勝(六KO)一敗という好成績を残した。唯一の黒星も、ロス五輪に出場した格上選手を相手にかなり僅差の敗北だった。

翌年プロに転向すると、一ラウンド四七秒KO勝ちという華々しいデビューを飾った。早稲田大学にも入学し学生稼業のかたわら、なんと四七連勝という快進撃を続けることになる。ボクシング界初のスーパーアイドルが誕生したのだ。

それにしても四七連勝はすごい。だいたい最近のプロボクサーで、四七戦もの試合経験のある人などまずいない。しかも四七の間には五つの引き分けもはさんでいるから、この記録を達成するまでに五二戦している。もちろんこの記録は現在まで破られていない[★47]。

血の十回戦!

堀口は猪突猛進型の激しいファイトを売りにして、生涯戦績一八六戦一四七勝(九一KO)二五敗一四分とも言われるすさまじい数の試合をこなし、最多試合・最多勝利・最多KO・最多連勝など、数々の日本記録を手にしている(データについては諸説がある[★48])。そのなかには語り継がれる名ファイトがいくつもあった。

堀口はプロデビューしてわずか四ヶ月後には、早稲田大学戸塚グラウンドで、日本初のナイターの照明に照らし出され、三万人の大観衆に囲まれた大舞台の上に登場した。日仏対抗戦と銘打たれたその夜の興行で、フライ級の前世界チャンピオン、エミール・プラドネルを相手に堀口は八回戦の激闘を演じ、引き分けに持ち込んだ。

彼は一躍有名になり、ボクシングといえばピストン堀口、と言われるほどだった。日清・日露戦争以来日本が欧米諸国並みの近代化を成し遂げたという自信を日本人は得ていたし、この頃にはすでに満州へ、朝鮮半島へと覇権を広げていた。世界レベルのボクサー相手の堀口の大健闘を目の当たりにした人々は、日本ボクシングが世界に勇躍する日も近いと予感したにちがいない。もっともプラドネルらフランス人選手らにとって日仏対抗戦などエキジビションにすぎなかったから、実際には日本から世界チャンピオンが生まれるまでの道のりはまだ遠かったのだが。

さて、ピストン堀口の激闘にまつわるこんな逸話がある。それが「血の十回戦」だ[★49]。日仏対抗戦の翌一九三四年に、日倶、帝拳、大日拳の勢力が勢揃いして、初の日本チャンピオンを認定するためのトーナメントが開催された。堀口のフェザー級がいちばん人気だったが、準決勝で両まぶたを深くカットし満身創痍だったうえ、風邪で入院していた。とても決勝戦になど出られる状態ではない。しかし大会役員は病院にまで来て出場を求めた。ついに「どんなに血が出てもレフェリー・ストップはしないでくれ」と、堀口は条件をつけて出場した。実は相手の小池実勝も最初から肋骨が折れていたから、手負いの者同士が闘志だけで殴り合ったのだ。

レフェリーは帝拳を創設した荻野だった。彼のシャツは堀口の血しぶきを浴びて赤く染まった。一〇ラウンドが終わり、試合終了のゴングが鳴って、セコンドが血まみれの堀口に「見えるか」と尋ねると、「赤いカーテンみたいです」と答えたという。これが有名な「血の十回戦」の激闘だ。

入院中のボクサーを主催者側が見舞いに来たのかと思いきや「試合に出てくれ」と説得しに来たとは、安全管理もヘッタクレもない言語道断のパワハラで、現代なら主催者側の倫理観が問われる。だが時代が違う。当時は今とは比較にならないくらい、暴力にも流血にも社会が寛容だったのだ。

ヤクザも覆せない判定

一九三七年、すでにフィリピンに遠征して東洋チャンピオンを戴冠していた堀口に、ジョー・イーグルが挑戦した。両国国技館であった東洋タイトルマッチのレフェリーは、「血の十回戦」でシャツを血まみれにされた荻野。一二ラウンド終了後に、荻野はイーグルの勝ちとした。この時代はレフェリーも審判とともに採点に加わっていたのだ。

この判定に堀口を後援していた山口組が黙っていなかった。リングに駆け上がって荻野に殴りかかったから、リング上は大混乱に陥った。暴徒のうちの一人が、後に三代目山口組組長となる田岡一雄だ。プロモーター岡本不二の不二拳の食客だったのだ（当時のボクシングジムにはヤクザの用心棒がいた！）。岡本も判定に対しあからさまに不満を示し、「堀口の勝ちを宣告する」

と新聞に書くまでした。しかし、荻野は意見を曲げず判定も覆らなかったので、彼は襲撃されるのを怖れてほとぼりが冷めるまで雲隠れしていなくてはならなかった。こうして堀口の連勝記録は四七で止まった。

「堀口敗北」という判定に起因する山口組がらみの暴力沙汰は他にもある。玄海男との試合をめぐってだ。玄海男の名前は、出身地済州島から客船に潜り込み、玄界灘を越えて日本に密航した経歴に由来する。帝拳に入門し、その後アメリカにも武者修行に行き、帰国後に堀口と一二回戦を行った。試合は判定にもつれ込んだ。協議の結果、レフェリーは二対一で玄の勝利を告げた。この判定結果をめぐっても紛糾した。田岡にかわって岡本の不二拳の食客になっていた山口組の田中幸一らが、判定に関わった審判らを後日軟禁し、ドスを持って脅迫した。それでも判定は覆らなかった。

しかし、これで終わったわけではなかった。田中らによる審判の軟禁と脅迫を知った、神田金太郎という一匹狼のヤクザが、荻野に対するかつての恩義のために立ち上がった。玄は帝拳所属だから荻野の門弟なのだ。神田は田中を襲撃し、ドスの刺し合いで田中を殺した。神田も内臓をえぐられたが一命は取り留めた[★50]。

ところで、軟禁された当事者の一人が中村金雄だった。かつてはアメリカでの修行経験もあるクレバーなサウスポーのボクサーで山本茂が「ＫＯアーティスト」と名付けたほどの実力者だったが、先の日仏対抗戦の代表選考試合で新鋭の堀口に番狂わせの二ラウンドＴＫＯ負けを喫し、潔く引退した。その後はレフェリーや随筆家に転じた。その彼が、「リングの上で、一度くだされた判定が、のちに審議してくつがえされたなぞという話が戦前にはないというのは面白い」[★51]と、軟禁事件の二十五年後に回顧している。

リング上で決まってしまったボクシングの判定は覆らない。たとえばロンドン・オリンピックでミドル級金メダリストの村田諒太がヌジカム・アッサン・エンダムとのWBA世界タイトルマッチに敗れた判定をめぐって、JBCが猛抗議した。WBA会長も「判定がおかしい」と明言して謝罪するという異例の事態に発展した。それでも判定は覆らなかった（再戦で村田が勝ってチャンピオンになったのは周知の通りだ）。

しかし、中村が回顧のなかで「戦前には」と断っているように、戦後に目を向けると、日本でもアメリカでも判定が審議によって覆った例がある。

比較的最近だとアマチュア・ボクシングで起きた。清水聡のロンドン・オリンピックでの二回戦だ。清水聡ら日本側は、会場を騒然とさせるような不可解な判定で、ポイント負けを宣告された抗議した。しかし、審議の結果、清水の勝利と審判の不正が認められた。この再審がなければ、清水の銅メダル獲得もなかったわけだ。また、プロでもバーナード・ホプキンスとチャド・ドーソンの間で行われたWBC世界ライト・ヘビー級タイトルマッチ（二〇一一年十月十五日）で判定の覆りが起きた。二ラウンドの途中でホプキンスが肩から転倒して、試合続行不可能になった。レフェリーはTKOを宣告した。しかしその後のビデオ判定でテクニカル・

ドロー（偶然のバッティングなどで試合続行が不可能になった場合の引き分け）に判定が覆り、チャンピオンだったホプキンスにベルトが戻った。

槍とピストン

ピストン堀口の話に戻ると、戦前最後の日本におけるビッグマッチは、真珠湾攻撃（一九四一年十二月八日）直近の初夏に両国国技館で行われたピストン堀口と笹崎僙《たけし》の試合だろう。笹崎は軍隊に召集され戦地から戦地へ駆け回るうちに栄養失調による白内障で左目を失明したが、「片目があればボクシングはできる」と除隊後はリングに戻り、〇・二の視力しかない片目で強豪相手に連勝を重ねた。その鋭いストレートから「槍の笹崎」と命名された。もともと堀口に憧れて日倶の門を叩いた彼だったが、二人とも日倶を離れていた。叩きつけられた挑戦状を堀口が受けて立ち、荻野が二人の間に入り、試合前から大盛り上がりだった。両者の火花を散らす闘いは、堀口ファンの市川猿之助と笹崎ファンの六代目尾上菊五郎のファン同士の対立にまで飛び火して、おかげで歌舞伎まで大流行り。試合のチケットは発売開始三〇分で売り切れた。「世紀の一戦」として後々まで語り継がれることになるこのスーパーファイトは、笹崎が目の上の傷から滴る血で見える方の目の視界も失い、一方的に打たれて六ラウンドＴＫＯ負け、という結末だった。★52 今なら、片目が見えない時点でプロ・ライセンスが交付されず、試合自体不可能だろう。

このときのレフェリーは、堀口と玄海男の試合判定をめぐって山口組に軟禁された中村金雄だった。戦前のボクシングの記録を見ると、同じ人が繰り返しいろいろなところに、いろいろな役柄で登場するのが面白い。それだけ日本のボクシング界は狭かったということかもしれないが。

山本茂の区分によるボクシングの「隆盛期」は、欧米諸国と肩を比べているという自負をすでにものにしていた日本人が、中国とも欧米とも異なる、独自の日本らしさを自らの内に求めようとした時代にあたっていた。九鬼周造の『「いき」の構造』(一九三〇年)、和辻哲郎の『風土』(一九三五年)、谷崎潤一郎の『陰翳礼讃』(一九三九年)など、日本文化論の古典的著作がちょうど世に出た時期だ。一方で、対外的には満州事変(一九三一年)を起こし、また大東亜共栄圏の理念を掲げ、暴力という手段も厭わず周辺各国に覇権を強引に広げていた。

そういう世情にうまく合ったのか、時代の寵児となったのがピストン堀口だった。彼の血まみれのド根性ファイトの殴り合いは、かつてイギリスでプライズ・ファイトを盛り上げた流血と底力を思い出させる。日本らしさが求められた時代に、日本の拳闘がつくりあげた独自のローカル性も、流血と根性だったかもしれない。

一方で、制度上のローカル性も、この時期までには確立していた。それが、ボクサーはジムに所属することで試合に出場できるという、日本独自のクラブ制だ。この制度は現代までひきつがれている。だが、このクラブ制が一度危機に瀕したことがある。次節ではその時期の話が中心だ。

6-4　玉砕から科学へ

外来の文化が土着化する過程で自然と出来上がった固有のローカル性は、今度また外部との関わりを深めようとすると、検証にさらされる。このときあるローカル性がとり除かれたり、刷新されたりすることがある。日本ボクシング界にこうした検証の契機をもたらしたのは、敗戦だった。本節で取り上げる「日米の合作」とも評される日本人初の世界チャンピオン白井義男こそ、日本の「拳闘」に「科学」をもたらし、「拳闘」を「ボクシング」に変えた刷新の触媒だった。

ボクシングは「青空道場」から

くり返すように、日本ボクシングの創始者は渡辺勇次郎だ。しかし彼とその門弟らが築き上げてきたボクシングの組織は戦時下で一度解散させられたから、現在のプロとアマの組織は戦後新しくつくり直されたものだ。アメリカの占領下で新憲法が制定され、議会も変わり、国自体が根本からリニューアルされたのと同じ時期に、日本ボクシングは再出発した。

列島が焦土と化して終戦した直後の秋、ヤクザが支配する新橋駅マーケット前に、四本の杭を打ちロープを一本張っただけの「青空道場」が、国民拳というジムによって出現した。疎開地や戦地から戻ったボクサーたちがたちまち集まり、練習が開始された。戦後初の公式戦も、兵庫県の西宮球場で開催された。主催したのは大阪朝鮮人連盟で、マッチメーカーは太平洋戦争勃発後も日本に留まり続けたフィリピン人ボクサー、ジョー・イーグルだった。日本人の男たちは戦争に根こそぎ召集されたから、ボクシングの著名選手はほとんど朝鮮人だったから、この興行でも出場選手八人のうち六人が朝鮮人選手。戦後、日本のボクシングの火をともしたのは在日朝鮮人とフィリピン人だったのだ。[★53]

翌一九四六年には、二十八のジムが加盟して日本拳闘協会が結成され、一九四七年には東日本と西日本のトーナメントで選ばれた代表対決による日本チャンピオン決定戦が、東京で行われた。初代日本フェザー級チャンピオンは、両手だらりのノーガード戦法で人気を博したフィリピン人のべ

国民拳の新橋「青空道場」で復員してきた選手たちによるスパーリング

ビー・ゴステロだ（矢吹丈の両手だらりのモデルだとも）。ピストン堀口はこれには出場しなかったが、バンタム級は彼の弟、堀口宏（こちらも兄に似てブルファイター）、ライト級はなんと「槍の笹崎」！　片目でまだ戦い続けていたのだ。なんというタフガイ！

フリーのボクサー

戦後ボクシングはこうして再興した。次に私が語るのは、焼け跡のなかから這いあがり、ボクシングを日本の国民的人気スポーツにまで押し上げた人物についてだ。その人物とは日本人初の世界チャンピオン、白井義男だ。

渡辺勇次郎とピストン堀口の出会いのように、いや、カーン博士と白井の出会いの方がもっと偶然的かもしれない。カーン博士とは、動物生理学者アルビン・ロバー・カーン。GHQ資源局に配属されていた彼こそが、白井を世界チャンピオンにまで育てあげた人とされている。ある日、カーン博士は趣味の貝殻集めのために築地の魚市場に行く道すがら、たまたま日拳ホールというボクシングジムを見つけた。ボクシング通だった彼は足を止めた。白井のスパーリングをそこで目にし、白井のパンチを当てる天性のタイミングの良さに目を見張った。すぐさま彼は白井とマネージャー契約を結んだ。こうしてカーン博士にとって終生となるコンビが誕生した。

ここで日本のプロボクシングジムにおける選手との契約関係について説明しておこう。日本のボクシング界は、先に触れたように戦前から現在に至るまで、基本的にはずっとクラブ制を採用してきた。クラブ制のもとで選手はジムに所属し、ジムの会長が自動的に選手のマネージャーになる。選手は所属ジムの看板を提げて試合に出るので、他のジムへの移籍はできない。この制度ではマネージャーである会長がたとえ暴君でも選手は服従するしかない。だから会長との仲がこじれると最悪だ。現在でも選手の移籍をめぐってモメがちなのはこのクラブ制ゆえだ。

しかし、この制度になじめない人は、やはり昔もいた。戦後民主主義の高ぶりもあってか、従来通りクラブ制のままかマネージャー制に移行するかで、ボクシング界が揺れた時期があったのだ。その対立は、一九四六年に発足した日本拳闘協会から一部のグループが離脱して、一九四八年に全日本ボクシング連盟を結成するという事態に発展する。

連盟は、選手がジムに隷属する封建的制度を排し、選手とマネージャーが対等の立場で契約を結ぶ、欧米流のマネージャー制を導入した。連盟に属する選手たちは、日拳ホールを共通の練習場とした。たまたまカーン博士が日拳ホールに足を踏み入れたのは、なんと協会から連盟が分かれた日の翌日だった。白井がまだ誰ともマネージャー契約を結んでいなかった[★54]のも、たまたまだった。

ちなみに今日、白井の対戦記録を調べると、ふつう選手の所属ジムを書く欄に「シライ」と記されているのを目にする。シライジムなんて名のジムはなかった。白井はカーン博士とマネージャー契約を結んだフリーのボクサーだったから、便宜上そう記入しているのだ。

日米合作の世界チャンピオン

白井は飛行機整備兵時代に寒風にさらされすぎたせいでひどい腰痛に悩み、すでにボクサーとしての前途も危ぶまれていた。そんな白井の将来性を本気で信じて自らマネージャーを買って出て、しわだらけのレインコートを羽織り、背中にはこうもり傘、という珍妙な出で立ちでジムに現れては、自身はボクシング経験もないのにまるでずぶの素人を相手にするかのように、白井に基本中の基本を反復練習させている。そんなカーン博士を他の選手たちは冷笑した。しかし、博士が物心両面の援助を惜しまなかったせいもあるかもしれないが、彼独自の理論に基づく指導を白井は素直に受け入れて実行した。そして日本のトップへ、世界のトップへと一つひとつ階段を上りつめていく。

この二人三脚ゆえに「白井は日米の合作」と評される。だが、「白井はカーン博士と中村の合作」という見方もある。中村とは、先に登場したヤクザによる軟禁事件被害者の中村金雄だ。三度にわたるアメリカ遠征で、英語にも通じている中村が二人の通訳だった。理論家だがボクサー経験がない博士の言わんとするところを、中村が動きで再現して見せて白井に伝えたのだ。★55

戦前はピストン堀口のノーガードで打ちかかる無謀な玉砕戦法が国粋主義にマッチし、一世を風靡した。[★56] しかし戦後、このようにテクニックを重視する科学的ボクシングの道が白井によって開かれたのだ。

実は科学《サイエンス》という英語には、ボクシングのテクニックの意味もある。テクニックの優れたボクサーを「科学がある」と言い、逆に下手なボクサーを「科学がない」と言う。一九一七年から一九二五年までの八年間ライト級世界チャンピオンとして君臨したベニー・レナードが、複数のパンチの組み合わせによるコンビネーションブローを発展させるまで、ボクシングのパンチはほとんど一撃必殺的な単発だった。レナードは、まだ力とタフネス（耐久力）とスタミナに頼りがちだった当時のボクサーたちを、フェイント、コンビネーション、フォロースルー（抜き打ち）といった科学で凌駕した。[★57] カーン博士が白井にたたき込んだ科学の重要な一つも、頭部に激しい瞬間的な震動を伝え、ダメージを与えるフォロースルーだった。

日本人の自信回復

敗戦後の日本人は自信を喪失していた。だから、西欧との対比の点から、日本文化の独自性を劣ったものとして自己認識しがちだった世情に、坂口安吾の『堕落論』や、きだみのるの『きちがい部落周游紀行』のような、自嘲的論調がしっくりきた。[★58] ボクシングに目を転じると、戦前にボクシングを国民的人気スポーツにまで押し上げたピストン堀口は、戦後もボクサーとして人気を保った。しかし最後の二年は戦績がふるわず、ついに一九五〇年に引退を宣言した。その半年後には列車事故で突然この世を去ってしまった。

翌一九五一年は日本にとって、画期的な年だった。まずこの年には、サンフランシスコ講和条約と日米安全保障条約の調印により、アメリカ占領下にあった日本が主権を回復することが決まった。また黒澤明監督の『羅生門』がベネチア国際映画祭グランプリを受賞した。[★59] 二年前の一九四九年に湯川秀樹がノーベル物理学賞を受賞し、自然科学の分野で日本人が自信を取り戻す契機になったのに引き続き、黒澤の受賞は文化に対する自信を取り戻す契機となったのだ。さて次はスポーツ、すなわちカラダの番だ。

この年の五月、白井は現役の世界チャンピオン、ダド・マリノと東京でノンタイトル十回戦を行った。僅差の判定負けだったが、惨敗するだろうという大方の予想を覆す善戦だった。しかも十二月にはノンタイトル戦とはいえ、ダド・マリノとハワイで再戦し、今度は七ラウンドTKOに葬った。これで白井の世界挑戦が現実味を帯びた。しかし、NBA（全米ボクシング協会。WBAの前身）認定の世界タイトルマッチをアメリカ以外の国で行う場合、権限を代行するコミッションがなくてはならない。そこでJBC（日本ボクシングコミッション）が、一九五二年四月二十一日に結成された。こうして白井の世界挑戦の準備が整った。[★60]

その一ヶ月後の五月十九日、後楽園球場特設リングに空前の四万人の観客を集めて、日本ボクシング史上初の世界タイトルマッチが行われた。試合前にカーン博士が「自分のためでなく、日本のために戦うのだ。勝つことが日本人に勇気と自信を与えるだろう」と、白井を鼓舞激励したとは有名な話だ。サンフランシスコ講和条約によるＧＨＱ活動停止が一九五二年四月二十八日だから、日本は一ヶ月前に、アメリカから独立したばかりだったのだ。白井は十五ラウンド判定勝ちを収め、日本人初の世界チャンピオンが誕生した。

テレビとボクシング

読者の方々はびっくりするかもしれない。この日本ボクシング界における三十年越しの悲願の達成が、なんとテレビ放映されていないのだ！　テレビにおけるボクシング初登場は、白井がタニー・カンポの挑戦を受けた二度目の防衛戦（一九五三年五月十八日）なのだ。しかも生中継ではない。試合が行われた翌日と翌々日の二日間にわたって放映されたのはその録画だ。

というのはＮＨＫ本放送が開始されたのは一九五三年二月一日。つまり、白井が世界チャンピオンになったとき、まだテレビ放送は始まっていなかった。では初めてのボクシング生中継はというと、白井が同一九五三年九月十九日にレオ・エスピノザを相手に行ったノンタイトルの十回戦だった（結果は、白井の七回ＴＫＯ負け）。

テレビと格闘技の関係についていえば、プロレスが草分け的存在というイメージが強いかもしれない。だがこのようにプロレスよりボクシングの方が半年早かった。[61]しかも、白井が五度目の世界タイトル防衛を懸けた一九五五年のパスカル・ペレス戦は、国内テレビ史上最高視聴率と言われる九六・一パーセントを記録したとも伝えられる。[62]しかし白井はこの試合でTKO負けし、翌年再挑戦したものの、KOで敗れ引退する。

日本が主権を回復し、急速な戦後復興を遂げた一九五〇年代は、科学研究や文化という知の分野で、のみならずスポーツというカラダの分野で、自信を回復した時代だった。白井が世界チャンピオンとして君臨した頃にはプロレスも隆盛した。のみならずプロ柔道まで登場して、格闘技興行は空前の盛り上がりを見せた。実はこの驚異的な人気の背景には、テレビという新しい映像メディアの出現がある。白黒の街頭テレビに映し出された力道山のプロレスに、異様なほどの群衆が熱中していた写真など残っているが、それもこの時期のものだ。

白井が引退した一九五五年には、家電の「三種の神器」と呼ばれた白黒テレビ、洗濯機、冷蔵庫が豊かさの象徴として、一般家庭へと普及を始めていた。「紙芝居以下の白痴番組を垂れ流して、テレビを通じた国民全体をアホにする運動が展開している」と批判した大宅壮一による一億総白痴化論[63]にもめげず、衰えるどころかますます右肩上がりのテレビ人気に後押しされて、ボクシングは黄金時代を迎えることになる。

一方で、ちょうどこの時期は、それまで野放しだったボクシング興行の近代化が始まる時期でもあった。一九五六年にJBCは公式のレフェリー、タイムキーパー、インスペクター（つまりは試合進行の監督官）の立ち会わない草試合を全面的に禁止した。年末には第一回プロテスト（C級四回戦）を実施し、合格者以外の試合出場を禁止した。遡れば同年六月には、渡辺勇次郎（享年六十六）が他界している。まるで日本ボクシングが新しい段階に入ったことを象徴しているかのようだ。「拳闘」と呼ばれた時代から「ボクシング」の時代になったのだ。

ついに一九六二年には二人目の世界チャンピオンも日本にあらわれた。ファイティング原田だ。ちなみにその育ての親は、血まみれになって片目でピストン堀口との激闘を演じた「槍の笹崎」。無尽蔵のスタミナを武器として最初から最後までラッシュし続ける原田のスタイルは、ピストン堀口の戦法をヒントにして笹崎から伝授されたのだから、縁とは奇異なものだ[★64]。

7章

一発逆転の拳

拳での殴り合いは、一発で勝負が決まることがある。ケンカでもボクシングでもパンチ一発で相手をのしてしまったら、それまでたとえどれだけやられていても勝ちだ。一発逆転があり得るのだ。だからボクサーには、最後まで諦めずに逆転を狙い続けるメンタルの強さが求められる。

私が記憶している劇的な逆転シーンは、西岡利晃が敵地メキシコに乗り込んでジョニー・ゴンザレス相手に行ったスーパーバンタム級のＷＢＣ世界タイトルマッチ（二〇〇九年五月二十三日）だ。第一ラウンドにダウンまで取られた劣勢を跳ね返し、第三ラウンドに左一発で挑戦者ゴンザレスを背中からキャンバスに横たわらせた。

逆転には夢がある。あらゆるコンプレックスと闘いながら生きている私たちは、自分が応援している人が劣勢なとき彼の奮闘する姿に自己を投影し、逆転に胸をふくらませる。奇しくも彼が逆転をなしとげられたとしたら、それはきっと自分も困難に打ち勝てることのたしかな証だ。こうして人は、他人の逆転から勇気を得る。

前章で述べたように、初の世界チャンピオンとなった白井の勝利は、日本が復興し再び世界の表舞台に出ていくという、逆転への希望と勇気を国民に与えた。この試合で人々が消費しようとしたのは流血ではない。白井の姿に自分と、そして日本とを重ね合わせた逆転の物語だった。くり返すように、近代スポーツを成立させた大事な要件として暴力の排除があった。拳の殴り合いのゲーム化の行きつく先に生まれたボクシングというスポーツにおいても、流血の暴力は排除される方向で進んだ。だが物語の消費が、観客の「気晴らし」にとって重要なことは以前と変わらない。本章で取り上げるのは、拳によるさまざまな逆転の物語だ。逆転の物語は世界中で愛されている。条件的なハンディキャップを覆し、裸一貫、実力だけでのしあがり富と栄光を手にするアメリカンドリームを実現する話も、運命の逆転劇に他ならない。映画『ロッキー』でも重要なテーマだ。拳で逆転する物語はどのように描かれ、またどのように消費されてきたのだろうか。

7-1 ハングリー精神論

ボクシングとメディアの結びつきの歴史を遡ると、プライズ・ファイトの時代からイギリスでは新聞や雑誌との結びつきがその人気を高めてきた。二十世紀前半の日本に目を転じると、それに映画が加わった。戦後にはテレビも加わった。一九六〇年代になるとさらに漫画が加わる。

スポ根漫画の時代

一九六七年十二月から一九七三年五月まで『週刊少年マガジン』に連載された『あしたの

ジョー』は、スポ根漫画の代表格だ。『巨人の星』とともに『週刊少年マガジン』の部数を百五十万部にまで押し上げた大人気作品だった。

『あしたのジョー』は一種の社会現象を引き起こした。この漫画の連載で力石徹が死ぬと、一九七〇年三月二十四日には寺山修司主宰のアングラ劇団「天井桟敷」が、東京音羽の講談社講堂で葬式を催し八百人以上が参列した。同じ頃、日航機「よど号」をハイジャックした赤軍派の田宮高麿は、「我々は『あしたのジョー』である」と言い残して北朝鮮へと去った。学生運動が最高に盛り上がっていたこの頃、どん底から這い上がる矢吹は反体制の象徴として、一方で白木財閥の後ろ盾があった力石は体制の象徴として若者たちに読まれていたのだ。[★1]『タイガーマスク』、『アタックNo1』、『空手バカ一代』、『エースをねらえ!』その他、スポ根漫画は一九六〇年代後半から一九七〇年代にかけて大流行した。このジャンルの作品のあらすじとテーマは共通している。

素質はあるが条件には恵まれていないアウトサイダー的な主人公が、素質にも条件にも恵まれ主人公の自信とプライドを打ち砕く宿命のライバルに出会う。そのライバルに勝つため、ときにはスパルタ師匠の限度を超えた過酷で不合理なしごきに、またときには周囲からの冷たい仕打ちやイジメに耐え、文字通り血のにじむような努力をする（現代から見れば、紛れもなくパワハラ、モラハラのオンパレードだ）。並外れた根性で数々の試練を乗り越え、トップへの階段を上りつめていくが、しかし……といった物語だ。

一九六〇年代は世界的な経済成長の時代だった。なかでも日本の経済成長は「東洋の奇跡」と言われるほどめざましかった。アメリカ軍が直接的に軍事介入したベトナム戦争があり、日本では東京オリンピックと大阪万博が開催された時代のことだ。

この急速な経済発展に裏打ちされた自信から、日本の発展の鍵は日本文化の独自性にある、と日本の固有性を称揚する世情が国内では非常に強まっていた。ちょうどこの時期に日本人ボクサーの世界チャンピオンが次々と現れたし、一方ではスポ根漫画が人気を博していたのだ。

その頃注目された日本文化の独自性とは、たとえば文化人類学者の中根千枝が『タテ社会の人間関係』で示した日本人の集団主義の原理だ。中根は、インドにおける社会構造との対比から、日本における集団主義の原理とその独自性を解明した。その独自の原理とは、まず性別、世代、学歴、地位、職業、カーストなど個人の属性まで含む広義の「資格」よりも、地域、職場など共有している「場」を強調する平等主義。次に、全員参加することで築かれる情緒的結束。最後に、年齢や年次や在籍期間など、能力とは無関係な外形的条件によるタテの序列の重要性（その典型が年功序列）。この三点に要約できる。★2

このタテ社会論は、海外に製造拠点を拡大して国際進出をはかる日本企業のサラリーマンの間などでも好んで読まれ、日本人論の古典的著作の一つとして現代まで高く評価されている。もちろん中根は社会人類学の方法を用いて、日本の社会構造をインド社会との対比からモデル化したにすぎない。だが、図らずも日本人の優秀さの根拠を示す文化論として読まれた。

日本人各人は、どのようにして、こうした集団原理に適した行動様式を身につけ、日本的な集団組織に適応していくのだろうか。そのプロセスを中根は詳しく論じていない。実はそれに答えてくれたのは、むしろスポ根漫画だ。集団組織に適応するために、個人が身につけ、求めに応じていつでも発揮しなくてはならない心的態度こそ、根性だった。のみならず根性がどのようにすれば手に入れられるのかを、スポ根漫画はお得意の誇張の手法で鮮やかに描いてみせた。

一匹狼の主人公が数々の試練を乗り越え、集団に受け入れられる方向に展開する漫画のストーリーは、まさにイニシエーションの物語に他ならない。イニシエーションとは、社会的地位や宗教的地位の変更を認めるための一連の行為のことだ。その過程で、参加者に激しい肉体的苦痛を伴う厳しい試練が課されることがある。それらの試練を乗り越えてこそ、それまでのあやふやな自我が一度死に、確固たる新しい自我をもつ社会的存在へと個人は生まれ変わることができる。

だからスポ根漫画では、主人公の血と汗と涙の闘いを通した根性の鍛錬がことさら細かく描かれる。いつ出口が見えるのか知れない、暗くてジメジメしたトンネルのなかにいるような恐れと不安に、読者は心を揺さぶられる。すべて灰燼に帰した戦争の焼け跡から遮二無二努力して這い上がり、ようやく日本が世界の先進国と肩を並べることができたと実感し始めた頃、読者の多くは戦後生まれの若年層だったとはいえ、もがきあがく主人公の姿に戦後日本の自画像を重ね合わせていたのかもしれない。惨めな肉体的、精神的どん底を経験してこそ主人公は再生することができるのだ。

しかし、スポ根漫画の結末は必ずしもハッピーエンドではない。その典型が漫画『タイガーマスク』だ。主人公の伊達直人は、チャンピオンの栄光を懸けた世界タイトルマッチ再戦の会場に向かう途中、車にひかれそうになった子どものために身を投げ出し、事故死して終わる（アニメ版の結末は異なる）。『あしたのジョー』にしても、世界戦の判定負けを告げられたあと、青コーナーで「真っ白な灰」になって座っている矢吹の姿には憂愁さえ漂い、ハッピーエンドかどうかは読者により解釈が分かれる。文化人類学者の船曳建夫は『「日本人論」再考』でこの時代の高揚感についてこんな指摘をしている。「中根の本が書かれた時期は、日本の復興がはっきりしてきた高揚の時期である。だからといって、それは不安と無縁の高揚感ではない」[★3]と。当時、事実として現前している日本の戦後復興が、日本のどんな独自性によるものか、はっきりさせてスッキリしたい、というもどかしさも強かった。つまり本当に日本独自の根性のおかげなのか、という不安は拭いきれなかった。だからスポ根漫画も単純なハッピーエンドでは終われなかったのかもしれない。

科学より根性

話が飛ぶようだが、白井引退から具志堅引退までの約二十五年の間に、日本人の世界チャンピオンだけで十七人も誕生した。しかもカエル跳びの輪島功一、「幻の右」のガッツ石松を筆頭に、百花繚乱の個性派揃いだ。山本茂がこの時代を「黄金期」と呼んだのも納得できる。

実はこの時代の最高峰のボクサーたちは技術も優れていた。たとえばファイティング原田も「黄金のバンタム」と呼ばれたエデル・ジョフレ戦では、ラッシュ一辺倒ではなく動きに緩急をつけていたし、巧みなフェイントも駆使してみせた。七度の拳の骨折に泣いた海老原も、つなぎのパンチが上手かったからこそその強打が生かせたのだ。小林弘が「雑草」と呼ばれたのは、地味に見えても、打たせず打つ卓越した技術に裏打ちされていたからだ。長くなるのでこれ以上はやめておこう。

ひたむきな豪快さと野性味を売りにした戦前の「科学をもたない」ボクシングでは世界に通用しない。そのことをカーン博士&白井コンビの科学的ボクシングが証明してから十年は経っていた。その間に日本の科学的ボクシングが飛躍的進歩を遂げたからこそ、チャンピオンが量産されたのだ（カネのかかる興行なので、日本の経済発展と無関係ではないが、その話は置いておく）。もちろん世界チャンピオンには手がとどかなかったボクサーのなかにも、引けを取らない実力の選手がたくさんいた。

しかし奇妙なことに、この時代のボクシングをふり返るとき、まずイメージされるのは「科学」ではない。まるでピストン堀口の拳闘時代に逆戻りするかのように、ハングリー精神であり、根性なのだ。しかもハングリー精神こそが根性を育てたのだ、とこの二つは結びつけて語られがちだ。たしかに国民全体が貧しくて、豊かになれれば幸せになれるとみんなが素直に信じられたその時代、ハングリー精神がすべての努力の原動力になったことはまちがいない。当時の多くのボクサーに共通する幼少期の貧困や不遇な環境、試合前の減量苦、リング上でのがむしゃらさは、ことさらに喧伝された。ハングリー精神と根性にまつわる逸話が、まるで名ボクサーの資格の一つででもあるかようだった。

ファイティング原田がエデル・ジョフレ（ブラジル）を破ってバンダム級世界チャンピオンになり二階級制覇の快挙を成し遂げた、翌一九六六年に、『巨人の星』の連載は始まり大ヒットした。一九六八年には『巨人の星』はアニメ化して、茶の間に入り込む。同じ年には『アタックＮｏ１』、『あしたのジョー』、『タイガーマスク』の連載も始まり、また次々とそれらがテレビアニメ化する。つまり、スポ根漫画全盛期とこのボクシング「黄金期」の上半期は重なり合っているのだ。スポ根漫画の人気こそが、ボクサーのハングリー精神や根性へと世間の注目を集めさせたのだ。

当時、日本女子バレーボールチームの監督は、厳しいことで有名な大松《だいまつ》博文だった。東京オリンピック（一九六四年）でチームを金メダルに導いた立役者だ。回転レシーブ、変化球サーブ、クイックレシーブなど当時の最先端技術を編み出し、また選手個人の徹底した体調管理に基づくトレーニングメニューを組むなど、勝つための科学にこだわった指導者だった。にもかかわらずマスコミや観衆は、猛特訓にばかり注目し、「鬼の大松」や「しごきの大松」といったイメージをふくらませた。[★4] 当時のボクサーに対するイメージも似かよっている。ハングリー精神や根性とは、ボクシングやボクサーに対して時代が求めたイメージだったのだ。

スポ根漫画にもっとも馴染みのある世代は、おそらく一九六〇年代半ばから一九八〇年代前半に義務教育を受けた世代の人々かもしれない。学校の「管理教育」化が進み、受験戦争も激しくなるなか、一方で若者たちの学校に対する敵意が増大した。映画や漫画から「監獄としての学校」、「看守としての教師」というテーマが生まれた（典型的なのは一九六八年から『週刊少年ジャンプ』連載の永井豪の『ハレンチ学園』）その時期に、学校の部活動などでも根性論が全盛期を迎えた。

もちろん勝つためには強いハートが必要にちがいない。しかし必ずしも空腹《ハングリー》や貧困の生い立ちがその必要条件ではないだろうし、また、しごき、体罰、指導者や先輩への絶対服従が不可欠なわけがない。根性時代の終盤に学校生活を送った個人的経験から言えば、残念ながら私は、苦しくも美しい思い出として当時を懐かしむことはない。むしろ陰湿なサディズムにさらされて性格がひん曲がってしまったと、恨みに思っている。

メンタルトレーニングの方法論の発達に従って、かつてのやみくもな根性論が廃れたのは、当然の成り行きだった。[★5] 日本の根性論全盛期に、北米ではすでにスポーツ心理学が発展し、一九八〇年代にはメンタルトレーニングが盛んに行われていた。日本は十年遅れていたのだ。[★6]

7-2 よみがえる矢吹丈

具志堅が引退したあとも、渡嘉敷勝男、渡辺二郎、浜田剛史、六車卓也、井岡弘樹ら、世界チャンピオンが次々と輩出された。しかし一九八〇年代後半には日本人ボクサーの世界タイトルマッチにおける敗戦がかさんだ。井岡がナパ・キャットワンチャイとの再戦に判定で敗れた一九八八年十一月、ついに日本人の世界チャンピオンはいなくなった。その不在状態はそのまま丸一年以上続く。

浪花のジョー

ちょうどその頃、「このところ、日本のボクシング界が不調で、人気がもう一つなのは、〝一億総中流意識〟とやらに浸りきっている、あるいは浸りきっていた日本人の生活姿勢――飽食の時代で、人の痛みを痛みと感じない――と無関係だとは言えない」[★7]と、ジャック・ロンドンのボクシング小説の翻訳者、辻井栄滋も書き記している。このように一九八〇年代後半からの世界戦における低迷ぶりは、飽食の時代に育った世代のハングリー精神の欠如によるもの、という見方は当時一般的だった。逆に言えば、それだけボクシングはハングリーなスポーツ、というイメージが深く浸透していたのだ。

その一方で、世界ではボクシング人気はむしろ高まっていた。それはマイク・タイソンの圧倒的な存在感によるものだ。一九八八年三月にはタイソンは東京ドームにもやってきて会場を満員にし、トニー・タッブスを圧巻の二ラウンドKOに葬り、日本中を興奮の渦に巻きこんだ。このヘビー級人気最高潮期の一九九〇年二月に、ヨネクラジムの米倉会長が、「百五十年に一人の逸材」と太鼓判を押した大橋秀行が、崔漸煥《チェジュンファン》（韓国）を九ラウンドKOで破ってWBC世界ミニマム級チャンピオンの座に着いた。このキャッチフレーズは、かつて協栄ジム金平正紀会長が「百年に一人の天才」として具志堅を売り込んだのに向こうを張ったものだ。その年の夏にはレパード玉熊が、翌一九九一年二月には畑中清詞が、九月に辰吉が、世界チャンピオンになる。こうしてボクシング人気は再沸騰した。

辰吉はそれまでデビュー以来九戦目で世界チャンピオン獲得、という具志堅による日本最速記録を破る八戦目での世界タイトル奪取だったし、スピードのある華麗な動きと、リング上での挑発的なパフォーマンスも観客の心を惹きつけた。のみならず、彼個人の生い立ちの話にも、不敵なビッグマウスぶりにも、ファンサービスのユーモアが光った。久しぶりにキャラの立つ人気ボクサーの登場だった。

この辰吉には『あしたのジョー』に引っかけた「浪花のジョー」のあだ名がしっくりしていた。矢吹丈に物語があったように、辰吉も物語があるスターだったからだ。

もやしっ子から

辰吉は岡山県倉敷市に生まれた。ごく幼い頃に離婚した母の記憶はなく、写真さえ見たことがない。「なんでも良いから一番になれ」という教育方針の父に男手一つで育てられたのだ。五歳の頃までしゃべれなかった。だからよその子におもちゃを取られたり、よくイジメられたそうだ。実は父粂二《くめじ》も、子ども時代はいじめられっ子だった。病弱でモヤシっ子のようだったから、あるとき「強くならなイカン！」とボクシングを始め、グローブからサンドバッグやダンベルまですべて手作りしてカラダを鍛え始めたのだ。

辰吉は倉敷にいた頃のことを、こう語る。

それで、父ちゃんにくっついてボクシングの真似事をしてたらね、ジョーよ、いっぺん歯向こうてみいって、父ちゃんが言うんです。アレはよう覚えてる。言われたとおり、オモチャを取りに来たやつを殴って、自分のパンチが当たったら、そいつが脆くも倒れた。

それからだんだんしゃべれるようになって、周りの子どもに慕われるようになって、番長的になってきて、そんな感じで小学校、中学校と続いてって、最終的にいまに至る。ぼくも、もともとはヤンキー上がりなんでね[★8]。

中学校でボクシングへの道を勧めてくれた恩師との出会いもあり、一九八六年に十六歳で大阪に出て大阪帝拳ジムに入門した。そこで世界チャンピオン六車卓也を育てた大久保トレーナーとの出会いもあり、厳しい練習の合間にアルバイトする生活を送る。十七歳でアマチュアのデビュー戦を初回ＫＯ勝ちで飾り、その後圧倒的な強さで社会人選手権も優勝し、ソウルオリンピックを目指した。しかし、全日本選手権は初戦敗退。高熱が原因だった。これが唯一の負けで、十八勝のすべてがＫＯおよびＲＳＣ、という戦績は強さが際だっている。しかし、この敗北はかなりこたえた。失意のあまりジムから姿を消し、ホームレスまで経験した。

しかし再びジムに戻り、一九八九年にプロデビューした。東京でマイク・タイソンがジェームス・ダグラスに世紀の番狂わせでＫＯ負けをした、その前座試合が彼の二戦目だ。不覚のダウンを奪われたが、逆転ＫＯ勝ちをする。四戦目でバンタム級の日本タイトルを獲得し、六戦目は引き分けだったが八戦目でグレグ・リチャードソンを一〇ラウンドＴＫＯに破り、世界の頂点へと駆け上った。[★9] 飛ぶ鳥をも落とす勢いだった。

永遠のボクサー

世界チャンピオンになるまでの辰吉の生い立ちの話は、以下の六つのテーマから構成されている。

①父の手一つで育てられた「ハングリーな幼少年期」、②五歳まで言葉がしゃべれず、いじめられっ子という「アウトサイダー性」、③いじめっ子を殴ってみたら相手が倒れた、という「荒ぶる力の発現」、④ボクシングへの興味を温かく見守ってくれた中学校の先生や、大久保トレーナーなど自分を受け入れてくれた「心からの応援者」、⑤禁欲的なハードトレーニングに耐え、着実な成果を積み重ねた「ボクシングによる更生」、⑥オリンピック出場権を逃したことによる「大きな心の傷」の六つだ。

このように整理すると、『あしたのジョー』の矢吹丈の生い立ちと同じ構造をもっていることがわかる。

①物心ついたとき、すでに両親はおらず養護施設育ちという「ハングリーな幼少年期」、②養護施設を脱走し、社会を憎んでドヤ街の子どもたちを子分にして悪事の限りを尽くし、鑑別所と少年院に送られるが、そこでも一匹狼の変わり者だったという社会不適応な「アウトサイダー性」、③とくに作品前半で繰り返される暴力沙汰が示す「荒ぶる力の発現」、④丹下段平という「心からの応援者」、⑤段平のもとで禁欲的にトレーニングを積み、ボクサーとして一人前になる「ボクシングによる更生」、⑥永遠のライバル力石徹との決戦の敗北と、力石の死という「大きな心の傷」だ。

このように二つの話は、はっきり類似している。スポ根漫画世代も多かった辰吉の試合の観客は、矢吹丈のデジャヴを彼に見たにちがいない。だから辰吉は「浪花のジョー」なのだ。蛇足かもしれないが、辰吉登場以降、「ハングリー」な物語がない世界チャンピオンもたくさんあらわれたせいか、ボクシングに対するハングリー精神の必要性を説く論調は次第に萎えた。

また、チャンピオンになった当初は予測すらしなかったが、リチャードソン戦の後に左目網膜裂孔が判明し、一年のブランクのあと一度も防衛できないまま暫定王者ビクトル・ラバナレスとの統一戦にＴＫＯで敗れた。するとそれまで公言していた「負けたら引退」をあっさりと撤回して、ラバナレスとの再戦で激しい打ち合いの末、試合を制し復活を果たす。しかし今度は網膜剝離の疾患が判明し、ＪＢＣから引退勧告も受けた。こうした悲運も、矢吹丈と似ていると言えば似ている。矢吹も東洋チャンピオンを戴冠したあと世界の頂点への階梯を駆け上がるが、廃人になる危険覚悟で絶対王者ホセ・メンドーサに挑み、判定で敗れてしまったのだから。

『あしたのジョー』はそこで話が終わる。しかし辰吉にはその後も栄光と挫折が続いた。彼は今も現役を貫いている永遠のボクサーだ。

平成の矢吹丈

日本ボクシング界に辰吉よりやや遅れて、矢吹丈がもう一人現れた。辰吉と同年一九七〇年生まれの坂本博之だ。闘志みなぎる強打でプレッシャーをかけながら、とにかく前に出る、下がらないファイターで「平成のＫＯキング」の異名を取った。わずか七歳で「神様とケンカしてやる」とまで誓ったという彼の壮絶な幼少期の苦労と、四度の世界挑戦にもついに神様が味方してくれなかった悲運とが、判官びいきのファンたちの胸を熱くした。

彼は福岡県の出身だ。生後まもなく両親が離婚し、一つ年下の弟とともに児童養護施設を経て遠縁の親戚の家に預けられた。しかしその団地の一室で待ち受けていたのは激しい虐待の日々であり、飢えた兄弟はよく近所の小川で、ザリガニやドジョウをつかまえて火であぶって食べたそうだ。「弟は栄養失調で倒れ、学校の保健室に運び込んだ兄（博之）は、貴重な給食も受け付けないほどの拒食症になり、行き先も告げられずに連れて行かれた和白青松園で命を救われる。安心してご飯が食べられ、温かい布団もあった。それは坂本が初めて味わう『家庭』だった。やがて、食堂のテレビで見たボクシング中継に『あの光ある世界に行きたい』と魅了されるのだ★10」。

彼は和白青松園に十ヶ月いてから母親に引き取られて上京した。中学生になると母とは別れてくらし、肉体労働をしながら高校を卒業しボクシングを始めた。

全日本新人王になった一九九三年、二度と帰らないと誓っていた福岡を訪れ、そのとき彼は再び和白青松園を訪ねた。子どもたちとの交流が始まり、「いつか必ず世界チャンピオンのベルトを持って帰ってくる」と誓う。その年の十二月には米軍基地に在任する軍人ボクサー、リック吉村に挑戦し、九ラウンドＴＫＯ勝ちでライト級日本チャンピオンになる。同い年の辰吉はラバナレスとの再戦に勝って二度目の世界チャンピオン（このときは暫定チャンピオン）になっていた。といっても二人ともまだ二十三歳だったから、辰吉が早咲きだったのだ。

坂本は一九九六年には東洋太平洋チャンピオンになり、一九九七年から二〇〇〇年までの間に世界タイトルマッチを四回経験している。もっとも惜しかったのは、ＷＢＡライト級チャンピオンのヒルベルト・セラノ（ベネズエラ）に挑んだ三度目の世界挑戦だ。第一ラウンドにセラノを二回ダウンさせ圧勝に見えたが、左目の下をカットし、さらに右目も腫らした。ついに五ラウンド終了直後にレフェリーが試合を止め、セラノのＴＫＯ勝ちを宣言した。

このセラノからベルトを奪ったのが畑山陸則だった。畑山こそ、坂本が四度目の世界タイトルマッチで挑んだ相手だ。二〇〇〇年十月十一日に行われたその試合では、一ラウンドから激しい打ち合いが展開された。愚直なまでに後退を知らないボクシングを貫き強烈なボディーブローで印象づけた坂本だが、畑山の出入りを多用しスピードと切れのあるコンビネーション・ブローによるダメージは、着実に蓄積されていった。ついに一〇ラウンド、施設の子どもたちが会場で見守るなか、ワンツーを打ち抜かれ坂本はゆっくり倒れた。坂本の世界への夢は潰えた。

この坂本の生い立ちの物語も矢吹丈に似ている。弟とともに引き取られた家で虐待を受け、兄弟でとったザリガニまで食べて飢えをしのいだという「ハングリーな幼少年期」、虐待のトラウマで友だちもできなかったという「アウトサイダー性」、そのトラウマのせいで中学の授業中に先生が黒板消しを取り上げただけで恐くて反射的に身を避けてしまうという「大きな心の傷」、そのしぐさを笑ったクラスメートを殺すほど叩きのめしたという「荒ぶる力の発現」、和白青松園の人たちとの交流を通した「心からの応援者」との出会い、和白の子どもたちと交わした世界チャンピオンになる約束を果たすために、たゆまず努力するという「ボクシングを通した更生」、といった六つの要素がやはりそろっているのだ。世界チャンピオンにあと一歩のところで手が届かなかった悲運も、矢吹丈と同じだ。

坂本は一方で、まだ自身も現役中だった二〇〇〇年に、全国の児童養護施設で生活する子どもたちを支援するための基金を立ち上げた。その浄財を元手に全国の施設を回ってボクシングセッションを行い、子どもたちのために「こころのケア」を実践している。心に深い傷を負った子どもたちに、心のなかに溜めこんでいる悲しみ、怒り、憎しみ、恨みのすべてを拳にこめてパンチングミットを打たせて吐き出させる。引退後の二〇一〇年には東京にボクシングジムを開設した。虐待されたトラウマに苦しむボクサーも受け入れ、会長として今度は彼自身がその背中を押している。いや彼は今も闘っている。ボクサーとは闘い続ける者のことだ。

ヒーロー誕生物語

矢吹、辰吉、坂本の前半生をめぐる物語の構造的類似について分析を加えておこう。この種の物語は、ヒーロー誕生物語の一類型として普遍化できるかもしれない。しかもこのタイプのヒーローは、どうやらとりわけ日本人好みのものだ。

日本人は、勇気ある敗者たちに強く惹きつけられる傾向があると指摘したのは、三島由紀夫とも親しかったイギリスの日本文学研究者アイヴァン・モリスだ。成功のために一切の謀計を潔しとせず、一途に誠心を貫くがゆえに、世俗の習わしとは相容れず破滅への運命を辿るほかない、そんな高潔な悲劇の人々が、日本ではヒーローとしてしばしば崇め奉られてきた。ヤマトタケルや源義経がそうだと言う[★11]。

考えてみれば『古事記』にあるヤマトタケルの人生の物語も、矢吹の物語と同じ構造を持っている。

ヤマトタケルは景行天皇を父にもつ皇子だったが、食事にやってこない兄を諭してこいと父に命ぜられた（兄は父が自分のものにしたいと思っていた女性を、我がものにしてしまっていた）。このとき自分の兄に対してしたことがすさまじい。トイレで待ち伏せして兄をつかまえて殺し、バラバラにしてしまったのだ。この「荒ぶる力の発現」に「なんてヤバいヤツだ！」とビビった父親は、ヤマトタケルに西の中国・九州地方の征伐を申しつける。つまり息子を体よく放逐したのだ。彼はこのように父に捨てられた「ハングリーな幼少年期」の過去と、放浪し闘いに明け暮れる皇子という「アウトサイダー性」を身にまとっている。しかし父の目論見に反して、叔母ヤマトヒメという「心からの応援者」のおかげで苦難に打ち勝ち、九州のクマソと出雲を平定して都に戻る。

やっと父に受け入れてもらえるかと思ったら、今度は東国（中部・関東）を征伐せよと父に命じられた。彼は「父は自分に死ねと言っている」と「大きな心の傷」を叔母に打ち明けて泣くが、またもや叔母に授けられた袋と剣のおかげで幾多の闘いに打ち勝ち、東国平定にも成功する。こうして日本各地を征服するなかで、溢れんばかりだった彼の残忍な暴力性はいつしか解消され、「闘いを通した更生」を果たす。しかし逆にそのせいか、伊吹山の神の企みにはあっさり嵌まり、それが原因で死んで白鳥になる。

一方で、もちろん西洋にもジャンヌ・ダルクをはじめ、自己犠牲による悲劇のヒーローがいる。だが彼らがヒーローとなる条件として、その努力と犠牲がいかなる現実社会への実益をもたらしたかが大事だ。しかし日本のヒーローたちが生死を賭した最後の闘争とは、ひとえに自分の信念のためだ。社会を変えるかどうかなど度外視している。その意味で、ヒロイン白木葉子による、彼がすでに脳障害になりパンチドランカー症状を呈しているという告知と、愛の告白を振り切って、自らの信念のために「世界一の男」ホセ・メンドーサが待つリングへと向かう矢吹丈は、とりわけ日本的なヒーローだろう。

ボクシングの世界で、というかスポーツ全般そうだが、ヒーローの登場は常に待望されている。そこには名誉、勲功、勇気、タフさにとりわけ価値が置かれているからだ。そのうえ「誰が一番強いのか」にはみな興味がある。だからボクシング雑誌は、ボクサーの獲得タイトルや記録、過去の対戦に関する論評など、ありとあらゆる情報やデータを用いて「誰が一番か」をいつも問いかける。ボクサーたちが夢を追い、厳しい毎日の練習に汗を流しているのとは別のところで、プロモーターやマスメディア関係その他たくさんの人々によって、ヒーローはいつも新しくつくり出されようとしているのだ。

7-3 逆転の渇望

もっとも白熱した闘いが展開されたラウンドの終盤、ついにライアンの強烈なパンチがジョンソンのこめかみを貫いた。ジャストミートしすぎて腕がしびれて感覚がなくなるほどだったが、とどめを刺しに行こうとした。だがその刹那、ジョンソンのセコンドがリングに乱入してライアンの腕を押さえつけ、ジョンソンを救った。ライアンの勝利に賭けていた観客たちは「反則だ」とブーイングしまくって会場は大混乱に陥った。ライアンも怒りが収まらない。ライアンは「オレが奴らのセコンドに妨害されてるってのに、なにボーッとしてやがるんだ、コノヤロー！」と自分のセコンドに食ってかかり、リング上で内輪もめの大ゲンカまで始めた。その間にジョンソンは回復し、試合続行を申し入れた。ライアンは「思い知らせてやる！」といきり立ったが、今度は逆にジョンソンにあっさりやられてしまった。★12

これが一七八七年十二月十九日に、イングランド・チャンピオンのトム・ジョンソンと、アイルランド・チャンピオンのマイケル・ライアンとの間で行われたプライズ・ファイトの記録のあらましだ。今から見ると、コントではないかとツッコミたくなるほどハチャメチャな逆転劇だ。ダウンの回数に関係なく、両者が精根尽き果てるまで殴りあったプライズ・ファイトでは、ルールも曖昧なところがあったから、いつ、どんな逆転の転機が訪れるか、知れたものではなかった。だからこそ賭博も盛り上がった。

ボクシングでも逆転は無数に起こり、賭博の有無にかかわらず逆転は観客を熱狂させる。スポーツ漫画で、絶体絶命のピンチに陥った主人公が根性や必殺技で逆転するシーンが多用されるのはそのためだ。矢吹丈もウルフ金串に新技「トリプル・クロスカウンター」で、金龍飛やハリマオには根性と「野性の本能」で逆転勝ちしたものだ。だから、力石徹やホセ・メンドーサとの死力を尽くした闘いでは、最後まで読者に逆転への期待を抱かせ続けた。逆転は物語になる。以下では拳で殴り合うゲームが紡ぎ出してきた、逆転の物語を見ることにしよう。

マサオ・オーバの逆転

まさかの逆転劇で観客を酔わせ、名勝負として後々まで語り草になったような試合はいくらでもある。アリがフォアマンから世界タイトルを奪った試合はとりわけ有名だ。この試合でアリは序盤から自らロープに背を預けて、フォアマンがフルスイングで打ってくるハードパンチを受け続けた。一方、アリはロープにもたれてその反動を利用することで、クリーンヒットを防ぎながらスタミナを温存させる「ロープ・ア・ドープ」でチャンスをうかがっていた。実に危険な賭けだ。逃げ場の少ない状況で、強打をまともに食ってしまってはおしまいだからだ。しかし、ついにフォアマンが打ち疲れてきた八ラウンド、アリは体勢を入れ替えてフォアマンをKOした。圧倒的不利と言われた前評判を覆しての逆転勝利だった。この試合を制したアリは名声を高めた。

一方、二十五歳の絶頂期に屈辱的な逆転を喫して敗北したフォアマンは「ボクサーとしてよりも人間として負けた気がした」と後に打ち明けたほど、身も心もズタズタのどん底を味わっていた。その三年後にはボクシング界から姿を消した。その後伝道師に転じた。しかし十年後にフォアマンはカムバックしまた世界チャンピオンに返り咲くのだから、アリの逆転の物語がフォアマンの人生の敗北と逆転の物語をも生んだのだ。[★13]

個人的な思い出も含め、日本人ボクサーによる有名な逆転劇の話もしておきたい。

大場政夫。彼の名を思いがけずベトナムのホーチミン市で耳にした。現地のボクシング強化訓練場で強化チームの監督にお会いしたときのことだ。「マサオです」と自己紹介すると、光栄にも、「マサオ・オーバとおなじマサオだね」と、私の名を覚えてくださった。

ベトナム戦争のさなかアメリカの政治的軍事的影響下にあった南ベトナムで、国民が海外の世界タイトルマッチをテレビ観戦していたとは驚きだ。しかも四十年以上前の大場のファイトは、彼にも強烈な印象を残していた。

大場は五度、世界タイトルの防衛に成功した。チャチャイ・チオノイ（タイ）と闘った五度目の防衛戦（一九七三年一月二日）が、壮絶きわまる大逆転としてとくに有名だ。一ラウンドに大場は二回もダウンさせられ、しかもその際に右足首をくじいてしまっていた。それでも足を引きずりながら敢然と闘い、反撃し、一二ラウンドに逆転ＫＯ勝ちしたのだ。

しかしその二十三日後、首都高速道路で愛車シボレー・コルベットを運転中に事故を起こし、二十三歳の若さで亡くなってしまったのはあまりに衝撃的だ。[★14] 大逆転の歓喜の物語が、あたかも直後の凄絶な悲劇の前触れだったかのようだ。

復讐のチャンス

もう一度フォアマンを思い出そう。彼はアリに負けてどん底を味わったと回想した。フォアマンほどの世界トップボクサーに限らず、ボクシングでの敗北は、それがたとえどんな不運や手違いによるものだったとしても、自尊心を深く傷つける。頭のなかで「所詮スポーツだ。ゲームにすぎないじゃないか」と、いくら割り切ろうしても割り切れない、一対一の男同士の対決に負けた屈辱だ。ペニスで頭を小突かれ、マウンティングされる屈辱だからだろうか。動物のオスにとってメスをめぐる闘争に、最後の最後まで敗北することは、自身の遺伝子の永遠の消滅が宣告されることだ。何億年にもわたって繰り返されてきた淘汰の歴史を通して、敗北の惨めさは、まるで生命の深いところに刻み込まれているかのようだ。

しかし敗者にとって再戦は、傷つけられた自尊心を回復させ、社会に対する名誉を取り戻すまたとないチャンスだ。勝って、逆転して、復讐を果たすのだ。だから古今東西の文学で、復讐は数限りなく詩的に語られてきた。『ヴェニスの商人』のシャイロックは、にっくきアントーニオーの身から肉一ポンド、実際に切りとって受け取ったところで、「そんなもの、いったいなんの役に？」と呆れ返ったようにアントーニオーの友人サレアリオーに問われ、単刀直入に意地悪く本音を口にした。「たつさ、それを餌にして、魚が釣れる！　腹のたしにならなくても、腹いせだけはできようが……」★15と。恥をかかされ、自分自身の自尊心を徹底的に打ち砕かれた人間は、たとえそれがどんなに無益だろうと、復讐に腐心する。

名誉を守ることが自分の命、家族、財産を守ることと直結していた時代には、名誉回復のための決闘や復讐は日本でもヨーロッパでも繰り返されていた。しかし、近代になって国家が暴力を独占し、国家が個人の命、財産、名誉を守る役割を引き受けるようになると、復讐は禁じられた。このことは暴力の連鎖を断ち切り、治安維持と暴力減少のためには確実に効果があった。決闘は十九世紀から第一次世界大戦が終わる二十世紀初頭までに、たくさんの国で消えた。★16ちょうどその時期にイギリスではプライズ・ファイトが衰退し、それと入れかわりにボクシングが興ったことは5章で述べた通りだ。
決闘の衰退は、名誉を重んじる文化の衰退でもあった。しかし傷つけられた人たちの自己救済を求める根源的な魂の叫びはいかんともしがたい。現実の社会生活においても復讐への衝動は、しばしば暴力を引き起こしている。その証拠に全世界の殺人の一〇パーセントから二〇パーセントが復讐のためなのだ。★17
恨みを晴らし、復讐し、逆転するというテーマは、今でも人の心を強く捉えて放さない。映画、テレビドラマ、小説、ゲームその他の娯楽は、これからも復讐を主要なテーマの一つとして扱い続けるだろう。またボクシングのリング上で、比喩として演じられる復讐にも人々は熱中し続けるだろう。

アメリカ社会とボクサー

再び大場政夫の話に戻る。

彼の少年時代は貧しかった。朽ちかけた長屋で彼はたくさんの兄弟と肩を寄せ合うように暮らして育った。父は博打好きで、家計は常に逼迫していた。帝拳ジム入門後は「母ちゃんのために庭付きの家を建ててやるんだ」と、姉代わりの女性マネージャー、長野ハルに幾度も口にしていたそうだ。厳しい練習の単調な毎日に耐え続けついに世界チャンピオンになると、初防衛戦後には言葉通り、家族のために埼玉に土地を買い家を建てた。[18] 大場にとって、それは人生の逆転だったにちがいない。

いや、ボクサーの多くが、何かしらの人生の逆転のために、切磋琢磨しているのではないだろうか。それが意味するのは、富や名声を得て人々に賞賛され、世間を見返すことだけではない。イジメの克服かもしれないし、失敗した過去へのリベンジかもしれないし、つまり自分の心の奥の深いところにある劣等感、敗北感、自己否定の感情に対して、死に物狂いで闘いを挑み、打ち克つことだ。私はアマチュア・ボクサー出身の小説家ジョージ・ギャレットの言葉を思い出した。その言葉は、オーツの『オン・ボクシング』にある。

人々が、この乱暴で、自己破壊をもたらすことの多い行為に入るのには、ひじょうにさまざまな動機がある。その多くは、苦しいほど反社会的で、精神異常ぎりぎりだ。私の知っていたボクサーたちのほとんどは、自らの危険を承知の上で、他人を傷つけなければならないという、深い、そして強い衝動を感じている傷ついた人々だった。[19]

それにしてもボクシングで人生の逆転を目指すこの傷ついた人々とは、社会のどのようなところからやってくるのだろうか。アメリカには大場が育ったのと同時代の一九五〇年代以来、ボクサーに関する社会学の研究の蓄積がある。

アメリカの場合、プロボクサーは都市下層に属する移民の家族か、その二世に多い。労働者が多い下層の中でも、たいがい「下の中」か「下の上」だ。「下の下」は少ない。それは必ずしもジムに通うお金の問題ではない。日々の暮らしのなかで最下層の人々の身に染みついている習慣とか、性向とかによる。というのは、たいがい彼らは家族関係も安定せず、無秩序な時間感覚のなかで長年生活している。そのため、規則的な生活、ジム内にある規律の遵守、身体的精神的禁欲、といったボクサーになるための日常になかなかなじめないのだ。その結果、ジムには都市下層の労働者のなかでも、経済的、社会的、家庭環境の点で、なんとかぎりぎりの安定を保ち、上昇を夢見て悪戦苦闘している層の人が多くなる。[★20]

ボクシングとユダヤ人

アメリカのプロボクサーには民族的、人種的な偏りも顕著だ。しかもその偏り方は時代によって推移してきた。二十世紀初めはアイルランド系がもっとも多かったが、一九二八年からはユダヤ系、一九三六年からはイタリア系、一九四八年からは黒人、と時代を追って一位が逆転するのだ。[★21]

驚いた方も多いかもしれない。ユダヤ系が強いのは金融や芸術や学問の分野ではないのかと。しかし歴史を遡ると、プライズ・ファイトの時代から、アメリカでもイギリスでも、アイルランド系と並んで低階層のユダヤ系の人は多かった。

　ユダヤ系ボクサーの活躍が目立ち始めたのは一九一〇年代からだ。一九一七年からライト級、世界チャンピオンとして八年間君臨し続けた、頭脳派のテクニシャン、ベニー・レナードもユダヤ系だった。ちなみに彼はチャンピオンのまま引退したが、最期もリング上でだった。なんとある興行で六つの試合のレフェリーをつとめあげた直後、心臓麻痺で死んだからだ。

　彼のように引退後、レフェリーやトレーナーやマネージャーとしてボクシングと関わり続けたユダヤ系の人も多い（元ボクサーではないが、白井義男のマネージャーだったカーン博士もユダヤ系だ）。さらに、リング外のビジネス分野での活躍も目立つ。アメリカの老舗ボクシング用品メーカー「エバーラスト」創業者ヤコブ・ゴロンブはロシアから移民してきたユダヤ系だったし、一九二二年に『リング』誌を創刊した編集長ナット・フライシャーもユダヤ系だった。[★22]もちろんプロモーターにもユダヤ系は多い。マニー・パッキャオや村田諒太のプロモートで日本でも有名な、トップランク社CEOのボブ・アラムもその一人だ。だが、「かっこいい」パンチで悪を懲らしめる正義のヒーロー、スーパーマンがユダヤ系の少年たちによって世に送り出された一九三〇年代以降、ユダヤ系のボクサーの活躍は次第に目立たなくなっていった。

アメリカにおいてボクサーを輩出してきた社会階層や民族的、人種的な出自についてここまで述べてきた。では、そういった出身のどのような人たちが、どのような動機でボクサーを目指すのだろうか。

少年時代からケンカに明け暮れていたような男が多いのかと思いきや、一九五〇年代のアメリカでも、ストリートファイト上がりのボクサーは意外と少なかったようだ。ボクサーに対するインタビューで、ボクシングを始めた理由としてもっともよく挙がっている答えは、「ケンカに強くなりたい」ではない。家族や親戚、あるいは近所の人、友人に勧められたからというのが多いのだ。日本だと息子に「ボクシングしたい」と言われたら、「危ないから」などの理由で反対する親が多いのだが、アメリカは少し事情が異なっている。

そもそも少年非行は同世代のワルたちの影響が大きい。少年たちにとって仲間たちからいくじなしや臆病者とバカにされることほど、深く自尊心を傷つけられる屈辱はない。だから仲間たちにいいカッコがしたくて、手始めにドラッグやちょっとした犯罪に手を出す。それを繰り返すうち、いつしか本格的な犯罪にまで手を染めている。★23 たとえばマイク・タイソンが自伝のなかで明かした、彼が札付きのワルをきわめていくプロセスもその通りだった。

もともと彼は内気な性格だったし、近視だったので母が買ってくれた大きな眼鏡をかけていたそうだ。そのせいでひどいイジメを受けた。その後、不良たちの使いっ走りから始めて、次第に非行はエスカレートした。ある日、盗んだ大金で買って飼育し始めた鳩（当時人気だった鳩レースのために鳩を飼う人がその地域に多かった）を、近所の不良が盗みに来た現場を押さえた。そこで彼が「返せ」と迫ったら、目の前で鳩を殺された。ついに我を失い、その不良を殴り倒した。以来、自分をイジメた連中に対する復讐に始まり、暴力はどんどんエスカレートして、犯罪を繰り返し何度も逮捕されるのだ。[★24]

保護者たちにとっては、道を踏み外して反社会的な方向に進まないために、息子たちがジムにいてくれる方が安心できる。というのはジムには大人たちも出入りしていて、しかもその大人たちは少年たちがもっとも尊敬する「タフ」なボクサーたちで、親や教師の言うことは無視しても、彼らの警告なら素直に従ってくれるからだ。ジムに通っている分には深刻な非行に走ることは少ない。つまり、マイノリティの労働者たちが多く暮らす地区で、ジムはストリートから物理的、社会的に遮断された、独自の安全で平和なコミュニティなのだ。[★25]

たしかにジムは単にボクシングの厳しいトレーニングを積むためだけの場所ではない。仕事であれ、家庭であれ、恋愛であれ、それぞれがジムの外で抱えている悩みや問題、のみならずジムの外での社会的地位や義務をジムには持ち込まない、暗黙のルールがそこにはある。またそこでは楽しむことを第一義とする交際の形式が、紳士協定によって保たれているのだ。[★26]

一方でそれゆえにジムが、社会におけるマイノリティの地位を引き上げたり「市民」参加を促したりするなど、ジム生たち（その多くが民族的・人種的マイノリティだ）や社会に対して何か働きかけを行うことはない。だからそこで当たり障りのない日常的な交流を通して、中流の階層

の白人たちとは異なる自分たちの価値体系が維持されているのだ。[★27]

もちろんボクシングで名を上げ、カネを儲け、見通しの立たない生活環境を脱し、人生の逆転を果たす夢を思い描いている人たちもそこに来る。モハメド・アリも語ったように「自分がボクシングを始めたのは、黒人にとってそれがもっとも手っ取り早かったから」だ。[★28]しかし華々しい成功を手にして社会的上昇を果たし、これまで生きてきた地域とのつながりを断ち切って出ていける者は、実際にはほとんどいない。

日本のプロボクサー

一方で今の日本の場合、どのような人がボクサーを目指すのだろうか。

日本ではアメリカと異なり、都市の貧困や民族・人種差別といった問題は一般的には影が薄く、ボクシングジムと社会階層や居住地域との結びつきははっきりしない。だから先に述べたように、アメリカのマイノリティの労働者が多く暮らすゲットーなどで、暴力や非行が日常的なストリートからの避難所としてボクシングジムに通うようになった、というのとは異なっている。たしかに非行から立ち直るために始めたという人はいる。しかし、ハングリーなスポーツという古典的かつ一般的なイメージとはうらはらに、経済的な事情から一攫千金による人生の一発逆転を狙ってボクサーになったなどという若い人を、私は二十年以上ボクシングジムに出入りしてきたが、見たことがない。

日本では「野蛮な殴り合いは危険だ」とボクサーになることを親や周囲の人が反対するケースの方が多い。そのため日本でプロボクサーを目指す人の多くは、親の監督や地域社会からある程度独立した高校生以上だ。

たとえば野球の場合だと、幼少期から野球一筋でリトルリーグや名門中学、名門高校、あるいは強豪野球部を擁する大学などを経てプロへ、という明確なエリート・コースが存在する。しかしボクシングでは、幼少期からそれ一本で目指してきたアマチュア・エリートの実数はそれほど多くない。しかもアマとプロとではルール（ラウンド数、ポイントの取り方、反則の厳しさなど）が異なり、アマの頂点を目指している人の多くはプロに行かず、アマとして選手生命を終えることに悔いも感じていない。またトップアマが次々とプロへとスカウトされるわけでもない。野球やサッカーなどと違って、そもそもアマチュアのピラミッドの上にプロのピラミッドがそびえ立っているわけではないのだ。それぞれが独立したピラミッドだから、オリンピック金メダリスト村田諒太がプロデビュー戦で見せつけたように、プロのトップに君臨する現役日本チャンピオンがアマチュアのトップに全く歯が立たないということも起こるわけだ。

つまり幼少時からの英才教育を受けていなくとも、プロのトップボクサーになるチャンスはある。たとえば「炎の男」輪島功一などは、それまで他のスポーツに打ち込んでいたわけでもなく、肉体労働の仕事を転々としながら二十四歳という遅いスタートだったがあるとき一念発起してボクシングを始め、世界チャンピオンにまで上りつめた。ちょっと極端な例だが。

実はアメリカでもストリートファイト上がりのボクサーが少ないということをすでに書いたが、その点は日本も同じだ。日本のプロボクサーには真面目でおとなしめ、控えめな人も多い。

学校や職場などにもそれなりに適応してきた。しかし、しっくり来る自分の居場所をそこに見出せたわけではなく、居心地の悪さを感じていた。戦後以来の仕事中心の価値観が理想としてきた、仕事に生きがいを感じて没頭し、仕事や職場との関係のなかで自分のアイデンティティを確固たるものにするような生き方には、ハマれなかった。そんなときたまたまボクシングに出会い、心のなかにもやもやと鬱積していたわだかまりを晴らす快感を知り、こっちにハマってしまった。そんな人が多い。仕事を通じては自己実現やアイデンティティ形成を果たせないという、おそらく多くの若者たちが抱えている共通の問題が、どうやら現在の日本のプロボクサー供給市場を支えているらしい[★29]。

空腹は半世紀も前に満たされた。世界タイトルマッチのリング上で猛り狂うすさまじい大場の攻撃のなかに、立松和平が同世代の男として読み取ったような烈しい飢えや精神の渇望は[★30]、とっくに過去の物語だ。物質的には不自由のない日常のなかで、心にいつも巣くっているもの憂い虚ろな欠如感を、現代のボクサーたちはボクシングで埋め合わせようとしている。試合前になると減量や節制が加わって、欠如感はさらに大きくなる。これらすべての欠如感を反発心へと変え、試合に勝つ意志へと昇華させる。男らしさに過剰なまでに憧れ、強さに極端なまでにこだわってボクシングに没頭している若者たちの多くが、おそらくそうだ。それまでの弱かった自分に背を向け、男らしさを手に入れることに自己実現を求めている。[★31] それが人生の逆転として、目指すべき到達点の一つなのだ。

人生の逆転

それにしても人生の逆転とはなんだろうか。アメリカのボクサーの話に戻れば、社会階層や民族や人種の点で下位におかれている人々が社会的上昇を果たすことが、本当に人生における逆転なのだろうか。

ボクサーに関するアメリカの古い社会学の研究は、家庭生活などの日常生活との関わりからボクサーの職業文化を描き出すのみならず、引退後の生活についても詳しく分析している。半世紀も前のアメリカのボクサーたちの引退後の後半生について読んでいると、やりきれない思いに沈むのだが、以下にその要点を示そう。

結論から先に言ってしまえば、プロボクサーとして成功したとしても、社会的上昇はまず果たせない。中流以上の階層の人々やセレブな人々とのコネは簡単にできないからだ。そのために一番の近道は、自分より教育があり、育ちも良い女性と結婚し家庭をもつことだ。だが、仮にそういう結婚ができ、いくら奥さんやその家族を通じて社会の上層の人々とのつながりができたとしても、そもそも育ちが違う。初めて出会う価値観の異なる上層の人々とのつきあいを心置きなく楽しみ、新しい社会環境に溶け込むことは、なかなかできないのだ。

それにボクサーがお金を稼げるのは現役の間だけだ。しかも税金や諸経費にかなり持っていかれるし、交際費はかかる。試合をするたびに手にするファイトマネーも、マネージャーとトレーナーとプロモーターに差し引かれるから引退後の蓄えまでまず残らない。地元の有名人として一時的に脚光を浴びたとしても、引退後はしがない非熟練労働者に戻るのが関の山だ。もしかすると現役時代パッとしなかった「科学的」ボクサーの引退後の方が、まだマシかもしれない。現役時代それなりに成功したファイターには、引退後パンチドランカーになり、目も当てられない境遇にまで落ちぶれてしまった人も多いのだとか。[★32]

なんと救いのない話だろう。あんまりではないか。はたしてボクサーに人生の逆転はないのだろうか。

すでにその年齢を超えてしまった私から見るとまだ若い四十四歳の夏に、海岸で水死したコメディアン、たこ八郎のことを思い出した。

たこ八郎、といってもすっかり過去の人だが、コメディアンになる前はボクサーだった。ファイティング原田と同じ時期に、同じ笹崎ジムの選手だった。一発必倒のパンチ力も、天性の技巧もない。あるのはどんなに痛めつけられても後退しない、不気味なまでの闘争心だけ。打たれても打たれても前進をやめず、相手が打つことに疲れ、果ては戦うことに疲れた後に、奪われたポイントを奪い返して勝つ。そんな自己放棄の戦法で野口恭を破り、日本フライ級チャンピオンになった、「河童の清作」こと斎籐清作だ。[★33]
彼に捧げられた福島泰樹の歌集『妖精伝』にこんな歌がある。歌人は限りない愛惜をこめて哀悼する。

投げないでタオル　ああまた打たれすぎ逆転KO狙っているぞ
福島さん口惜しいけれど人生に逆転KOなどありえぬよ[★34]

たこ八郎のひょうきんな表情と人柄が目に浮かぶようだ。試合で見せた自己放棄は彼の無垢な芸に通じていたのだろう。人生に逆転KOはありえないのだろうか。
しかし、先に引用した『オン・ボクシング』にあるギャレットの言葉には続きがある。「傷ついた人々」がボクシングを始め、ボクシングに身を投じるようになってどう変わるのかを語っているのだ。この語りにこそ救いがあり、ホッとさせてくれる。

あまりにも多くの自己修練が要求され、技術が関与するようになり、そして、自分がもともと持っていた動機の他に、あまりにも多くのことに集中しなければならないので、そのもともとの動機は、少なくとも、ぼんやりとぼやけてしまい、たいていは、忘れ去られるか、完全に失われてしまう。多くの優秀な、そして経験のあるボクサーたちは、（よく指摘されるように）優しくて、親切な人間になる……。彼らは、自分の闘いのすべてを、リング上に置いてくる習慣を持つ。[★35]

真の人生の逆転がここにあるとすると、彼らはすでに救われているのかもしれない。

7-4 殴り合いと信仰

人生の逆転や救いなんてことを言い始めると、なんだか話が宗教じみてくる。だが、そもそも競技のなかには神意を卜定《ぼくじょう》するための宗教行事から発したらしいものも多い。日本だけに限っても相撲、綱引き、競馬、闘鶏、凧揚げ、その他たくさんある。拳で殴り合うゲームにしてもその多くが、明らかに信仰とつながりがある。たとえば千年もの長きにわたり、拳闘を正式種目として採用してきた古代オリンピックにしても、全能の神ゼウスに捧げる儀礼祭祀の一部をなすイベントだった。しかもその競技における勝敗は、神々が決するものとして考えられていた。だから選手たちは、神々に味方してもらえるようにひたすら祈り、生け贄を捧げ、支持者を饗応した（もちろんそれが不正にも結びついた[★36]）。

現代では拳で殴り合うゲームと宗教や信仰は、どのように関わっているのだろうか。ボクサーを中心に考えてみよう。

信仰と勝利

世界タイトルマッチ等の国際試合を観戦していると、試合の前に天を仰いで十字を切るキリスト教徒のボクサーもいれば、リングコーナーで頭を垂れて祈りを捧げる仏教徒のボクサーもいる。だが、日本人ボクサーで自分の信仰を、しぐさや言葉で表現する者は珍しい。また試合後の様子を見てもそうだ。たとえば勝利者インタビューで日本人は、「勝てたのは神が味方してくれたから」とは口にしない。「勝負は時の運」とは諺にすぎず、試合に負けて「今日は運が悪かった」の一言で片付けたらたぶんひんしゅくを買うだろう。日本人は殴り合いの勝敗に、運も神仏も介在させないのだ。

キリスト教徒は、隣人愛をくどいほど説き復讐の禁止と非暴力を訴えている『新約聖書』を後生大事にする。なのに、ボクシングの試合でさんざん人を拳でぶん殴って痛めつけるために、神に加護や祝福を求める。考えてみたら奇妙な話だが、キリスト教だって積極的に暴力を奨励しないにしても、拳で殴り合うスポーツまでは否定していないのだ。引退後牧師になり信仰と布教の日々を送っていた元ヘビー級世界チャンピオンのフォアマンなどは、資金調達の必要から

「闘う牧師」としてリングに復帰し、神の加護によって四十五歳で再び世界チャンピオンに返り咲いた。現職の聖職者が世界チャンピオンになった宗教は、キリスト教以外にあるのだろうか。

反宗教的なコスチューム

一方で、全盛期のフォアマンを世界チャンピオンの座から引きずり下ろしたモハメド・アリは敬虔なイスラム教徒で、会った人にプレゼントする際、サインには傍らにコーランの言葉を書き添えた。ちなみにイスラム教徒の世界チャンピオンにはナジーム・ハメド、アミル・カーンなど他にも多い。さらに最近では、パキスタン出身でイギリスに移住したイスラム教徒のなかからアマチュアボクシング全英チャンピオンの女子ボクサー、アンブリーン・サディも登場した。彼女は、頭部以外の肌を露出して競技しているのが戒律に反していると非難され、気の毒なことに過激な脅迫にもさらされていた。

国は違うが、イスラム教政党が政権を担当するマレーシア北部クランタン州ではこんな例がある。二〇一〇年に、ムエタイに似た伝統格闘技トモイの試合で男性選手が着用しているボクシングトランクスの露出度が大きいと州政府が非難し、膝まで隠れる丈のトランクス着用を命じる決定をしたのだ。[★37] これらは、ゲーム化された闘争としての殴り合いが、宗教文化に照らして不適切だと批判された例だ。だがその批判の対象は、その暴力性に対してではなく、コスチュームという付随する文化的側面だったのが興味深い。

キリスト教もイスラム教もユダヤ教もその祖は同じで、もっとも古い聖典が『旧約聖書』だ。紀元前千年代後半を舞台としその五百年後に書かれた『旧約聖書』には、暴力の記述がとにかく多い。拳で殴るのはもちろん、奴隷化、レイプ、近親相姦、拷問、虐待、無差別殺人、大量虐殺……なんでもありだ。殺人場面だけで一七〇〇ヶ所以上にのぼる。残虐行為研究家という珍しい肩書きのマシュー・ホワイトの計算によると、その中で大量殺人による犠牲者数は、数が明示されているものだけから少なめに算出しても一二〇万人に達するそうだ[★38]。有名なモーセの「十戒」にも殺人、盗み、姦淫の禁止はあっても、暴力一般の禁止はない。

ロッソ・フィオレンティーノ《エテロの娘たちを救うモーセ》1523-24年

モーセと言えば、十六世紀イタリアの画家ロッソ・フィオレンティーノの作品「エテロの娘たちを救うモーセ」も有名だ。その作品のモーセは、エテロの七人の娘たちが井戸の水を汲もうとしたのにちょっかいを出した羊飼いたちを、筋骨隆々のカラダをいかんなく見せつけ、かなり威勢よく豪快にフルスイングの拳でぶん殴っている。

暴力と宗教規範

キリスト教は非暴力と無抵抗によって、復讐の禁止を説いている。そのことは『新約聖書』にある神の子イエス・キリストによる有名な教え「もし、だれかがあなたの右の頬を打つなら、左の頬をも向けなさい」（マタイによる福音書　五章三十九節）にも端的に示されている。続けて、敵への愛も説く。

五世紀から十世紀までの中世前期に、まさにこのキリスト教会と封建制を基盤として、ヨーロッパという宗教的でかつ政治的な空間が出来上がったのだが、その後世俗の信者たちは、教会が説く理念とは正反対の暴力と殺戮をヨーロッパ内部のみならず、はるか地の果て、海の果てまで出かけていってやらかした。たとえば十一世紀以降の東方への十字軍、十二世紀に始まる魔女狩りなどの異端排斥とユダヤ人排除、十五世紀からの新大陸における略奪と虐殺、以後のアフリカを含む奴隷貿易などがそれだ。

ヨーロッパで市民社会が実現しイギリスでスポーツが成立した頃には、宗教とも折り合いをつけた、新しい近代の価値観が称揚されるようになる。それがいわゆる「筋肉的キリスト教徒」（イギリスの文筆家T・C・サンダースによる一八五七年の造語）だった。彼らの理想は、イングランドの敵に挑み、頑強な肉体と勇気を身につけ、社会的正義に奉仕することにあった。[★39] この価値観は、ラグビー校出身のクリケット選手だったトマス・ヒューズが、母校での生活を描いた学校小説『トム・ブラウンの学校生活』にも明確に示されている。作中にこんな言葉がある。

クリケットやフットボールを習うと同じ様に、拳闘を習い給え。拳闘がうまくやれるようになったからといって、諸君のうち一人だって悪くなりはしない。いやそのため、ぐんと善くなるであろう。よしそれを実地に用いる機会が一度も来なかったとしても、性格陶冶のために、背中や脚のために、背中や足の筋肉のために、これほど結構な運動は世界中にないのである。もっとも勝負については、出来れば手段を尽くして避けるに越したことはない。（中略）しかし、相手にやっつけられるのを恐れて「いやだ」といって置きながら、そういったのは自分が神を恐れるからだなどと公言したり思ったりするのを止め給え。それはキリスト教的でも、正直でもないやり方だから、そして、もし闘うのなら、徹底的に闘い給え。立って、眼が見えている間は、断じて屈服するなかれである。★40

このキリスト教的価値観は拳で殴り合う闘争のゲームを、正面から肯定しているのだ。きりがないのでこれ以上深入りするのはやめよう。いわゆる世界宗教の世俗の信者たちは、教義や戒律などの建前をよそに、闘争に、そしてもちろんゲーム化された闘争にも参加してきた。非暴力のはずの仏教の寺が、東アジアと東南アジアでは武術などゲーム化された闘争の伝承母体になってきたことは5章「5-1」で示した通りだ。

また儒教では、『論語』のなかで孔子が「君子は争うところなし」と言った。しかし、礼節をもってゲーム化された闘争を楽しむことは良しとしている。★41 中国の拳法の影響が強い諸武術に道徳的、精神修養的な性格が強いのは、こうした儒教的観念とも関係があるかもしれない。

非暴力、無抵抗という戦法

そのメンバーたちが一様に、かなり抑制ある規範に従って行動している共同体は、小規模なものだとたしかに存在する。その一例がアメリカのペンシルベニア州を中心に居住しているアーミッシュの人々だ。

彼らは十八世紀に迫害を逃れてドイツから来た移民の子孫だ。移住してきた当初そのままの粗衣粗食、有機農法、プロテスタントの信仰を維持し、相互扶助による自給自足と質素倹約を生活信条として、現在も電気や動力機械など十八世紀以降の文明の利器すべてを拒否した共同体生活を営んでいる。

彼らの戒律の一つが、「武器を身につけてはならない」だ。非暴力、無抵抗を謳っているのだ。「敵を愛せ」の思想も信条としている。そのため彼らにとって戦争やケンカはおろか、競争さえ「悪」だ。当然スポーツも「悪」。ボクシングなどもってのほかで、アーミッシュのボクサーなど聞いたことがない。

十七〜十八世紀にかけて彼らがヨーロッパで教会から異端として迫害されたのは、聖書至上主義に基づく禁欲、勤勉、博愛の精神を正しく実践したことにあった。イエス・キリストが隣人愛、非暴力、無抵抗を説いて弟子を集めたとき迫害されたのと同じことだ。徹底した平和主義と赦しの思想は社会における既往の価値観と正反対だったから、むしろ社会に不気味な恐怖を与え過激派と見なされたのだろう。アーミッシュが聖書と共に大事にしている『殉教者の鏡』には、迫害を受け殉教した自分たちの祖先たちが示した非暴力、無抵抗、「敵を愛せ」の行いの手本が図入りで示されている。[★42] たとえどんなに暴力を受けて痛めつけられたとしても、相手に怒りや恨みを抱いたり逆転を目論んだりすることは、彼らにとって罪なのだ。

　非暴力、無抵抗といえば、社会の教科書的に比較的身近なのが、「インド独立の父」マハトマ・ガンディーや公民権運動を指導したキング牧師だ。だが、彼らが指導する非暴力はアーミッシュのものとはまったく異なっている。潜在的に潜伏させられている敵対性を暴露し、いわば敵対性を構築し敵を明確に認識するために、つまり敵対性をあおり「波風を立てる」ことを意図した非暴力なのだ。[★43] 積極的なもので、悟りとはほど遠い。れっきとした戦法なのだ。

　ボクシングでも、こっちがいくら殴っても相手にいくら当てても相手が笑みさえ浮かべていたら、どんな逆転を目論んでいるのだろうかと、不気味になるだろう。ノーガード「両手ぶらり」戦法の矢吹丈や試合前半の斎藤清作と、彼らをさんざん打ち据えていた相手との対比が見せる、アンバランスな関係は明白だ。非暴力直接行動とは、言ってみればそういうことか。

8章

名誉と不名誉

『あしたのジョー』をどう終わらせるか、梶原一騎（高森朝雄）とちばてつやは相当悩んだ。梶原が提示した原作のアイディアは、善戦虚しく敗れたジョーに「お前は試合には負けたが、ケンカには勝ったんだ」と段平が声をかけるシーンだったそうだ。[★1] もちろんこのアイディアは却下された。

ボクシングの試合を最初から最後まで観戦して結果が判定にもつれ込んだとき、たとえば「相手にダメージを与えたのは赤コーナーの方の選手だが、ポイントで青の勝ちかな」などと思うことがある。こういうとき赤に対する私の印象は、たぶん段平のことばに近い。

それにしても、なぜ拳で殴り合って闘うのか。勇気、力強さ、肉体の強靱さ、忍耐強さなどを称賛されたいからだ。勝って名誉を手に入れたいのだ。しかし、「試合に勝ってケンカに負けた」と評価された勝者は、いったいどれほどの名誉を手に入れることができるのだろうか。最悪の場合、不名誉しか手にしない。本章ではゲーム化された拳の闘争において勝者がどのようにしてつくられるのかをまず示す。そこから勝つことの名誉について、また彼らが名誉になぜそれほど執着するのかについて考えたい。

8-1　凶器の拳

学生の頃、こんな話を耳にした。

ボクシング部と空手部の部員たちが居酒屋の座敷で合同の飲み会をしていた。そのうち、双方の部員の二人が、ボクシングと空手とどっちが強いかをめぐって言い争いになった。酒の勢いも手伝って、「じゃあ、どっちが強いか証明しようじゃないの！」と互いに腕をまくった。立ち上がるやいなやボクシング部員の連打を受けてあえなく空手部員はＫＯされた。というわけで、相手が組み付ける近距離で速射砲が打てるボクシングの方が、遠くから踏み込んで単発攻撃主体の空手よりケンカに強いという結論になったという。

もしかするとこの話は、たくさん類話があるような都市伝説かもしれない。仮に本当だとしても、身長も、体重も、素質も、経験年数も、練習頻度も違う者同士のケンカ一つの話からどっちの格闘技が強いかを論じても意味がない。もちろんバカげていることは承知のうえで、この手の他愛のない決闘談義にかつては私も胸を躍らせたものだ。

だが私はこの節で、拳で殴り合うゲームのための技術がケンカや白兵戦でどのくらい有効かとか、ボクサーがどれくらい強いかとかを検証したいのではない。ここで考えたいのは次のことだ。拳で殴るプロとしてイメージされているボクサーの強さをめぐる物語が、どのように消費されているかだ。

「三度笠ボクサー」のストリートファイト

元世界チャンピオンのガッツ石松は、その伝説の多さでもチャンピオンクラスだ。かつてやんちゃだったという彼のこんな武勇伝から始めよう。

立松和平はこう書いている。

世界チャンピオンになる二年前の一九七二年十月十五日、弟のケンカの助っ人に飛んでいき、ヤクザ八人を路上でKOしてしまった。相手は十四、五人いたが、八人目をKOしたときにパトカーが現場に到着し、制止しようとする警官にまで勢いあまってパンチを食らわしたり、逃げようとするヤクザをとっつかまえてぶん殴ったとか。そのために傷害で逮捕された。[★2]

事件を報じた「朝日新聞」の見出しは「拍手なし、強力パンチ――チャンピオンがけんか」と、あまり名誉なものではない。

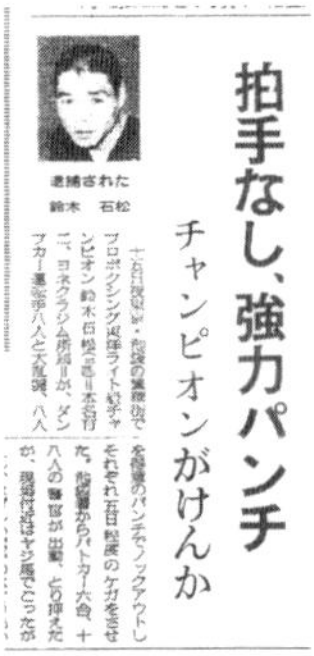
拍手なし、強力パンチ
チャンピオンがけんか
逮捕された
鈴木　石松

「朝日新聞」1972年
10月16日夕刊より

「このときいち早く自転車で現場に急行したおまわりさん」による個人的な回想を含め[★3]、いくつか伝わっている話の細部は異なっている。だが、当時売り出し中だった「三度笠ボクサー」（ガッツ石松は三度笠をかぶってリングインするのがトレードマークだった）が、一人で大人数を相手に大立ち回りを演じ、何人もにパンチしてケガさせたことと、現行犯として検挙されたが「ライセンス剝奪」には至らなかったのは事実だ。

この話を聞いて、「おや！」と思った読者もいるかもしれない。ライセンスをもつプロボクサーの拳は凶器とみなされ、一方的に殴られたから殴り返したという場合でさえ、正当防衛は適用されず傷害罪になるはずではないのかと。このときガッツ石松はなぜ罪に問われなかったのだろうか。

プロボクサーの正当防衛

長谷川穂積が、自身のブログでこんな憤懣《ふんまん》をぶちまけたことがある。

彼の後輩のプロボクサーが多数のヤンキーに絡まれたが、「プロは凶器を持っているのと同じだから殴ってはいけない」という法律があるため我慢して手を出さず、ボコボコにされたそうだ。彼の怒りの矛先は、その法律に対するものだ。[★4]

だがはたしてプロボクサーは、リング以外で人を殴ることを法律で禁じられているのだろうか。たとえば長谷川のブログにあるケースで、仮に後輩ボクサーがヤンキーを返り討ちにして逮捕されたら、裁判所はプロボクサーを凶器を持った人として扱って判決を下しただろうか。

つまり問題はプロボクサーの正当防衛が成立するかどうかだ。

正当防衛とは刑法第三十六条一項にある、「急迫不正の侵害に対して、自己又は他人の権利を防衛するため、やむを得ずにした行為」のことだ。正当防衛として認められると罪に問われない。ガッツ石松のケースはこの行為に該当し、しかも一対多数でもあったから、正当防衛として認定されたのだろう。つまり、防衛のためにやむを得ず手を出すことを、プロボクサーが過剰に心配する必要はないのだ。

それにしても、ボクサーの拳は凶器だとはいつ頃から言われ始めたのだろうか。

私が思い出すのは、漫画『がんばれ元気』だ。主人公、堀口元気が敬愛する元プロボクサー三島栄司は、ジムに因縁をつけてきたヤクザらをボコボコにする。これなどケンカの助っ人に自分から乗り込んでいったガッツ石松より、もっとやむを得ないケースだろう。だが三島は傷害罪に問われ、四年間服役する。ボクサーの拳は凶器だと見なされるからだと、漫画のなかで説明されている。当時の私はこれを読んで、「そうだったのか！」と子どもながらに納得し、ボクサーの拳に崇高な憧れさえ抱いた。ガッツ石松の事件が一九七二年で、『がんばれ元気』の『週刊少年サンデー』連載開始が一九七六年だったから、「ボクサーの拳は凶器」という伝説は一九七〇年代半ば以降に広まったと思われる。

勝ったのは誰か？

正当防衛に関する刑法三十六条二項には、「防衛の程度を超えた行為は、情状により、その刑を減軽し、又は免除することができる」とある。これが過剰防衛とみなされるケースだ。やむを得ない事情があったわけだから刑の減免はされるが、この場合は無罪放免されない。しかしこの正当防衛と過剰防衛の線引きが難しい。

拳での殴り合いによる死亡をめぐり、二〇一〇年にはこんな判決があった。事の顚末を紹介しよう。

青信号の交差点の横断歩道を被害者Aがわたっていたところ、赤信号にもかかわらず後ろに友人を乗せた被告人Bのバイクが交差点に進入しAに接近した。Bがハンドルを切りAの後ろを通過する際、AがBに後ろ回し蹴りをしたためBは右膝に蹴りを受け、その衝撃でバイクが転倒しそうになった。このことがきっかけとなり、Aとバイクを降りたBの間で激しい口論となった。横断歩道上でAがBの顔面を一度殴ったあと、即座にBがAの左顔面を殴り、続けて右の拳で顔面を四、五発殴った。最後の殴打行為はボクシングでいうストレートパンチで、これがAの左あごの下に当たりAはそのまま後ろに倒れた。Bはすぐにその場を離れ、友人をバイクに乗せて走り去った。Aは死亡した。

岐阜地裁における一審では、「Bには基礎的なボクシングの素養はなかったし、一方的な攻撃でもなかった。またAの直接の死因となった脳挫傷も、Bの最後の殴打がたまたまAの転倒につながったことにより生じた」という説示から、正当防衛を認めてBに無罪を言い渡した。

しかし控訴審で名古屋高裁は、Bのボクシングの実力がプロテスト受験レベルにも近かったことも踏まえ、量的にも質的にも過剰な暴行だったと判断し、過剰防衛を認めて原判決を破棄し懲役四年の判決を言い渡した。[★5] つまり一審での正当防衛による無罪判決が、二審でボクシング経験も踏まえ過剰防衛として覆り、有罪判決が出たのだ。

Bは拳での殴り合いには勝ったが、ボクサーは強いという社会通念ゆえに裁判には負けた。ホイジンガの『ホモ・ルーデンス』の観点からは、決闘も裁判もゲームだ。しかし、ゲームでの勝ち負けがどうであれ、人を死なせた者は、その罪の十字架をずっと心に背負ったまま生きていかなくてはならない。人生は勝ち負けではない。

8-2 ピュアで正しい「殴り合い」

ケンカの勝ち負けははっきりしないことがある。互いの顔を立てるためにはっきりさせないことだってある。これに対してゲームでは、勝ち負けは重要な要素だ。たとえば神意の卜定のため、賭けのため、名誉の賦与のため、享楽のために。白黒をはっきりさせるために設けられる制度の基礎となるのがルールだ。

拳で殴り合うゲームの話に戻ると、ボクシングはルールの縛りがきついスポーツだ。それは勝ち負けを明確にするためだけではない。近代スポーツが成立する重大な要件が、暴力の排除にあったにもかかわらず、ボクシングは拳で殴る暴力を根幹に据えたスポーツという、自家撞着のせいかもしれない。常に危険と隣り合わせだからだ。しかし、ルールとその適用や、反則に対する罰則と制裁が、必ずしもこのスポーツ成立時から厳格だったわけではない。人々の暴力に対する感性の変化といった、社会の側の状況や要請にも応じ、時を経るにしたがって厳格化していったのだ。ここでは、そういったことも念頭に置きながら、拳で殴り合うゲームの採点がどのようになされてきたのかを考えたい。

暴力の採点

ボクシングはKOだなら、その勝ち負けは明白だ。しかし所定のラウンドを経過してKOで決着がつかなかった場合、ジャッジによる採点によってその決着が決まる。その採点は一八六七年にイギリスでクイーンズベリー・ルールが制定されて以来、つまりボクシングが競技スポーツとなって以来、減点法に基づいてきた。ラウンドごとに優勢な側を満点とし、劣勢な側の点が差し引かれるのだ。

何点満点かは時を追って推移してきた。日本ボクシングではずっと十点法を採用していたが、一九五六年一月から東洋ボクシング連盟の総会決定に基づき四点法に変わった。[★6]ガッツ石松や輪島功一らが日本ボクシング全盛期を飾っていた一九七〇年代は五点法だった。しかし五点法での一点は重い。両選手の攻防によほど明らかな差がないと点差をつけにくく、引き分けが多かった。そこで微差を反映できるように再び十点法に戻った。現在ではだいたい有効打、アグレッシブさ、ディフェンスのうまさ、リング・ジェネラルシップ（どちらがリングで支配的か）の四つを基準に判定される。だが問題は、その判断が完全にジャッジの主観に委ねられていることだ。

アマチュアボクシングにおける採点も、かつては二十点法による減点法だった。しかし、先に述べたソウルオリンピック（一九八八年）における目に余る地元びいきの判定騒動を受けて、バルセロナオリンピック（一九九二年）以降、新しい採点法がオリンピックルールとして採用された。有効なパンチの数をそれぞれ一点とする加点法になったのだ。これを可能にしたのは、電子採点器という文明の利器を導入したおかげだった。しかも双方の得点が試合中に会場で周知されるようになった。

この減点法から加点法への改正は、かなり思い切った改革だったはずだ。これによって裁定の透明化と情報公開も図られた。しかし、電子採点器ゆえの不可解な判定という新たな問題が今度は生じた。その結果、二〇一三年七月からまた十点法による減点法が採用され、オリンピックでもリオデジャネイロオリンピック（二〇一六年）以来、減点法に戻った。

はたしてボクシングに加点法はなじまないのだろうか。参考になるかどうかわからないが、純粋なボクシングの試合ではないにしてもこんな例があった。6章「6-1」でも紹介した日本ボクシング創設期の柔拳興行だ。つまり一世紀前の元祖異種格闘技興行では加点法によって採点されていたのだ。

たとえば一九〇九年五月三日に昆野睦武《こんのつかのり》らが行った柔道対ボクシングの第一戦では、柔道側が首投げ、首締めを一本、ボクサー側が顎、脾臓、左脇下（みぞおちや右脇腹にある肝臓など、もっとも一般的なボディの急所ではないのはなぜだろうか）へのヒットを一本とした。一ラウンド二分、インターバル一分の八ラウンド制で行われた同年五月十四日の第二戦は、柔道側は投げ一回一ポイント、ボクサー側はヒット一回が一ポイントというルールに改定された。

どの技をポイントとするかはその後も繰り返し改正されたが、一九一九年に始まった嘉納健治の柔拳興行にも、このポイント制と加点法による採点は継承された。しかし組織の分裂問題が起こったり、映画ブームに大衆の人気を奪われたことなどもあり、一九三〇年頃に柔拳興行は姿を消した。

ボクシングという新奇な輸入スポーツを十分に楽しむには、ボクシングに対する知識が未熟だった当時の日本人には、加点法の方がわかりやすかったのかもしれない。代わって、ピストン堀口の健闘で大いに盛り上がった日仏対抗試合（一九三二年）を契機として、本格的なボクシングブームが到来する。次第にボクシングの減点法に観客もなじんでいく。

誰も見たことのないパンチ

減点法に基づくボクシングの採点法では、反則のペナルティとして減点されることがある。大雑把に言えば、反則になるのは次のような攻撃だ。

ボクシングは拳のナックルパート以外の部分で打つパンチを、すべて禁じている。空手チョップも、裏拳も、パーで打つのも反則だ。もちろん頭突き、肘打ち、ラリアットに至っては言わずもがなだ。しかも殴っていいのは、相手の肉体のベルトラインから頭までの前面のみだ。相手に背中を向けるのもいけない。相手やレフェリーに対する侮辱もパンチ以外の攻撃に該当するとして禁止されている。

反則とされる攻撃のレパートリーは、ボクシングの長い歴史のなかで少しずつ増えていった。たとえばムエタイでは許されている、全身を一回転させてから打つピボット・パンチはボクシングでは禁止されている。ジョー小泉によると、これはある有名な試合がきっかけだ。

これが初めてボクシングで用いられたのは、デビュー以来五十八連勝無敗のミドル級世界チャンピオン、ジャック・デンプシー（二十世紀始めにヘビー級チャンピオンとして一時代築いたジャック・デンプシーとは別人）に、ジョージ・ラブランシュが勝ち目のない再戦を挑んだ一八八九年八月二十七日のことだ。三一ラウンドまで劣勢を強いられていたラブランシュは、左フックを空振りしておいて、そのまま片足を軸に全身を回転《ピボット》させ、バックハンドブロー（裏拳）を放った。

この試合の、まさにこのときのために、秘密特訓で身につけた会心の一打だった。なんと、これでデンプシーをKOしてしまった。

十九世紀のアメリカで誰も見たことのない技だった。観衆が呆気にとられるなか、もちろんラブランシュは新チャンピオンを主張した。しかし当日ウェイトオーバーだったために、チャンピオンはデンプシーのまま動かず、以来ピボット・パンチも反則になったということだ。★7 この未知のパンチによる勝利に対して、名誉の称号を賦与することが躊躇されたのかもしれない。現在のルールに照らせば、ピポット・パンチは裏拳で殴る点でも反則だ。

噛みつきは反則?

プライズ・ファイトの時代にまで遡れば、かなりいろいろな反則が黙認されていた。レスリング行為や相手をつかんで殴るなどは、イギリス人的ド根性と底力《ボトム》の見せ所だったことは5章「5-3」でも述べた通りだ。また蹴り、噛みつき、頭突き、目つぶしなどもしばしばあった。拳の殴り合いのゲームを標榜しているが、実際は殴る以外の攻撃もさくさんあったのだ。

ボクシングが始まっても、やはり反則行為は横行していた。アメリカの小説家ジャック・ロンドンが一九〇五年に発表したボクシング小説『試合』に、当時のボクシングの観衆たちの熱狂ぶりを示したこんな場面がある。

「嚙んじまえ！　嚙んじまえよ！」立ち直った観衆が、こういう声ではやし立てていた。「耳を嚙み切ってやったらどうだ。ポンタ！　そうでもしなけりゃ、やっつけられはせんぞ！　食っちまえ！　食っちまうんだ！　さあ、食っちまったらどうだ！」★8

観衆がボクサーに、嚙みつきを激しくけしかけているのだ。なんと耳嚙みの反則は、タイソンの専売特許ではなかった！　しかもかつては割と多かった。

初期ボクシングの反則の話をし始めるときりがないが、こんな話もある。

「人間風車」または「ピッツバーグの風車」の異名をとった世界ミドル級王者ハリー・グレブは、ボクシング史上有数のダーティ・ファイターだ。一階級下の世界ウェルター級王者ミッキー・ウォーカーと闘った世界ミドル級タイトルマッチ（一九二五年七月二日）はとくに有名だ。

七ラウンドにレフェリーが足を痛めた。こうなるとグレブの反則のオンパレードだった。肩でかちあげるわ、グローブの親指を目に入れるサミングをするわ、グローブ内側のヒモで顔をこすりあげるわ、肘打ちをカマすわ、ローブロー（下腹部への攻撃）を連発するわ、とやりたい放題。結果、グレブが判定勝ちしたが、グレブは何の処分もされなかった。ついでだがこの話には続きがある。その後ニューヨークのバーで二人はかち合ってケンカになった。ケンカではウォーカーがグレブを殴り倒したそうだ。★9

日本でも十年あまり前に、ボクシングの反則問題が世間を賑わしたことがあった。亀田大毅がチャンピオン内藤大助に挑んだWBC世界フライ級タイトルマッチだ。レスリング行為、頭突きなど亀田による再三にわたる反則があった。反則負けにこそならなかったものの、試合後に一年間のライセンス停止の処分が宣告された。

この二件の反則問題をめぐってボクサーの反則に対する社会と協会の反応は対照的だ。この八十年の間に、選手、審判、観客その他が、反則に対して揃って厳しく不寛容になっているのだ。つまり、スポーツにおいて過剰な暴力を嫌悪し排除する傾向が、明らかに強まった。ボクシングがそれだけ拳での殴り合いに限ったゲームに近づいたとも言える。

暴力への不寛容

一世紀前のボクシングやもっと前のプライズ・ファイトでの反則行為と比較すれば、亀田の反則は大したことがないとも言える。もちろん反則は良くないし、亀田の反則を弁護するつもりもない。また昔は大らかで良かったなどと言う気も毛頭ない。だがあえて私がこんなふうに言うのは、次のことを指摘しておきたいからだ。古くはリング上だけではなく、巷間にも粗暴さと暴力がもっとあふれていたのだ。そのことと、ゲームのなかの過剰な暴力に対する寛容さはおそらく関係がある。

とくに二十世紀以降、西欧やアメリカが先導して、暴力に対する不寛容が世界の趨勢になった。これにより世界規模で暴力が減少した。のみならず人々はルールの逸脱による過剰な暴力を、以前よりはるかに不快に感じ憎むようになった。こうした人々の意識の変化が、亀田の反則に対する世間の非難、協会による厳格な処分の背景にあるのだ。

進化心理学者のスティーブン・ピンカーはその大著『暴力の人類史』で、二十万年に及ぶ人類史のなかで暴力が相対的に減少してきたことを、膨大な資料や実験結果などを引用して明らかにしている。まず長く続いてきた襲撃や抗争は、徐々におさまった。たとえば中世ヨーロッパでもありふれていた鼻を切り落とす、といった残忍な個人間の暴力も近代には減った。十九世紀には人身供犠や残酷刑やムチ打ちなどのむごたらしい慣習が消え（シベリアに流刑されたドストエフスキーも『死の家の記録』で囚人たちが笞刑《ちけい》をどれほど怖れているかを生々しく描写しているし、トルストイは笞刑のなかでも激烈さを極めたという、ムチなどを持った二列の兵士の間を、受刑者が打たれながら通り抜ける列間笞刑の残虐さを『ニコライ・バールキン』（遺稿）をはじめとするいくつかの作品で糾弾している）、奴隷制や債務奴隷などの制度が廃止され、5章で述べたようにブラッドスポーツや決闘などの流行が廃れ、政治的殺人や暴政がゆっくりと衰えた。二十世紀半ばには戦争やポグロム（人種・民族差別的な集団迫害）やジェノサイド（民族浄化的な集団殺戮）も次第に減少し、女性に対する暴力が減り、同性愛が犯罪でなくなり、子どもと動物の虐待も減った。一言でいえば、被害者を身体的に傷つけることをやめる、人間の長い努力の道程がここに示されている。

人類史上の暴力の減少を可能にしたのは、長い期間を費やして、プレデーション（捕食）、ドミナンス（支配、優位性）、復讐、サディズム、イデオロギーといった暴力を煽る動機が、セルフコントロール、共感、道徳、理性といった、心の機能に打ち負かされるようになったためだ。[★10]たしかに2章で述べたように、人間が他者の脅威を未然に排除するために、奇襲やリンチといった残虐行為さえ厭わないのは理性ゆえだ。しかし、逆に理性こそが暴力に対抗し、暴力を放棄する力にもなる。その結果、とりわけ二十世紀後半以降、公民権、女性の権利、子どもの権利、同性愛者の権利、動物の権利などを求める一連のキャンペーンが野火のように広まった。それに伴い、暴力嫌いの度合も加速度的に強まっている。[★11]拳で殴り合うゲームにおけるルールの適用の厳格化も、こうした社会における暴力嫌いの傾向と、明確に重なっているのだ。

8-3　つくられる勝者と敗者

繰り返しになるが、拳で殴り合うゲームのルールは、勝ち負けを明確にするための制度だ。一方で、現実の勝ち負けは興行のなかで生み出されるものだ。

だがこの興行自体に、勝ち負けがすでに企まれていることがある。勝ち負けによる名誉の配当が、殴り合う当人たちの個人的関心にとどまらず、ときには観客や当人たちそれぞれが属する集団の威信などに、深く関与しているからだ。今やアスリートのカラダは観客、メディア、テクノロジー、資本の表象だという現実を受け入れるならば、それも首肯《うなず》ける。

本節では、勝者と敗者が興行との関連において、どのようにつくられるのかを見てみよう。

ホームタウンデシジョン

手前味噌だが、バンコクで「コボリ」として試合したときのこんな話から始めよう。

相手は軍人ボクサーだったので、スタジアムの客席の一部が、応援に来た軍関係者たち数十人に陣取られていた。相手がジャブを打っただけで、かすってもいないのにその辺の客席からどよめきが起こる。試合中にもかかわらず、私はそちらとジャッジに対して、当たっていないことをアピールしたい衝動に駆られたものだ。

試合終了のゴングが鳴ったあと、レフェリーにリング中央に招かれながら、大きなヤマ場はなかったが、パンチは自分の方が当てたと思っていたので引き分けくらいかなと思った。だがレフェリーが掲げたのは相手の拳だった。アウェーで「引き分けかな」はたぶん負けなのだ。

どんなにせこいパンチでも相手の頬をかすめたり、少しでも見どころのある動きをしたら、セコンドがオーバーに手を叩いて激励を飛ばす。クリーンヒットなどさせようものなら、それこそ大声と拍手で喝采する。これは選手の気持ちを高め、またジャッジの印象を良くするための心理作戦だ。ちなみに日本でこれを始めたのは、一九八〇年代初め、ヨネクラジムの伝説のトレーナー、松本清司だそうだ。[★12]

私は知らない選手同士の試合を見るとき、アウェーで試合する人の苦労がわかる気がするからアウェーの側の選手を応援したくなる。日本でもホームタウンデシジョン、すなわち地元びいきの判定は確実にあるからだ。日本人と外国人の対戦ならもちろん、日本人同士でさえある。そこに不正があると抗議したいのではない。会場のムード自体が地元寄りだから、審判も知らず知らずのうちにそのムードに呑まれているかもしれないのだ。

アウェーの洗礼

アウェーの選手が勝つのは、事実として難しい。ホームタウンデシジョンもあるし、勝てないように仕組まれていることもあるからだ。たとえばある試合のために中国に同行したとき、こんなことがあった。

日本人選手と関係者は試合の二日前に日本から現地入りし、プロモーターが準備してくれたホテルに泊まっていた。試合前日に試合前検診と計量がある。アジアの地域タイトルが懸かったタイトルマッチがメインイベントなので、その夜には記者会見も予定されていた。

午前中の試合前検診は比較的スムーズに済んだ。しかし計量と記者会見では相手陣営に振り回された。「指定された時間にホテルのロビーに集合していればいい」と言われてホテルで待機していた。しかし、スケジュールについてははっきり教えてくれないばかりか、約束の時間にロビーに集合して待っていても迎えが来ない。そのうち「時間が変更になった」と一方的に連絡がある。やむなくこちらは解散する。それが何度も繰り返される。試合前の選手をイライラさせ、休ませないための策略なのだ。こうした一種の嫌がらせが試合直前まで続いた。

このように招聘ボクサーはふつう、減量苦のなか試合の前々日に現地入りし、前日に検診や計量を受け、試合した翌日には帰国する。こんなタイトな四日間のスケジュールをこなすのは、プロモーターが出費を抑えるためだ。[★13] アウェーの選手は試合前から不利な条件ずくめだ。おまけにホームタウンデシジョンもあるから勝てる可能性は低いのだ。

念のために付けくわえておくと、中国だから日本人に対してこんな嫌がらせをするのだと中国ボクシング界の批判をしたいのではない。こうしたことは各国でよくある。つまり、ホームのボクサーの勝ちを観客に見せること、それによって彼に名誉を与え、彼のボクサーとしての価値を高めることを、そもそもの目的とした興行は珍しくないからだ。

殴り合いへのご招待

日本で試合をする海外からのアウェーのボクサーには招聘ボクサーが多い。今も多いが、かつてはフィリピンからがいちばん多かった。

フィリピンのボクシングジムに住み込んで、ボクサーたちと共にトレーニングしながら現地調査を行った社会学者の石岡丈昇は、国外からの招聘ボクサーがなぜ必要とされるのか、四つの理由を示している。

第一に、ボクサーの絶対数の不足を埋め合わせるためだ。たとえば、フィリピンではウェルター級など比較的重い階級の選手が国内に少ない。だからどうしても国内選手同士だけでは試合の数が限られる。その埋め合わせのために、国外からボクサーを招聘してキャリアを積む必要があるからだ。

第二に、たとえば若手ホープなどは国内で対戦相手を探すのが難しい。どのジムも自分のジムの選手をみすみす負けさせたくないからだ。そのため前評判の高い選手がキャリアを積むために、国外ボクサーが招聘される。

第三に、ランキング入りを果たすいわゆる「ランク獲り」のためだ。たとえば東洋太平洋ボクシング連盟（OPBF）のランキング十位以内の選手に勝てば、OPBFランキング入りはまちがいない。しかもすでに述べたようにホーム開催の方がいろいろな点で有利だ。現在、日本のプロモーターがフィリピン人ボクサーを招聘するケースはこれが多い。

第四に、「咬ませ犬」が必要だ。明らかに実力に差があって勝てる相手を、海外から招聘するのだ。その目的は、一言でいえば選手に自信をつけさせるためだ。アマチュアでの実績華々しい注目選手のデビュー戦、タイトルマッチに敗れた選手の復帰第一戦、タイトルマッチなどの大きな試合を見据えた前哨戦などの相手として、咬ませ犬は確実に必要なのだ。[★14]

以上の話をまとめると、アウェーの選手は、その多くが負けることを期待されていると言っても過言ではない。実際、負ける確率が高い。つまり招聘選手が敗者になるための興行なのだ。

咬ませ犬

日本に招聘されたフィリピン人ボクサーと日本人ボクサーとの対戦成績を見てみよう。日本でのその試合数は一九八五年に五試合、一九九〇年に三三試合、一九九五年には一四二試合と、一九九〇年代以降急増している。ピークを迎えた一九九六年には、その数一五〇試合に達した。その内訳を見ると、フィリピン人ボクサーが一一勝一三三敗六分と、九〇パーセント以上負けている。ほとんどが咬ませ犬としての来日なのだ。

これを問題視したＪＢＣは、二〇〇一年からフィリピン人ボクサーの招聘試合の規制に乗り出した。こうして二〇〇二年以降フィリピン人ボクサーは国内ランカー以上でないと、日本で試合ができないことになった。[★15]

しかし、これで問題が解決したわけではない。その後はフィリピンに取って代わり、タイが日本への咬ませ犬主要供給国となった。たとえば二〇〇六年のタイ人ボクサーの日本での試合

数は二八〇で、その内訳はタイ側の戦績が九勝二六六敗五分と、あまりにも偏っている。★16

私もある興行で、ボディを打たれたはずのタイ人招聘ボクサーが、仰向けに大の字にひっくり返って失神KO負けしたのを見て呆気にとられたことがある。たまたまそのとき控え室にいた知人が後で教えてくれたのだが、そのタイ人ボクサーはKO負けした後、スタスタと廊下を歩いて控え室に戻ってきて「負けちゃったよ」と笑ったそうだ。八百長というより「空気を読み」、ケガしないうちにさっさと終わらせたのではないだろうか。実力不足や無気力試合という理由で、JBCが招聘禁止にした選手が突出して多いのが、国別に見るとタイなのだ。

断っておくが、タイ人ボクサーのレベルが日本人ボクサーのレベルに比べて低いから、日本で日本人相手に勝てないのではない。少しデータは古いが、二〇〇〇年の時点で日本人の世界タイトルマッチにおけるタイ人に対する戦績は、四七戦一九勝二六敗二分で勝率が四〇パーセントと、割と一般的な数字だ。★17 一方でタイで開催されたJBC関与の世界タイトルマッチ（暫定チャンピオンのタイトルを除く）における、日本人ボクサーのタイ人に対する戦績は、二〇一七年二月時点で二一敗一分。一勝もあげていない。しかも一つ引き分けがあるといっても、一ラウンド開始早々、四七秒で偶然のバッティングにより試合が終わってしまったという負傷引き分けだ（ポンサクレック・ウォンジョンカムと向井寛史のWBC世界フライ級タイトルマッチ、二〇一一年十二月）。だから、記録としては除外してもいいかもしれず、実質的には全敗だ。

招聘ボクサーの話に戻ろう。日本のボクシング界は、豊富な資金と世界屈指の国際プロモーターとのビジネス・ネットワークを背景に、アジアのボクシングマーケットにおける覇権的な地位に君臨している。外国から咬ませ犬を招聘できる背景にある。お金のあるプロモーターの方がファイトマネーをたくさん出してくれるから、咬ませ犬だとわかっていても、選手は金儲けのために割り切って日本にやってきてくれる。

気をつけなくてはならないのは、必ずしも咬ませ犬の供給が、一方通行ではないことだ。たとえば、タイとフィリピンの間でも、ファイトマネーをめぐって咬ませ犬をお互いに供給し合っている。また、たとえ日本人であっても、タイやフィリピンでは咬ませ犬としてリングに上がることが望まれるだろう。

咬ませ犬は不可欠だ。スター選手が生まれるためにも。素質のある選ばれた人は大事に育てられる。咬ませ犬とも闘い、勝って目覚ましい戦績を築き、名誉を手にし、技術的にも精神的にも成長してスターへの階段を上っていく。キャリアに傷のない選手や、記録をもつ選手の興行は確実に盛り上がる。[★18] 勝者と敗者はつくられるのだ。

フィリピンはボクシング先進国

一九九〇年代にフィリピンは日本への咬ませ犬供給国というイメージを強くしてしまったが、かつての日本ボクシング界にとって、フィリピンこそが目標とすべきアジアのボクシング先進国だった。この両国の関係性の逆転は、興行が勝ち負けまでも企んだ資本主義的営為であることを理解させてくれる。フィリピンのボクシングの歴史から振り返ってみよう。

米西戦争後のパリ条約(一八九八年)により、フィリピンの統治権はスペインからアメリカに譲渡された。アメリカ軍は兵士の教育のためにボクシングを取り入れたから、一九一〇年頃にもなると一部のアメリカ軍基地近辺で、賭けを目的としたボクシングの地下興行が盛んになった。

当初、フィリピン人ボクサーは少数だった。しかし一九一七年にアメリカが第一次世界大戦に参戦した。すると、アメリカ兵たちの出征によって減ったボクサーを埋め合わせるため、フィリピン人ボクサーの出場機会は増えた。一九二一年にはフィリピンでボクシングが合法化した。一方で、砂糖きびプランテーションの労働者としてハワイに移住したフィリピン人の間で、ボクシングは労働の労苦を癒してくれる娯楽として人気があった。当然、そのなかから非合法のプライズ・ファイトで腕を磨く者もあらわれ、フィリピンでもボクシングが盛んになった。ついに一九二三年、イロイロ島出身のパンチョ・ビラが、初代世界フライ級チャンピオンのジミー・ワイルド(イギリス)とニューヨークで闘って七ラウンドKO勝ちを飾り、アジア人初の世界チャンピオンに輝いた。[★19]

その頃の日本はというと、アメリカから帰国した渡辺勇次郎が東京目黒に日倶を開設してまだ一年半。日本ボクシング界にとってまず必要とされたのは、同じく軽量級を主戦場とするフィリピンの後を追うことだった。だが、一九三〇年には大日拳が招聘したフィリピン人のボビー・ウィリスと小林信夫が対戦し、九ラウンドＫＯ負けを喫して頸動脈損傷により死亡した。日本最初のリング禍の犠牲者だった。[★20]

一九三五年にはまだ統轄する認定団体も制度も整備されていないまま、日本とフィリピンの間で第一回東洋選手権が開かれた。こうした交流試合は、日本人ボクサーの実力が強豪のフィリピン勢にどれくらい通じるのかを見極めるためのものだった。[★21]

フィリピンに後れを取っていた日本には、戦前から戦後にかけて数多くのフィリピン人ボクサーが来た。なかには日本のトップボクサーたちと対戦してボクシングを盛り上げただけでなく、太平洋戦争開戦後も日本に居残り、戦後の日本ボクシングの再興に貢献したボクサーもいた。たとえば左手だらりの独特のスタイルでベビー・ゴステロは人気を博し、戦後に二十八連勝の記録を打ち立てた。[★22]またジョー・イーグルは引退後、日本でプロモーターとしても活躍した。

日本ボクシングコミッションが設立されたのと同じ年の一九五二年に、日本でプロボクシング東洋選手権が開催された。その実現の裏側には、フィリピンを代表する大プロモーターのロッペ・サリエルがあった。裏の顔役をつとめた国際プロモーターの瓦井孝房、初代日本ボクシングコミッショナーの田辺宗英、弁護士から実業家に転じた二代目日本ボクシングコミッショナーの真鍋八千代、といった日本の興行師や実業家らに、彼が協力したから実現したのだ。

戦争で活躍の場を失った日本人選手たちに、「東洋一」を目指す大舞台に立つ夢を与えたのがこの東洋選手権だった。一九五四年には東洋ボクシング連盟が設立された。だが当初はなんと、日本とフィリピンとタイの三ヶ国だけの「東洋」だったのだ。

しかし日本テレビの正力松太郎がボクシングに目をつけた。彼が後楽園スタジアムを取り仕切る田辺宗英の協力を得て、始まったばかりの民放テレビ放送で放映し、この選手権に国民的人気を取り付けた。周辺諸国における反日感情はまだ激しかったが、この選手権は韓国、インドネシアなど他の周辺国をも順次巻き込みながら盛り上がり、アジアにおける強固なスポーツ・ネットワークを築き上げた。ボクシングがつくり出したこの「東洋」が、日本と周辺諸国との政治と外交の膠着状態を解消するのに寄与したとも言われている[★23]。

ふり返ると、戦前からフィリピン人はボクサーとして、戦後はプロモーターとしても日本ボクシングの興行を盛り上げるのに貢献してきた。一九五〇年代でもフィリピン・ボクシングの先進性は自明とされていたから、「日本人の強打」対「フィリピン人の科学」という対比が常套句だった。しかしファイティング原田が世界チャンピオンになり、その後次々と日本人世界チャンピオンが生まれるに至って、いつしか「科学がある」のは日本だ、という自意識に変化していく。しかも日本が経済大国として発展すると、今度は不名誉なことにフィリピン・ボクシングの日本への貢献は、咬ませ犬供給国に堕したのだ。

このように資本主義の不平等な関係のなかに、拳で殴り合うゲームは埋め込まれている。興行が、仕組まれた勝ち負けをしばしばつくり出すという現実もたしかにある。だがいずれにしても殴り合いで男らしさを証明したり、名誉を得たり、守ったりするのはたいへんな努力を要することだ。男性たちがそのためにいかに躍起になってきたのかを、次節で取り上げよう。

8-4 男らしさと名誉

本章では拳で殴り合うゲームとしてのボクシングで、その勝者と敗者がつくり出される仕組みについて、まずルールの面から、次に興行の面から検討し、そのうえで日本がアジアのボクシング大国となった背景を示してきた。だが、いくら勝ち負けが興行でつくられるとはいっても、個々のボクサーが、興行の企みにはまらないために、あるいは男らしさを証明し勝って名誉を得るために、ひたむきに努力し真剣に闘っていることはまちがいない。かくまで彼らを必死にさせる男らしさとは、いったいどのような文化的価値観なのだろうか。本節で掘り下げたい。

ヴァーチャルな殴り合い

少し話が飛ぶようだが、現代のヴァーチャル空間に目を転じてみる。拳による殴り合いは、そちらの領域でも存在感を示しているからだ。

私たちは高性能な機器を毎日使いこなす生活を送っている。スマホを使えば一〇〇〇キロも離れたところにいる友人や家族のもとにいつでも声やメッセージを届けられるし、車を運転すれば時速一〇〇キロものスピードで移動可能だ。これくらいの身体の拡張はとっくの昔に当たり前のことになっている。殴り合いにしても、コンピュータゲームの世界ではたくさんの人が手指の動きだけでさまざまな闘士やボクサーを操り、どこにいるのか見えない他人が操る敵と対戦している。ヴァーチャル空間で殴り合うキャラクターに自分を同一化して操作する人々も、その勝敗に名誉や屈辱を感じる。では、こうしたいわゆる対戦型格闘ゲーム（格ゲー）における殴り合いと、実際の生身の人間同士の殴り合いの、何が違っているのだろうか。

今の「格ゲー」のキャラクターの姿かたちや動作は、生身の人間に実に近い。殴る動作一つをとっても現実味がある。しかもプレーヤーが自分で選んだキャラクターを自分で操作して動かすのだから、キャラクターの動きがまるで自分の直接経験であるかのような錯覚も生じやすい。それでも実際の殴り合いとは異なっている。そのもっとも重要な経験とは次のことだ。

それは「格ゲー」では、殴り殴られても疲労や痛みを感じないことだ。実際の暴力では殴られた側は苦しみ、傷つく。被害者の苦痛は攻撃を抑制する刺激にもなる。しかし「格ゲー」では、殴られた側の苦痛は経験されない。もちろん殴った側の苦痛もない。実際の暴力が生み出す不快で凄惨な結果は省略され、プレーヤーは称賛や優越感といった名誉の報酬だけを経験することができるのだ[★24]。

たしかに「格ゲー」における敗北でも、不名誉や屈辱を感じるだろう。それは実際の殴り合いの敗北で味わう感情と、質的に変わらないかもしれない。しかし「格ゲー」の世界では、殴っても殴られても痛みはなく、生身の人間同士の殴り合いだと残るはずの傷痕がどこにもない。再び名誉を手に入れるために、すぐにでも新しいゲームを再び始めることができるのだ。

度胸試しと名誉

コンピュータゲームでは自分が操っているキャラクターが負けても、自身が同じ傷や痛みを負うリスクがない。ということはヴァーチャルな世界では、自分の生身の身体を脅威にさらすことで成立するような度胸試しは難しいということだ。この種の度胸試しこそ、長い人間の歴史のなかでしばしば男らしさを誇示し、名誉を得るために手っ取り早く用いてきた方法だった。

また少し話が飛ぶようだが、関連して思い出すのは、ボクシング試合のオファーを断るときに生じる心の葛藤だ。約束の階級の体重に落とせるか、そのときの体調やケガの状況がどうかなど、断る正当な理由はいくらでもある。しかし闘わないと断ったら、まるで自分が臆病者みたいではないか。

拳で殴る暴力は紛れもなく危険だ。相手は殺す気で殴りかかってくる。闘うためにリングにあがるなんて、自分から交通事故に遭いに行くようなものだ。だとすれば、これも勇気の証明のために意地を張って挑む、無謀な度胸試しみたいなものかもしれない。

度胸試しについて、ここでは次のことを確認するにとどめよう。死を賭した冒険や挑戦、それによって得られる称賛や称号といった名誉が、現代ほど軽んじられている時代はかつてなかったということだ。つまり、悲しいかな、人間の長い歴史のなかで、名誉の方が命より重かった時代の方がはるかに長かったのだ。

男性性と女性性

現在でも、たとえば動画サイト「ユーチューブ」には、若者の無謀とも言える命知らずの勇敢な挑戦がいくらでも投稿されている。しかも投稿者はほとんど若い男だ。それにしても、なぜ男はバカバカしい度胸試しなどをして、男らしさを証明しないといけないのだろうか。

結論を先取りして言えば、少年は自動的には男になれないからだ。男性性とは、ペニスがあるとか、精子を作れるとか、単なる解剖学上のオスの状態のことではない。生物学的な成熟によって自然に出来上がるのではなく、不安定かつ人為的なものだ。少年は強敵に打ち勝って男性性を獲得する必要がある。

他の霊長類の行動を観察すると、若いオス同士は強烈な攻撃性を帯びて互いに荒々しくぶつかり合う一方で、メス同士は活発であっても、攻撃性は控えめで体同士をぶつかり合うような行動は避ける。人間も同様だ。男性は荒っぽい闘争を好む傾向があり、とくに男性と闘いたがる。男性が相対して自分のアイデンティティを確立することができる唯一の相手は、男性だからだ。このように、男性性は文化的に洗練され、強化される必要がある。この点が、女性性が生物学的に与えられたものとしてしばしば解釈されるのと、明らかに異なっている。[★25]

その具体例を、アメリカ先住民のテワ（別名プエブロ）の社会における報告から示そう。十二歳から十五歳の間にテワの少年たちは、儀礼で身を清めた後に残酷なイジメの儀礼を受ける。実は密かに父親が扮している精霊「カチナの神」から、ユッカ蘭のゴワゴワしたムチで、裸の背中を容赦なく叩かれるのだ。傷口から血が滴り流れる殴打の苦痛を少年たちは冷静に耐え、忍耐力を示さなくてはならない。永久に背中の傷跡は残る。しかしこの試練を経て、カチナの神から「今、君は男になった。（中略）男に作られたのだ」と宣言される。これに対して少女に対する儀礼は暴力を伴わない。少女は「女につくられる」必要はないのだ。祝福すべき初潮が予定通り来たとき、女になる。[★26]

このように成人式のイニシエーション儀礼が、少年たちが男性性を獲得するための仕掛けとして社会に組み込まれている場合、背中の「名誉の傷」が彼の男性性を死ぬまで証明してくれる。しかし、このように少年たち一人一人が男性性を獲得できる仕掛けがない社会に生きている人は、どうしたらいいのだろうか。

思い出すのが、世界文学史上もっとも独創的な小説とさえ評される（にもかかわらず、その最初のページにある献辞は、独創的どころか他人の作品にある献辞のパクリだ）セルバンテスの『ドン・キホーテ』だ[★27]。

主人公ドン・キホーテは騎士道の物語をこよなく愛し騎士に憧れるが、彼の生まれた世にはもはや闘うべき竜もいなかった。その口惜しさの余りついに狂気の妄想から自らを遍歴の騎士に任じ、駄馬ロシナンテにまたがり、少しおつむが弱い農夫サンチョ・パンサを従えて遊行し、ケンカ、決闘、大ケガを繰り返した[★28]。あるときは風車を巨人と思い込んで闘った。つまり少年は男になるために、闘うべき強敵がいなければ、そいつをつくり出して挑まなくてはならない。たとえばそれが度胸試しだ。男らしさを示し、男になるのだ。やるなら他人の蔑みを怖れてはいけない。ドン・キホーテなんて相当嘲弄され、リンチにも遭ったものだ。

男らしさ

かくの如く男性たちが求めてやまない男らしさとは、どのようなものだろうか。地域や時代が違っても、男らしさの中身は同じなのだろうか。

私の幼少年期、といえば一九七〇年代から八〇年代前半だが、ふり返ればその頃が日本に「男のくせに」という枕詞がまだ生きていた最後の時代ではなかろうか。このフレーズのあとに続くのは、「泣くな」「我慢しろ」「ビビるな」「いじいじするな」「文句言うな」「言い訳するな」「べらべらしゃべるな」その他、男らしさとは正反対とされる行為の禁止の命令が蔑みの言葉だった。「女の腐ったような」なんていう、女性差別的な悪口さえよく使われた。男らしさが女らしさの対極にあるものとして位置づけられていることが隠されなかったし、また男たちは、常に男性同士の比較を通して測られる男らしさの格付け順位を強く意識していた。

余談だが、男らしさを当たり前のものとしていた前近代の男性たちにとって、男性性の獲得と大人になること、すなわち成熟することは同義だった。だが明治以降、男性性の危機は大きくなる一方だ。大人になりたくないというあがきは（これは世界的現象でもある）、現代日本の労働文化の病状などとも相俟って、社会的ひきこもりの問題に連結している。[29]

さて、ニュージーランド、フィンランド、ジンバブエ、マレーシア、パキスタン、ボリビアその他、世界の三十以上の地域の文化における男性像と女性像について、総合的に比較研究したウイリアムズとベストらの有名な研究がある。そこから二人は、男女それぞれのあり方に関しては、表面的な違いこそあれ、どの文化も本質的に似通っていると結論した。具体的には、男性のほうがより活発で、冒険的で、支配的で、強制的で、独立的で、そして強い。さらに男らしさの理想的条件とは、心身共に強くてタフなことだと結論した。[30]

遺伝学で判明した事実として、私たちの祖先の女性の方が祖先の男性たちより二倍も多かったそうだ。それほど子孫を残せないまま死んだ男性の割合が高かったということは、男性たちにとって女性たちを惹きつけライバルを撃退する生殖をめぐる競争が、いかに熾烈だったかを証明している。無数の世代にわたる絶え間ないハイリスク・ハイリターンの生殖競争に打ち勝つには、より大きく、より強く、より好戦的で、よりリスクを好み、より性欲が強い必要があったはずだ。男らしさの特徴が文化を超えて大筋では似かよっているのも、こうした熾烈な性淘汰の長い歴史の所産だと考えると納得しやすい。[★31]

名誉のための決闘

男性が社会のなかで男性性を獲得し、ありきたりの男になることの難しさについてここまで述べてきた。ここで、拳での殴り合いの話に戻ろう。命よりも名誉を大切にしたかつての誇り高き人種が、人前で殴られるような恥辱を受けたとき、どのように行動したのだろうか。こんな話を紹介しよう。

ドストエフスキーの長編小説『悪霊』に、スタヴローギンという際立って存在感のある登場人物がいる。資産ある貴族の息子で、容姿、知力、体力、腕力、度胸、いずれもすぐれているが、生きるのがほとほと退屈なのか、突拍子もないことをやってのける危険な男だ。彼はあるとき、妻も妹も彼に奪われたシャートフに公衆の面前で殴られる。この作品のなかで、スタヴローギンは、「もし顔に一撃を食らうとか、ないしはそれに等しい侮辱を受けたら、決闘を申し込む手間などかけず、即座に、その場で相手を殺してしまう」と描かれている。しかしこのときの彼のふるまいは違っていた。

彼が頬うちをくらって、見苦しくも横ざまにぐらつき、ほとんど上半身全体を傾けんばかりになりながら、ようやく体を持ち直した瞬間、そして拳固で顔をなぐりつけた、ぶざまな、水気を帯びでもしたような音が、まだ室内に消えやらず残っていた瞬間、彼はふいに両手でシャートフの肩をつかんだ。しかし、すぐまた、ほとんどそれと同じ瞬間に、彼は両手を引っこめて、背中で十字に組んだ。[★32]

彼はその場でシャートフを殺さなかったばかりか、殴り返すこともしなかった。汚名をそそぐために後で決闘を申し込むこともせず、ただ侮辱を耐え忍んだ。

十九世紀の欧米で、上流階級の男が侮辱を受けて決闘すら申し込まなかったら、世間から臆病者呼ばわりされ不名誉だったはずだ。それでは恥の上塗りだから、二重に不名誉だ。男には名誉のために命を懸ける心の準備がいつでも必要だったのだ。だからたとえば同じロシアの偉大な詩人プーシキンは、自分の妻に横恋慕した男の侮辱に耐えかね、「男らしく」決闘を申し込み、腹を撃たれた。そしてその傷の痛みに何日ももがき苦しんだ末、死んだ。またもう少し時代が下ったフランスでは、『失われた時を求めて』で有名な小説家マルセル・プルーストが、自分の作品をクソメタにけなした批評家を相手にピストルで決闘した。アメリカ合衆国副大統領だったアーロン・バーに至っては、アメリカ建国の父の一人として崇められるアレクサンダー・ハミルトンの息子フィリップを拳銃での決闘で殺害したのみならず、その三年後にはアレクサンダー本人とも決闘して殺害している。いずれも在任中に起こした事件だ。★33 アレクサンダーは決闘には敗れたが、今も一〇ドル紙幣に印刷されているから、名誉は失っていない（一〇ドル札の現物でご確認を）。ついでに、ご存じの通り日本のサムライも名誉のために仇討ちしたし、ハラも切った。

うわさ話だの、失言だの、ナメきった態度だのといった「些細なこと」で、自分や家族の名誉が損なわれたなどと目くじら立てて大騒ぎして、高い社会的地位にある者同士まで簡単に殺し合ったとは、なんとも愚かでバカバカしい！　そんな冷めた目でついつい見てしまいがちなのは、「命ほど尊いものはない」という戦後教育のおかげだろうか。国民の権利を守るのが政府の義務、という前提の社会にありがたく私が生きているからかもしれない。

決闘に関する紋切り型の説明になるが、かつて決闘が正式な名誉回復の手段として欧米で盛んに行われたのは、国家の統治力がまだ弱く、人々は自らの力で名誉を守り、それによって自分の命、家族、財産を守る必要があったからだ。だが、国家権力が強大化して暴力を独占し、万人の生命と財産に対する権利を保障できるようになると（侵害を受けた当人に代わって国家が報復する仕組みになった）、個人にとって決闘する価値が減衰した。侮辱や醜聞などに対して、いちいち個人が犠牲を払うなんて割に合わなくなったのだ。また国家も決闘を私闘と見なして禁じたから、男性たちも決闘から身を引くことができた。[★34]のみならず、市民の間で暴力や流血に対する嫌悪感が次第に強くなっていったという、感性の変化も大きいだろう。欧米で五百年も続いた決闘の文化は、こうして二十世紀初頭には急速に廃れた。

殴打と嘲弄

たしかに名誉のために個人が決闘する文化は世界中で廃れた。とはいえ個人が侮辱に対する耐性を身につけてはいない。侮辱はいつの世でも、誰にとっても耐えがたいのだ。殴られるのがカッコ悪くて悔しいのも変わらない。だが殴打されてもっとも苦痛なことは、実は殴られることそのものでも、その痛みでも、そのぶざまさでもない。そのことを精神科医フランクルは、自身のアウシュビッツ強制収容所における極限での体験から強調した。

強制収容所に収容されたユダヤ人たちは、まず横溢する苦悩の中にありながら、さまざまな感情的昂奮を体験する。一定期間がすぎると、今度はそれらを内面的に死滅させる無感覚、無感動の段階に突入する。そうなると、もはや他人がサディスティックに虐待されていたり、何時間も糞尿の上に立ったり寝たりさせられていたり、繰り返し殴り倒されたりしているのを目の当たりにしても、ただ黙って眺めやるだけだ。嫌悪、戦慄、同情、昂奮、これらすべてを感じることができなくなるのだ。この無感覚、感情の鈍麻、内的な冷淡と無関心は、彼らにとって毎日の、または毎時間の殴打に対しても同じだ。この無感覚こそ、彼ら囚人たちの心を包むもっとも必要な装甲なのだ。

しかし、そのようにすでにかなり衰え無感覚になった者にも、激高の波が襲うことさえある。それは、自身に対するひどい暴力と、その激しい肉体的苦痛に対してというより、それに伴う嘲弄に対してだ。たてついたらもっと不利になり、もっと殴られるとわかっていても、彼らは駆り立てられるように怒りと憎悪の感情をあからさまに示すのだ。[★35]

拳での殴り合いの話に引きつけていえば、1章「1-2」でも述べたように、闘争はふつう相手への侮辱と罵りから始まるものだ。お互いに声と言葉で、十分に激高してから殴り合う。ボクシングのようなゲーム化された殴り合いでも、試合前の顔合わせのお約束としてそれが行われることがある。だが、リング上で相手を罵倒しながらパンチしていたら、スポーツマンシップにもとるとして非難されるだけでなく、今なら反則で減点される。拳で殴られるマウンティングに通じる屈辱よりも、侮辱する言葉や嘲弄の方が、状況によっては、自尊心と名誉を著しく傷つける。黒人として初のヘビー級世界チャンピオンになったジャック・ジョンソンはリング上で、不当な人種差別に苦しめられてきた憎悪を白人挑戦者たちにぶつけ、罵倒を浴びせながら殴ったというが、それは一世紀以上前のことだ。

本章の話をまとめよう。「ボクサーがリングの外で人を殴っても、ボクサーに正当防衛は成立しない。なぜならボクサーの拳は凶器だから」とは、よく聞く話だ。このように、拳に込められたシンボリックな暴力性は、ボクサーの拳ともなると、神話的なほど誇張されている。ボクサーは「拳で殴るプロ」だからだ。しかし、ボクシングからピュジリズムへと、つまり現在から古くに遡れば遡るほど、この拳で殴り合うゲームには拳で殴る以外の攻撃要素が多かった。たとえルールでは禁じられていても、噛みつき、目潰し、投げその他の反則が公然と行われ、ペナルティーも科せられなかったのだから。またそれを観客も楽しんだのだから。

こうした過剰な暴力に対し、時間を追ってルールが厳格に適用されるようになったのは、暴力を嫌悪する感性の高まりという、社会の側の変化が背景にあるからだ。つまり別の見方をすれば、暴力に対する不寛容な価値観の熟成と歩みをともにして、ボクシングは、真に拳での殴り合いで勝ち負けを決めるゲームへと近づいていった。だが勝ち負けはルールとその適用のみによってつくり出されるのではない。というのは、ボクシング興行の普及と拡大にしたがい、勝負の結果自体がすでに仕組まれているような興行も、数多く成立するようになったからだ。

ふつう勝者には名誉が与えられる。勝者は必ず名誉を受けるのだろうか。興行がつくり出したことが見え透いていると疑われる勝ちは不名誉にさえなる。たとえば「疑惑の判定」として物議を醸した試合の場合、勝者の側が不名誉にも嘲弄されてしまうことさえあるのだ。

9章

殴り合いの快楽

前章では、勝利の名誉がときに興行に仕組まれていることを示したが、興行とは社会的なものだ。また名誉も社会的なものだ。次に本章で考えたいのは、名誉や不名誉といった社会的な価値ではなく、もっと個人的な経験についてだ。死力を尽くして拳で殴り合うゲームが、この大きなリスクを伴う肉体と精神の体験をとおして、当人たちに何を与え、何を残すかだ。つまり、人生の物語における拳の殴り合いの意味を考えてみたい。

9-1 「死と再生」の物語

ロッキーのように、ろくでなしの古い自分を殺し不屈の精神をもつ新しい存在へと生まれ変わるためには、心身の極限状態における没我という内的経験が必要だ。イニシエーションにも喩えられるこの「死と再生」は、拳で殴り合うゲームの当人たちがしばしば求めるものだ。しかし以下で見るように、これはそう容易ではない。

ボクシングは麻薬

ジムの外でシャドーボクシングをするふりをして涙を隠している。[★1]

こんな書き出しで始まるボクサーの自伝がある。その最後は、「自分でも気づかないうちに、ボクシングという薬に犯されていたボクシング中毒者《ジャンキー》。一度、その味を覚えてしまった者はもうそれなしで夢を見る事は出来ない。ボクシング中毒者の自分は、二度とふつうの人間に戻れないのかもしれない」★2と締めくくられる。

そのボクサーとは二階級制覇の元日本チャンピオン、高橋直人（リングネームは高橋ナオト）のことだ。選考委員の佐瀬稔に絶賛され、一九九三年に『Number』誌の第一回ナンバー・スポーツ・ノンフィクション新人賞を受賞した。

高橋ナオトといえば、マーク堀越との日本スーパーバンタム級タイトルマッチが格別有名だ。一九八九年一月二十二日に後楽園ホールで行われたこの試合は、『ボクシングマガジン』が一九五六年創刊以来の「日本国内におけるベストバウト」と激賞した伝説の一戦だ。その勝者が高橋ナオトだった。世界の大舞台には立てなかったものの、記憶に残るボクサーとして今なお彼は語り継がれている。

当時、その試合で高橋の人気は沸騰した。それだけではない。ある無名の漫画家が、その試合に強烈なインパクトを受けて、同じ年に連載漫画を立ち上げた。連載は三十年も続いている。『はじめの一歩』だ。主人公の幕之内一歩が憧れる天才ボクサー宮田一郎が得意とするカウンターのモデルこそ、高橋のカウンター。高橋なしにこの漫画は生まれなかったのだ。★3

高橋にとって、「相手のパンチを紙一重でかわしてカウンターを合わせる。それが自分のボクシングのはずだった」。だが伝説の名勝負を経て、いつしか彼は「逆転の貴公子」として、壮絶な打ち合いと逆転KOでファンを喜ばせるボクサーになっていた。一度目を逆転KO勝ちで斥けたノリー・ジョッキージム（タイ）との再戦では、「最終一〇ラウンドの最後まで立っていられたのが奇跡的なほど」と後に語ったほどの殴られようだった。ろれつの回らないしゃべり方、物忘れの多さなど、試合後の後遺症もひどかった。[★4]

　高橋は、世界への最後の足がかりとしてどうしても負けられない朴鍾弼《パクジョンピル》戦に、再起を賭けた。先に引用した、「ボクシング中毒者《ジャンキー》」のインパクトある書き出しに描かれている涙は、朴との試合前に同門選手とスパーリングをしたときのものだ。すでに脳に蓄積されていたパンチのダメージのせいで距離感が取れず、得意のカウンターを叩き込むどころか逆にカウンターをもらいまくった。その情けなさに、初めて涙を流したのだ。結局、試合も九ラウンドKO負け。気がついたら後楽園ホールの医務室にいて、しゃべろうとしてもろれつがまわらず、救急車で病院に搬送された。

　入院中に頭部のCTスキャンを撮ると、脳に過去の出血を物語る黒い影が無数にあった。まっすぐ歩けない、頭痛がとれない、頭がボーッとしていて物忘れがひどい、といったパンチドランカー症状を呈していた。[★5]彼の自伝エッセーには、ボクサーがパンチで壊れていく、その身体的症状と心理的不安とが、ボクサーならではの張りつめた筆致で赤裸々に生々しく描かれている。私は背筋が寒くなった。

この試合を機に、高橋は「もう燃え尽きた。これでボクシングに未練はなくなった」と、何の感傷もないまま一九九一年九月、引退式のテンカウントゴングを聞いた。それからボクシングとは無縁のサラリーマンになった。しかしその後、一般客として後楽園ホールに足を運ぶうちに、リング上のスポットを浴び客に注目されているボクサーに対する嫉妬も加わり、「俺を見てくれ、俺を忘れないでほしい」との思いを強くする。「ボクシングは麻薬」とよく言われる通り、自身も知らぬ間に中毒に冒されていたことに気づいたのだ。[★6]

ところで「ボクシングは麻薬」とは、名門ヨネクラジムのトレーナーだった松本清司の口癖でもあったそうだ。彼によると、一度でもリングの味をしめてしまった人間は、なかなかグローブを置く事をしない。いや、できない。それは勝ち続けてきた者も、一度も勝つ味を知らずに倒され続けた者も同じだ。「ボクシングだけが人生じゃない。ボクシングをやめてからのほうが人生はながい」。

トレーナーの仕事はもちろん選手を鍛えることだが、選手を守ることの方がもっと大切だ。ボクシングの麻薬におぼれかけている選手から、それを取り上げることもトレーナーの仕事なのだ。彼はそうはっきり言っていた。[★7] 皆パンチドランカーになる危険を承知のうえでいつしかボクシングにのめり込み、中毒になってしまうのだ。

燃えつきること

『あしたのジョー』で、最終ラウンド終了のゴングが鳴り、絶対王者ホセ・メンドーサとの死闘を終えた直後のジョーがリング上で呟く。

「燃えたよ…まっ白に…燃えつきた…まっ白な灰に……」[★8]

高橋が引退するときの気持ちを表現した「燃え尽きた」という言葉は、このシーンを念頭に置いたものだろう。

この漫画の最後のコマはあまりにも有名だ。青コーナーの椅子に満身創痍のジョーが、しかしうっすら笑みを浮かべ、穏やかに満足げな表情をして目をつぶったまま腰掛けている。そんな肖像画がページ一杯に描かれている。ファンたちは燃えつきたジョーの内面に心の底から憧れ、共感する。

はたしてジョーは死んでしまったのだろうか。作品にはそれについて書いていない。ちばてつやの心のなかではっきりとそのシーンの意味は決まっているが、決して言わないと決めているのだそうだ。[★9]だが、少なくともはっきりしていることがある。象徴的な意味では、ジョーは死んだのだ。ファンたちは、孤児院を抜け出したあとに彼が経験する挫折と苦悩の数々を思い出し、この死を祝福する。

ボクサーたちが生命の危険やその後の人生に対する危険をも顧みず、ボクシングに没頭した先にある理想としてしばしば夢見るのは、このように、最後に燃え尽きることだ。そこには無意識的な「死への希求」がある。現実の死というより、イニシエーションで重要な「死と再生」の象徴的体験を求めて、ボクサーたちはもがきあがいているのだ。[★10]

イニシエーションとは、広義にはある社会的・宗教的地位の変更を認めるための一連の行為のことだ。ふつう儀礼を伴う。イニシエーションには、大きく分類して次のものがある。ある社会で全員に義務づけられている少年少女から成年への移行を目的とした成年式、秘密結社などへの加入儀礼、呪医やシャーマンなど宗教的職能者の地位の取得や変更のために行われる儀礼だ。[★11]

イニシエーションは、それぞれ儀礼によって区切られた「分離→過渡→統合」という三段階で進行する。第一ステージでは、これを受ける人が自分のもとの状態から分離される。第二ステージで、その人は、新旧どちらの宗教的、社会的地位にも属していない、社会にとって危険で両義的な境界域に置かれる。しかもそのことを象徴的に示す分離された空間で、しばしば試練や審査を受ける。第三ステージで統合の儀礼が行われ、再び社会に迎え入れられる。[★12]このようなプロセスを辿ることで、もとの宗教的、社会的地位の人格は死に、新しい社会的・宗教的地位の人格の人となって再生するのだ。

世界の周辺的な地域社会や近代以前の社会で、子どもが大人になる、結婚する、死ぬ、などの人生の節目に、イニシエーションの儀礼は広く行われてきた。人々はそれに参加して、自己の変化を体験してきた。だが、多くのイニシエーションの制度は消滅した。[★13] 割礼、女性の陰核切除、入れ墨などの身体変工や理不尽な折檻など（それらによってカラダに刻印された傷痕こそが、新しい地位と人格の獲得をしばしば証明する。8章「8-4」で紹介したテワの少年が受ける虐待もそうだ）、儀礼に伴う試練の暴力的側面が、主に外部者から問題視され批判されたからだ。つまりここにも暴力を嫌悪する感性は関わっている。

テントボクシング

イニシエーションとボクシングとの関わりについては、こんな話がある。

オーストラリアでは一九六〇年代までテントボクシング（正しくは、トラベリング・ボクシング・テント・ショー）という興行イベントが盛んだった。ボクサーを抱えた旅巡業の一座が行く先々の町にテントを張り、現地で募った力自慢を相手にボクシング・ショーを開催したのだ。一座がよくやってくるのは、地方の町だともっとも大事な年中行事の農産物品評会が開かれるタイミングだ。たくさんの見世物小屋や屋台が立ち並ぶなか、土地の人たちの一番の楽しみはテントボクシングだった。

理由は後述するが、テントボクシングの巡業一座たちはその後、次々と廃業を余儀なくされた。二十一世紀まで残った数少ないテントボクシングのフレッド・ブロフィーズ・ボクシング一座の巡業については写真家、須摩謙が一九九五年以降に映像で記録している。その写真の展覧会が二〇一二年に東京で開催され、ＤＶＤ付きで写真集も刊行された。写真集に寄稿した佐伯誠はテントボクシングでの闘いを次のように述べる。

> 雇われたboxerたちはアボリジニが目立つが、しらべてみると歴代のチャンピオンには、ナイフで切ったような一重瞼《まぶた》の中国系のboxerもいたりする。黒かろうと黄色かろうと、とにかく腕っ節が強くて、どんな粗食でも文句をいわずに旅をすることのできる奴なら、それなりに遇《ぐう》されたはずだ。ただし、いったんリングに上がったら、土地の力自慢の荒くれと拳をまじえて3ラウンド闘わねばならない。目から下が赤く陽に灼《や》けたカウボーイが、酒の勢いでリングに上がってくるが、どっこい待ち受けるアボリジニの剽悍《ひょうかん》な男たちの拳固を躱《かわ》さなければ、たちまち顎《あご》を砕かれかねない。どっちも、命がけの殴り合いで、引っ込みがつかない。挑戦者が勝つと、いくらかの賞金がもらえるのかと思えば、一銭ももらえないというから不可解だ。[★14]

テントボクシングについては須摩の写真集以外に、ボクサーとしてアマでもプロでも経験豊富なオーストラリア人のマクレナンが、一九八八年頃から別の一座の巡業に密着して著書を執筆している。マクレナンは、バスのなかでたまたま知り合った男性から聞いた、テントボクシングに出場した思い出話から語り起こす。

男性の思い出は、第二次世界大戦が終わって間もない一九四八年にまで遡る。当時十八歳の若者だった彼はシドニーの波止場で働きながら、ぶらぶらしていたものだから、ロイヤル・イースターの時期に立てられたテントに名乗りを挙げて参加した。彼のような飛び入りの若者たちは、一座に属する歴代の名ボクサーたちが描かれたカンバスの前に一列に立ち並ぶと、打ち鳴らされる太鼓の音と振動が骨髄にまで響くのを感じながら、群がる観衆の前で盛大な紹介を受ける。ロープのない、四角い試合エリアで殴り合うのはまもなくだ。

最初のラウンドはよかった。だが相手の口に強打を叩き込んだあとはボコボコにやられた。とにかく最後までは闘い通した。無我夢中でどんなふうに闘ったかさえ覚えていない。だが試合が終わったあと、仲間たちはビールをおごると言って聞かないし、シドニーにいる間中ずっと「テントで闘った男」としてちょっと顔も利いた。だから多少傷を負ったり、鼻が血まみれになったりするだけの価値はあったと、彼は懐しむ。マクレナンも指摘する通り、変わり映えのしない毎日にみんな飽き飽きしている田舎の町がちょっと華やぐ時季になるとめぐってくるテントボクシングに、飛び入り参加することは、男になるためのイニシエーションの意味合いがあったのだ。

しかし一九六九年、ニューサウルウェールズ州政府はテントボクサーにも、プロボクシングに適用されていたルールを適用することに決めた。テントボクサーもプロボクサー扱いされることになった。そのため週に一度を越えて試合に出場できなくなったし、医師の付き添いも条件になった。それまで彼らは多い日なんて一日に十七回も闘っていたのだ。だから彼らは医師に首輪で結ばれているなんてウンザリだった[★15]。以来、ニューサウルウェールズ州にテントボクシングの一座は来なくなった。

同様の州法は他の州でも制定された。このボクサーの安全管理を厳格にした州法は、テントボクシングを衰退させた。ついにはテントボクシングが活動できるのはクイーンズランド州のみになった。須摩やマクレナンが取材したのも同州で活動する一座だ。

テントでの闘いを佐伯は次のようにも形容している。

もちろん、テントの下に、シュガー・レイやデュランやハグラーのような超越的な能力を持ったボクサーがいるはずはないから、へっぴり腰やらネコの手のパンチにうんざりするのは覚悟の上だ。けれども、そこにはスポーツという洗練されたものが失ってしまった、むきだしの暴力が、畸形性《きけい》が、搾取《さくしゅ》が、アボリジニの黒光りする肉体をかりて噴出している[★16]。

このむきだしの暴力こそ、近代社会が躍起になって管理し、統制しようとしてきたものだ。この流れのなかで、拳で殴り合うゲームから流血と暴力が排除される方向に向かい、スポーツ以前の血の臭いさえ漂っていたテントボクシングも、二十世紀半ばにはオーストラリアのほとんどの州で消滅した。地方の男たちにとって、男になるイニシエーションの一つのチャンスが失われたのだ。

イニシエーションと現代

近代社会で制度としてのイニシエーションが消失したのは、それが「進歩」という概念の存在しない、「完全な伝承社会」を前提条件としていたからでもある。つまり完全な伝承社会では、イニシエーションによる「分離」と「過渡」の儀礼を受けた人は再び元の社会に加入することができる。これが可能なのは、自分がいる社会は原初のときからすべてを整えてできあがっている閉じた世界だと、その社会の成員たちが理解しているからだ。これに対して近代社会においては、社会は開かれていて進歩するものだと考えられている。しかも進化、変化、発展の点がとりわけ重要視される。人も、モノも、社会も、停滞したり沈滞していてはならないのだ。だから、近代社会ではイニシエーションが存続しにくい。というのは、それを受けた人が、社会からの「分離」と「過渡」を経て「統合」されようにも、統合されるべきもとの社会はすでに変化してしまい別物になってしまっているからだ。それではイニシエーションは意味をなさないか、あるいは一回限りでは不十分だ。現代人は何度もイニシエーションを経験しなくてはならないことになる。★17

イニシエーションという現象は、社会からほぼ消失した。しかし内的経験としてのイニシエーションが、現代人にとって不必要になったわけではない。子どもが大人になるというのは、いつの世でもたいへんなことだ。人は一定の環境下で、人為的にチャンスを与えられなければ「大人」になり損ねる可能性が高い。現代人は大人になれない困難をしばしば経験するようになった。[18]

だがイニシエーションを内的に経験するのは簡単ではない。たとえば南極大陸横断を試みたとしても、ヘリコプターやマスメディアや情報機器に守られ、監視下でなされるのがふつうだ。決して異界や世界の果てでの出来事として、つまり「過渡」のステージにおける試練として経験されるのではない。完全な「分離」はなく、どこまでももとの社会に留まり続けているからだ。その試みも本当の生死を懸けたものではなく、スリルを楽しむ冒険だ。これではイニシエーションにならない。[19]

これに対して、勝敗の結果はともあれリングという分離された空間で、死力を尽くしてボクシングの試合を最後まで闘い切り燃え尽きた矢吹丈の姿は、たしかに過酷なイニシエーションの試練に打ち克った姿に見える。その姿への憧憬には、イニシエーションを通して何者かに変わり得たにちがいないという、イメージのなかにある古い社会への郷愁に通じる感傷がこもっている。

だが、不幸にもイニシエーションとは、ある人の社会的地位の変化を、社会が認証するための制度だ。たとえば戦後間もないシドニーでテントボクシングに出場した男が、その思い出を後生大事にしていたのは、その経験によって仲間から、そして社会から、彼の変化を認証してもらえたからだ。テントボクシングはそういうものとして、ある時代、ある地域で、たしかに機能していたのだ。

逆に言えば、たとえ自分に対してどんな厳しい目標への到達を試練として課し、その達成を自身でイニシエーションと位置づけたとしても、それだけでは不十分だ。その達成によって何がしかの地位や人格の変化を、社会が認証してくれたというたしかな自覚と、そのことによる自信を得るのが難しいからだ。燃え尽きたはずの高橋直人が、心のなかにくすぶり続けるものを後で再び見いだした。それはおそらく、そんな理由からではないだろうか。

9-2 殴り合いと快楽

死力を尽くした殴り合いには、死のリスク、脳障害のリスクがある。一方で、その心身の極限状態にあるとき、勝ち負けをも超越しているかのような快楽がもたらされることがある。

このように大きなリスクと紙一重の快楽は、まさに人間的なものだ。人間がこれまで飽くことなくその獲得と拡大に努めてきたこの種の快楽について、ここでは取り上げよう。

三島由紀夫とボクシング

少し話が飛ぶようだが、「私のなりたいもの」という企画で、三島由紀夫がボクサーに扮した「モデルとボクシング」というタイトルの写真がある。一九六三年七月十二日のものだ。どこかハマりきっていないのか、少しこわばっているファイティングポーズの三島、ロングドレスで着飾ってポーズを決めているが、拳にボクシンググローブをはめている笑顔のモデル美女、しかつめらしい表情で腰に手を当てたレフェリーらしい男性、こんな三人が、スポットライトを浴びたリング上でカメラに向かい並んで立っている。[★20] 三人の組み合わせはどこかちぐはぐだ。

さてボクシングの試合は、「最悪なら死」という危険を覚悟で、二人の男が死力を尽くして殴り合う緊張の三分間と、生を謳歌していることを象徴するかのような水着美女が客席に向かって媚態をふりまきながらリングと呼ばれる閉じた一つの宇宙を一周する、弛緩した一分間の繰り返しだ。だが試合終了のゴングが鳴れば、それまで闘志あらわに相手を拒み、威嚇しあっていた二人は、瞬時に真剣な表情を解きほぐし、唐突に子どもっぽい親しみさえ全身で表現して抱擁し合う。男と女、死と生、敵意と友情、闘争と平和……、どれほどたくさんの二項対立がそこにたちあらわれることか。

だが忘れてはならないのは、リング上には対戦する二人のボクサーの他に、二人が登場する前から後までそこに留まり続ける第三の男がいることだ。レフェリーだ。彼こそがこうした二項対立の境界を明確に区切り、拳の闘争をスポーツとして成立させる張本人だ。三島の「モデルとボクシング」の写真は、あたかもこのことを暗に示しているかのようだ。グローブをはめた三島とモデルの二人の組み合わせがいかにちぐはぐでも、第三の男がきちんと役割を果たす限り、あらゆる二項対立がリング上では生滅しうるのだ。

それにしても三島はなぜボクシングに憧れたのだろうか。自身が次のように語っている。

少年時代から強烈な肉体的コンプレックスを持っていた三島に、スポーツを不可欠のものにした原因はただ一つ、そのコンプレックスだった。神から与えられた彼の肉体とスポーツとの間には、まるでよじ登ることさえできぬ高い鉄壁がそびえ立っているかのようだった。しかし、非力のままに三十代へ歩み寄るのは悔しくてならなかった。ついに一九五五年（三十歳）から早大の玉利齊コーチの指導を受けてボディビルを始めてみた。するとカラダはみるみるうちに変わった。一年もすると、肉体的自信が主観的にはふくらみすぎ、昔から自身とスポーツとの間を隔ててきた鉄壁がついに崩れたと信じた。翌秋には、もっとも困難な、もっとも激しいスポーツ、三十歳に達した男の大半がおぞ毛をふるうようなスポーツについに手を出した。ボクシングだった。日大の小島智雄に入門し一年間修行したのだ。[★21]

三島にとって、初めてのスパーリングの感動は忘れられない。「いざやってみると、三分間という時間の、十年間ぐらいに感じられる長さ。コーナーに追いつめられて、サイド・ステップを踏めば逃げられることがわかっているのに、いっかな足が動かない、その鉄のような不如意[★22]」と、しかし満足げに回想する。殴られることに対する不安と緊張にさらされながら、終始リング上で動き続けなければならない。しかしカラダは思うように動いてくれない。そんな三分間がどれほど長いかには、初めてスパーリングを経験する者がおそらく共通して驚嘆する。これをイニシエーションにたとえる人もいる。

カラダと陶酔

最初期における意識に対する動作やカラダのちぐはぐさは、ボクシングに限らず、多くの身体行為に共通するものだ。だが熟練するにしたがって、それは次第に解消される。やがて苦しいなかにも陶酔を感じる瞬間を、偶然に感得するときが訪れる。この陶酔についても、三島は神輿《みこし》を担いだ経験から書き記している。

神輿を担ぐことは、体力がなく山の手育ちの彼にとって、幼時からの夢だった。ボディビルで体力に自信がついたあと、ついに彼にも神輿を担ぐチャンスが訪れた。上下左右に揺れ動く神輿の棒を肩に密着させておくことは容易ではない。しかし担いでいる間にやがてコツを会得した。すると心は神輿を明確に感じるようになった。神輿の本質は外から見たその形ではなく、肩に加わるその重量なのだ。形を彼が忘れたとき、彼自身がすでに活き活きと躍動する神輿の形の一部になっている。陶酔はそのとき始まった。

神輿の担ぎ手たちの陶酔は、肩にかかる重みと、懸声《かけごえ》や足取りのリズム感との、不可思議な結合にこそあった[23]。これを知った三島は、陶酔する男たちの無垢の目に映っている風景を、感動をこめて次のように記す。

幼時から私には解けぬ謎があった。あの狂奔する神輿の担ぎ手たちは何を見ているのだろうという謎である。(中略)鋭さと恍惚の入りまじった目には、何か想像も及ばぬものが映っていそうに思われる。

担いだ私はこの謎を容易に解いた。彼らは青空を見ているのだった。広い道へ出ると、晩夏の秋めいた雲をうかべた空は、担ぎ手の視野を占め、その青空は躍動して、大きく落ちかかるかと思うと、又高く引き上げられた。私はあのような空を見たことがない[24]。

神輿の担ぎ手たちだけが知っているこの青空こそ、生活のなかで最良の瞬間にのみ見ることができる光景だ。そのとき、他人の評価に対する意識が一切なく、行為そのものに注意が向けられ、没我の境地にある。自己の行為と周囲の環境を、自分の意思でコントロールしている感覚のなかにいる。三島の経験は、ハンガリー生まれの心理学者チクセントミハイが言う「最適経験」に通じる。

最適経験とは次のようなものだ。自分は不可知の力によってもてあそばれているのではなく、自分こそが自分の行為を統制し、自分自身の運命を支配しているような気がするときが、誰にでもあるだろう。これが生じたとき、気分は高揚し、長いこと待ち望んでいた深い楽しさの感覚が生まれ、またその感覚は生活のあるべき道標として記憶に残る。そんな経験のことだ。チクセントミハイは、この最適経験をつくり出す状態を「フロー（流れる）」と名付けた。もはや一つの活動に深く没入していて、他の何ものも問題とならなくなっている、またその経験自体が楽しいので純粋にそれをするためだけに多くの時間や労力を費やすような状態にある。[★25]三島がここで陶酔と呼んでいるのも、どうやらこのフロー状態に近い。

重要なことは、陶酔のなかにある多幸感が、たとえば優雅な空間でくつろいでおいしいものを食べ、平和と安逸を謳歌しているようなときにあらわれるのではないことだ。むしろ、自分にとって価値のある何かを成し遂げるために、努力して困難に立ち向かい、そのために肉体と精神を限界まで働かせ切っているときに生じている。

たしかに一生懸命に肉体と精神を働かせた後のくつろぎは楽しいものだ。真夏の昼のボクシングの練習帰りには、一本のアイスクリームでさえ至福の喜びを与えてくれる。その究極のものとして「燃え尽きた」あとにかみしめる平穏な満足があると夢想する。だが最良の瞬間とは、実際にはプロセスのなかにある。この幸福や快楽は偶然がもたらしてくれるのではない。私たちが自ら生じさせるものだ。ボクシングでいえば、真の幸福が訪れるとしたら、それは死力を尽くした試合の後ではない。まさに死力を尽くしているさなかのことだ。

無害のマゾヒズム

人間はネガティブな感覚や感情を生むような行為、恐れや苦痛を生む行為を楽しむ唯一の動物だ。サルの実験結果から導き出せる解釈によると、人間の脳はリスクのある出来事から快感を得るようにも出来ているらしい。だから激辛トウガラシを食べまくったり、スカイダイビングやカーレースなどの極限的な経験に身を置いたりすることに快楽を感じ、ハマってしまう嗜好の持ち主があらわれる訳だ。こうした嗜好を、心理学者のポール・ロジンは「無害のマゾヒズム」と呼んだ。[★26]

このマゾヒズムに共通するのは、高い潜在的利益（薬効、スピード、新しい環境への理解）と高い潜在的危険（毒作用、体調悪化、事故）が、対になって存在していることだ。最初は苦痛や吐き気や恐怖などの嫌悪の反応を示しても、徐々に慣れる。自分が不幸を招かずにどれだけの高さ、辛さ、強烈さ、速さ、遠さにまで到達できるのかを段階的に探り、現在の限界を押し上げるのに喜びを感じる。[★27]ボクシングもそうだ。最初の頃は、スパーリングで数発頭を強打されたくらいで吐き気がして、練習後の食事さえできなかったのが、じきに同じくらいの強さのパンチを頭に受けてもへっちゃらになる。

念のために付け加えておくと、快感の反対は痛みではない。愛の反対が憎しみではなく、無関心なのと同じように、快感の反対は痛みではなく退屈、つまり感覚と経験に対する興味の欠如なのだ。SMマニアでなくても知っている通り、快感と痛みは同時に甘受できる。長距離ランナーは苦しみながらも至福を味わっているし、出産時の女性にもそういうことが起きるという。[★28]

話を戻すと、「無害のマゾヒズム」のなかにある嫌悪と克服のプロセスがエスカレートして、行き着く先は中毒や依存症だ。だが、中毒になることを恐れるあまり自分を抑圧すると、生活は萎縮してしまい、楽しくもなくなるだろう。極端に快楽主義的な人も、極端に禁欲的な人も、どちらも退屈だし、また人を退屈させるものだ。[★29] 恐れをコントロールして勝ちを取りに行くところこそが、まさにボクシングの醍醐味ではないか。拳で人を殴る野蛮な暴力の闘争に淵源があるボクシングが、これまで長い間人々を熱狂させ、人々に陶酔と幸福をもたらしてきた理由は、まちがいなくそこにある。幸福のためにボクシングがあるのだとすれば、幸福なボクシングもきっとあるのだ。

10章

女性化する拳

本書ではここまで、ほとんど男性について書いてきた。だが周知の通り、女性同士だって暴力を用いて争う。拳で殴ることだってある。それにボクシングや総合格闘技その他、拳で殴り合うゲームでも、昨今の女性たちの活躍には目を見張るものがある。ということからすると、拳で殴り合う闘争を男性のみの領分とする見方が、むしろ偏狭なのは言うまでもない。本章ではまず拳での殴り合いと女性との関わりを取り上げよう。続けて人類史的な暴力の減少という、本書における重要なテーマとの関わりについても論じたい。

歴史的に見ると、通常の社会生活において目につきやすい場所での暴力や流血が減少していくなか、近代イギリスで暴力を馴化し抑制したゲームとしてのスポーツが発生した。まさにその流れのなかで、拳で殴り合うゲームとしてのボクシングは誕生し発展した。

一九五〇年代末以降の人々の暴力に対する感性に注目すれば、あらゆる社会的弱者に対する抑圧を取り除き、その権利を保護する動きが活発化するのに並行して、些細なものであれ、暴力に対する嫌悪感は、大きくなる一方だ。他方で、拳での激しい殴り合いを売りとするボクシングの興行規模は、縮小するどころかますます拡大している。

最後に考えたいのは、世界の趨勢としてあらゆる弱者の権利の擁護と暴力に対する嫌悪と忌避が広まっていく現在、この拳で殴り合うゲームが、どのような状況にあるのかだ。

10-1　ボクシングと女性

まず拳での殴り合いに女性がどのように参加し、あるいは関与してきたのかから、以下で述べることにしよう。

女性の権利の拡大

女性たちは長い間、兵士からも、スポーツの領域からも排除されてきた。オリンピックの歴史だけを見てもそのことは明らかだ。初めての女性参加は、一九〇〇年開催の第二回パリ大会でテニスとゴルフの二競技三種目だけで、しかも参加者に占める女性選手の割合は、一・六パーセントにすぎなかった。[★1] それればかりではない。一九二〇年代から一九三〇年代にかけてIOC（国際オリンピック委員会）は、陸上競技から女性選手を除外する決定を何度も行っている。今日的観点からするとひどい女性差別だ。しかし一方で、アメリカ合衆国のアマチュア・スポーツ連盟の女性部会の側も、一九三二年のオリンピック種目からの女性の除外を要請する嘆願書をIOCに提出していた。つまり、「スポーツは男性のもの」という認識は女性の間でも当たり前だったのだ。[★2]

現在ではオリンピックのほとんどの種目に男女双方が出場可能だ。とはいえ激しく肉体を衝突し合うコンタクトスポーツは男らしく、新体操やフィギュアスケートに代表される優雅さやしなやかさといった表現系のスポーツは女性らしい、という男女のジェンダー・イメージはあいかわらず根強い。またメディア報道における女性アスリートの描き方も、依然として男の眼差し寄りのものが多い。[★3] そのことは、「カワイイ」女子アスリートに対するカワいさに偏重した一般メディアにおける取り上げ方にもあらわれている。その意味でもスポーツにおける男女平等の理念は、十分に実現されていないのかもしれない。

それでも、過去半世紀の間に、以前に比べて女性の権利が社会で広範囲に拡大されたことはまちがいない。またこの状況変化を受け、女性が拳で殴り合うゲームに、男たちが見て喜ぶ色物やまがい物としてではなく、真剣な競い合いとして参加できる基盤も確立されてきた。この二十年の間だけをふり返って、隔世の感がある。次では、女性とボクシングとの関わり合いを歴史的に見るために、二十世紀初頭まで一度時間を遡ろう。

ジャック・ロンドンの時代

アメリカの作家ジャック・ロンドンといえば、日本では『野生の呼び声』や『白い牙』など、犬を主人公にした動物文学の作家としてもっともよく知られているが、実に幅広いジャンルを狩猟に興じたスポーツマンだった。

手掛けた作家だ。イングランドのスラムに住み込み、ルポルタージュのパイオニア的作品と評される『どん底の人びと』（一九〇三年）を書いたし、自伝的小説を含む長短編の作品も数多く書いた。暇さえあればボクシング、フェンシング、ライフル、水泳、馬術、サーフィン、釣り、狩猟に興じたスポーツマンだった。

とくにボクシングに関しては、ジェームズ・ジェフリーズにガス・ルーリンが挑んだ世界ヘビー級タイトルマッチ（一九〇一年十一月十五日）をはじめとするボクシング観戦記をいくつも新聞に寄稿しただけではない。ボクシング小説もいくつも発表したから、このジャンルのパイオニアとも目されている。彼の人生は四十年と短かったが、彼が生きた時代はアメリカ資本主義が隆盛して大衆社会が成立するまさに変革期だった。ボクシングが「賭けるスポーツ」から「観るスポーツ」へと変貌していくさまにも、じかに立ち会っていたのだ。

さて十九世紀後半のアメリカにおける産業革命は、「金メッキ時代」をもたらした。交通や通信の手段が発達し、西部開拓が進んでフロンティアは消滅へと向かった。一方で大量移民などにより労働力が増加して都市化が進み、古くさい秩序は崩れた。つまり、厳格で保守的な宗教的戒律に支配されていたそれまでのアメリカ人の生き方や考え方は、がらりと変わったのだ。

こうして大衆が誕生し、大がかりな巨大娯楽市場ができあがった。新聞だけに注目してもその数は一八七〇年から一九〇〇年の間に三七八紙から二千三百二十六紙に増え、全購読者数は三百五十万人から千五百万人にまで増えた。

大衆向け週刊誌『ナショナル・ポリス・ガゼット』が、一八八〇年にパディ・ライアンとジョー・ゴスのプライズ・ファイトのタイトルマッチを取り上げて、四十万部を売った。それから新聞はスポーツイベントへの取材に力を注ぐようになり、一八九二年には大都市のほとんどの新聞社に、スポーツ欄編集主任とスポーツ専門のスタッフが配属されるようになった。二十世紀初頭にもなると、人々のスポーツ熱もますます高まった。生活水準の向上、労働時間の短縮、プロスポーツ概念の普及などを背景として下層階級の人々もスポーツに参加できるようになったからだ。[★4]

ロンドンが生きたのは、このようにスポーツを取り巻く社会とメディアの環境が激変し、スポーツが大衆化した時代だった。ちょうどプライズ・ファイトからボクシングへの移行期とも重なっていた。「金メッキ時代」の申し子、ジョン・L・サリヴァンが挑戦者ジェイク・キルレインを七五ラウンドでKOした一八八九年の試合がベアナックル最後のヘビー級タイトルマッチだ。そのサリヴァンも一八九二年にはクイーンズベリー・ルールによる試合でコーベットにKOされた。以来、ボクシングが新しく大衆の支持を取り付けていく。[★5]

女人禁制のボクシング会場

アメリカにおける初期ボクシングの熱気を伝えるロンドンの小説は、当時のアメリカ社会とボクシングとの関わりについてたくさんのことを教えてくれる。

たとえば『試合』（一九〇五年）という小説がある。労働者が多い下町で働きながら、闇の副業としてのボクシングで家計を助けている二十歳の若者ジョウが、菓子屋で働く十八歳の娘ジェネヴィーヴと恋仲になる。ジョウは結婚を約束して最後の試合に出るが、KOされリング禍で死んでしまうというあらすじだ。

小説の最後で、ジェネヴィーヴの育ての親、シルヴァスタイン夫人が、病院でジョウの遺骸に別れのキスをしたジェネヴィーヴに対して、邪険に言い放つ。

「あたしゃ、何て言った、えっ？　何て言ったかい？　拳闘選手を決まった相手にしたいだって！　もうおまえの名前は、どの新聞にも出ちゃうよ！　プロボクシングの試合で――男の服を着てさ！　おまえったら、大した女《あま》だよ！　このあばずれ女！　この――」★6

ジェネヴィーヴは、男装してボクシングの試合会場に入り込み、リング横に設置された更衣室のなかに潜んで、恋人の最後の試合を壁に空いた覗き穴から観戦していた。ボクシング会場は女人禁制だったからだ。

それは若い男の裸を女性が見てはならない、という強い規範があったからだ。のぞき穴を通して初めて恋人のみごとな裸を見たジェネヴィーヴは、恥ずかしさのあまりほてり罪深い気持ちに襲われる。

現代の女性たちが、若さみなぎる男たちの半裸の姿に見入ったからといって、不道徳な罪悪感に責めさいなまれることなどないだろう。また「自由の国」であるはずのアメリカが、ほんの百年あまり前に、こんなに堅苦しい国だったとも、信じがたいかもしれない。だが当時、裸の若い男同士が殴り合うボクシングを観戦する女性なんて、貞操観念を欠いていると見なされ、ハレンチだの、あばずれだの、と新聞紙上で非難されるほどの事件だったのだ。

実はこの小説が発表される少し前に、史上初のボクシング映画が公開されている。ボブ・フィッツシモンズがコーベットに挑んだ、一八九七年三月十七日の世界ヘビー級タイトルマッチの記録映画がそれだ。リングサイドに固定された三台のカメラで撮影したフィルムを編集したもので、挑戦者フィッツシモンズが「みぞおちパンチ」でコーベットを一四ラウンドでKOするに至るまでの一部始終を実写で伝えている。[★7]

この試合がもたらしたボクシングと映画の結びつきは、複数の意味で重要だ。初期ボクシングの映像記録として貴重なことはもちろんだが、それだけではない。まず、試合場に足を運んでいない人まで、視聴者（無声映画だったが）として取り込むことに成功したことだ。

次にボクシング界に新しい興行収入をもたらしたことだ。たとえばこの試合を主催したダン・スチュアートは、入場料の徴収よりも映画の放映権を売る方の利益を見込んで、映画化の独占権をイーノック・J・レクターに与える契約を結んでいた。興行収入に、新しく放映権が付け加わったのだ。ボクシングと映像メディアの結びつきは、その後テレビの出現でますます深まり、現代ではＰＰＶ（ペイ・パー・ビュー）方式の導入によって興行収入をさらに増やしている。

最後に、ボクシングの記録映画がボクシングに対する女性の関わり方を変えたことも重要だ。この試合の客席には女性専用区画が設けられたし、フィッツシモンズのセコンドとして妻ローズもリングサイドにいた。そしてなんと、このレクターによる最初のボクシング映画作品では、観客の大半が女性だったのだ。このように映画との結びつきは、ボクシングの新しい観客層として、女性を加えた。

まさにこの映画が、女性たちが若い男の肉体を見る禁を解くきっかけを与えたのだとすると、[★8]ロンドンの小説は、女性を抑圧してきた古い道徳的規範の一部が映画によって打ち崩される、前夜の状況を描写したものだったことがわかる。

女性の殴り合いの楽しみ方

二十一世紀は、女子ボクシングも盛り上がっている。だが、ボクシングの歴史をふり返ると、長い間女性の役割は極端にさしみのつま的だった。リング上に現れる女性は、ほとんどラウンド・ガールか、場合によっては国歌の歌い手に限定されていたのだ。ラウンド間のインターバルに次が何ラウンドかを示すプラカードを掲げ、リング上をセクシーにねり歩くラウンド・ガールのサービスは、観客といえば男が大半を占めていた一九五〇年代に始まったものだ。水着とハイヒールとマニキュアで飾った彼女たちは、トランクス、ボクシング・シューズ、グローブだけを身につけたボクサーたちと同じく、公衆の面前に自らの姿態をさらして観衆の視線を集める。しかしなんの危険もない。お飾りに過ぎない。[★9]

では女性同士のボクシングは新しいのだろうか。起源を探ってみると、意外や意外、ロンドンの小説よりも古いのだ。なんとプライズ・ファイトの時代以前にも女性同士の拳闘はあった。拳闘学校を開き自らイングランド初代チャンピオンを名乗ったピュジリズムの祖ジェームズ・フィッグの時代、拳闘試合の宣伝には「男らしさを試す」というキャッチフレーズがあふれていた。だが当時の拳闘試合には、女性も参加した。ちょうどその時期の女性同士の拳闘試合の挑戦状が伝えられている。一七二二年の『ロンドン・ジャーナル』紙上に掲載された、女性の拳闘に関する最古の文書記録として有名なものがこれだ。

挑戦状

クラークンウェルのエリザベス・ウィルキンソンより、ハンナ・ハイフィールドへ。あなたに直接伝えたいことは、あなたを三ギニーを賭けて拳闘試合へとお招きし、それぞれが両手に半クラウンずつを握り、それを最初に床に落とした側を敗者とする。

応戦状

ニューゲート・マーケットのハンナ・ハイフィールドより。エリザベス・ウィルキンソンによる堂々たる挑戦状を受け、神のご意志であれば、必ずや、私はあなたに返す言葉よりもっと多くのパンチをもって返答することになろう――なお、拳闘試合は自宅で行い無報酬とする――試合を楽しみにしている。[★10]

女性の拳闘は熱狂的な支持を集めていた。それを書き残したのが皆男性だったからか、拳闘の技術などより、少女たちや大人の女性同士が腰のあたりまで衣服をはだけ、肌を露出して闘う姿に、ことのほか注目している。女性同士、あるいは女性と男性の拳闘は十八世紀の絵画作品にも描かれているが、男たちはスケベ目線で女性同士の決闘を見て楽しんでいたのだ。[★11]

アメリカ合衆国における最初の女子プライズ・ファイトは、二〇〇ドルの賞金と、噂による と銀のバター皿一枚をめぐって、一八七六年三月十七日にマンハッタンにあるヘンリー・ヒルのコンサートサロンで行われたショーダンサー同士の試合だとされる。[★12] 一八八〇年にはヘンリー・ヒルで、リビー・ロスがキャリー・エドワーズを破って、初の女子チャンピオンを戴冠した。一八八四年には「女性版ジョン・L・サリヴァン」の異名を得たハティ・スチュワートが初の女子ヘビー級チャンピオンとなった。しかしこのタイトルはなかなか重視されなかった。

もっと時代が下る一八九八年に発明王トーマス・エジソンがつくった初期の映画『コメディの舞台』でも、女性のボクシングは笑いものに仕立てられている。女子拳闘はなおもまがい物扱いだったのだ。[★13]

遡ればヨーロッパ中世の村のカーニヴァル以来、女性同士の闘いはほとんど常に好色なドタバタ劇として扱われてきた。古くはプロレスにおいてさえ、女性は対戦カードの幕間にしか登場しない喜劇的あるいはセクシャルな余興だったのだ。[★14]当然女子拳闘もスケベ目線で男性たちに見られた。そのくせ男性たちは拳闘やボクシングに興味をもつ女性たちのことを、スケベだの、あばずれだの、と非難していたのだから勝手なものだ。また別の見方をすれば、男たちは女性同士の殴り合いに、栄光を手にする勝者と無残で哀れな敗者の対比的な結末を期待して楽しもうとしたのではない。二人が醜態をさらし合うのを、嘲弄しながら楽しもうとしたのだ。

先述の通り、ロンドンがボクシング小説を書いた二十世紀初頭のボクシングの試合会場は、女人禁制でさえあった。にもかかわらずボクシング成立以前に、すでにピュジリズムでも女性チャンピオンは認定されていた。女性の参加や関与が完全に排除されていたわけではなかったのだ。

男子ボクシングがオリンピックで実施されたのは、一九〇四年の第三回セントルイスオリンピックが最初だ。女子ボクシングもこの年に披露された。しかしこれは、オリンピックでの実施ではない。同じとき、同じセントルイスで開催されていた万国博覧会が主催するエキジビションマッチとしてだった。[15] オリンピック正式種目としての採用は二〇一二年ロンドンオリンピックからだから、男子よりも百年以上遅れたわけだ。

『ミリオン・ダラー・ベイビー』の成功

一九六〇年代のアメリカでは公民権運動が高まりを見せた。このあと、女性の権利に始まり、子ども、動物など、社会的弱者の権利を求める運動が次々と興った。プロボクシングへの女子の進出は、こうした社会変革の動きと無関係ではない。

まず一九七〇年代に活躍して「女性版アリ」の異名を得たジャッキー・トナワンダが果たした貢献は大きい。彼女がマディソンスクエア・ガーデンで初めてボクシングの試合をした女性ボクサーだ。その試合で男性キックボクサーを相手にKO勝利を飾った彼女は、ボクシング競技への参加をめぐる男女平等を訴え法廷闘争にまで持ち込んだ。これによって一九七八年にキャシー・デーヴィスやマリアン・トリミアーとともに、女子として初めてボクシングライセンスの交付を受けた。こうしてニューヨークにおける女性のボクシング参加への道は開けた。[16]

一九九〇年代にはクリスティ・マーティンがその美貌と強さで人気を得て、アマチュアスポーツとしての女子ボクシングの競技人口拡大に貢献した。マーティンに刺激を受けたモハメド・アリの娘、レイラ・アリのプロデビューも話題を呼んだ。「美しい」チャンピオンの娘もやはり美しかったし、彼女の攻撃的なファイトスタイルもファンを魅了した。おまけに父モハメド・アリと三度にわたって壮絶な闘いを繰り広げたジョー・フレージャーの娘、ジャッキー・フレージャー・ライドとの父娘二代にわたる「因縁の対決」が二〇〇一年には実現した。女子ボクシングはさらに存在感を増した。

機は熟したのだろうか、クリント・イーストウッド監督・製作・主演の映画『ミリオン・ダラー・ベイビー』（二〇〇四年）は一億ドルの興行収入を記録し、四部門でアカデミー賞を受賞する大成功を収めた。もはや女子ボクシングは色物でも、まがい物でもない。女子スポーツ競技の一つとして広く社会に受け入れられたのだ。

映画の主人公マギー・フィッツジェラルトの相手役、というかワルの敵役には、キックボクシングとボクシングの双方で無敗だった最強女子ボクサー、ルシア・ライカが起用されていた。これはボクシングの臨場感を出すために、主人公の相手役に実力ある現役ボクサーや格闘家を起用するシルヴェスター・スタローンの手法と同じだ。ボクサーとしてのみならず、女優としても活躍していたライカの知名度は上がり、そのうえ世界的大物プロモーターのボブ・アラムが、この映画に因んで「ミリオン・ダラー・レディ」と銘打ち、賞金一〇〇万ドルを懸けた、ルシア・ライカとクリスティ・マーティンの試合興行を企画したほどだ。ただし残念ながら、ライカが試合前にアキレス腱断裂のケガを負い、中止になった。★17

日本の女子ボクサーたち

以上がアメリカにおける女子ボクシング発展の概略だが、日本の女子ボクシング史はどのようなものだろうか。

プロでは一九九七年にシュガーみゆきが世界チャンピオンになって以来、現在に至るまで数々の世界チャンピオンを輩出している。一方、アマでも女子ボクシングがロンドンオリンピックの正式種目に決まったのを受けて、とくに二〇一〇年からは強化に力が入れられてきた。ちょうど芸人コンビ「南海キャンディーズ」のしずちゃんこと山崎静代がロンドンオリンピック出場を目指したから、女子ボクシングがマスコミで取り上げられる機会が増え、この競技が日本でも広く一般に認知されるようになった。近年のレベルアップには目を見張るものがある。

遡ると、女子のプロボクシングを統括する日本女子ボクシング協会（ＪＷＢＣ）が設立されたのは一九九九年だ（二〇〇八年にＪＢＣに統合され解消）。初期の女子プロボクサーは、女子キックボクサーからの転身組が多かった。キックボクシングの山木ジムが中心になって、キックボクシング興行のなかで女子ボクシングの試合を行っていたのが先駆けだったからだ。

さらに一九六〇年代まで遡ろう。ボクシングの元日本チャンピオン、「ライオン野口」こと野口進は、とにかくハチャメチャな逸話が多い豪傑だったが、その長男の野口修が一九六六年に日本キックボクシング協会を設立してキックボクシングが興った。

この競技は、もともと空手とのつながりが深かった。たとえば一九七〇年頃に必殺技「真空飛びヒザ蹴り」で一世を風靡した「キックの鬼」沢村忠は、剛柔流空手出身だった。またムエタイの殿堂ラジャダムナン・スタジアムで、外国人として初めてチャンピオンになった藤原敏男の師匠、「鬼の黒崎」の黒崎健時も極真会館創始者、大山倍達の直弟子だ。空手では女子の組み手試合はもっと前からあった（極真会館は一九九六年に第一回世界女子空手道選手権大会まで開いている）。だからキックボクシング団体の方が、女性の試合参加に対してボクシングほどの抵抗感はなかったのだろう。

だが実は、女子ボクシングの試合が行われた記録は、キックボクシングが産声を上げる前にもあった。なんと一九五〇年に広島で、翌年には日比谷公会堂で、女性ボクサー二人（同じ対戦者）が二分四ラウンドのエキジビジョン・マッチを闘っている。これを観戦した中村金雄は、「バンタム級そこそこの貧弱な胸に互いに乳当をしてリングに現われたこの女性拳闘家同士の（中略）リング上の模様は、かっこうがそれらしいだけで、ともに動きはスロー。パンチもシンプルに左ジャブを打ち、こわごわ右ストレートをだすといったお粗末さだった。しかも、互にいくどかパンチを顔に当てっこしているうち、どちらもタラタラと鼻血を出しとたんに『ざんこくさ』をムキ出す始末だった」★18と酷評している。さらに中村は、縄跳びやパンチングボールを打つ運動は女性にも申し分ないが、ボクシングはあくまでトレーニングを積んだ男性だけが行いうるスポーツだと断言している。女性差別的だと、今なら批判を免れないが、こうした見方は当時としては一般的だっただろう。

もっと言えば、さらに昔にも女子ボクサーがいた記録がある。それは戦前にまで遡る。一九三二年のこんな話だ。

女子砲丸投げ選手の石田正子が、ボクシングジムで練習をするうちに、四回戦クラスのプロボクサー相手には引けをとらない実力にまで成長した。ついに日比谷公会堂でライト級の男性ボクサーとの対戦が決まり、正式に試合告知と宣伝もなされた。しかしこの企画は警視庁条例違反だと警告されたために、直前に中止になった[★19]。

江戸時代には、女同士が乳房も露わに闘う女相撲が、色物として行われていた。だが、女子ボクシングはそちらの伝統とは一線を画し、独自に発展したようだ。アメリカやイギリスにおける女子ボクシングと比較すると、色物としての前史がはっきりしないのが日本の女子ボクシングの特色かもしれない。

「あばずれ女」の殴り合い

少年たちは校庭や遊び場でしばしば取っ組み合って争う。しかも、少年たちの方が少女たちよりも取っ組み合う頻度は多い。そればかりではない。そのやり方も異なる。少年たちの取っ組み合いは、そこでの支配権を獲得したり地位の順位を確立するための勝負であり、闘争だ。

しかし少女たちの取っ組み合いは、優越性の獲得とは関係がない。勝ち負けのない戯れなのだ。

女性の暴力に関しておもしろいのは、めったに互いに殴り合わないということだ。また過去数世紀にわたる殺人事件を見渡すと、女性による殺人はそのうち約一〇パーセントと、低い割合で安定してきた。しかも女性による殺人の多くが子殺しだ。柳田国男少年の心に焼き付いた間引き絵馬に描かれていたのもそれだ（1章「1-1」参照）。経済的に子どもを養うことができず、やむなく殺す場合のように、それは絶望的な家族計画の一環なのだ。

しかし、繰り返すように、だからといって女性が攻撃しないのではない。殴らないわけでもない。女性同士も互いに熾烈に争う。女性も名誉を重んじ、男性と同じく、名誉のために闘うのだ。

年頃の女性の攻撃性に関する研究によれば、女性同士の間でも稀に起こる肉体的な争いは、だいたいヤリマン、売女、あばずれなど、相手の貞節を否定する侮辱の言葉の応酬によって、激化する。女性の名誉の概念は貞節と結びついているのだ。この章でも引用したロンドンの『試合』の最後のシーンで、親代わりのシルヴァスタイン夫人がジェネヴィーヴに浴びせる悪罵のなかにも「あばずれ女」があった。こうした言葉は女性の名誉を著しく傷つける。だが、男性に対してはほとんど効果がない。

女性の攻撃性が肉体的に表現されることが男性より少ないのは、女性の名誉の概念が、肉体的暴力で立ち向かう勇気などよりも、貞節や忠実や母性などによって規定されるからだろう。

つまり男が重んじる勇気は、ピストルや剣や拳で証明できる。だが貞節はそんなもので証明できないのだ。[★20]

男もすなるボクシング

もう一度『ミリオン・ダラー・ベイビー』を思い出そう。女子ボクシングの物語としては、カットマン（ボクサーの止血係をつとめるセコンド）のフランキーが、マギー・フィッツジェラルドを女子ボクサーとして育て上げ、一〇〇万ドルの懸かった世界タイトルマッチに挑む話だ。だがこの映画の重要なテーマはこれだけではない。ラウンド終了後に受けたパンチによって全身不随となったマギーに対するフランキーの献身が描かれ、そこに尊厳死や家族の絆の問題という別の重要なテーマも輻輳されているのだ。拳の殴り合いで勇気を証明する男性の物語とは異なり、女性の物語では注目を集めるのが難しく、終末医療、死生観、人とのつながり、心の絆といった、社会性のあるテーマが、あと一つ必要だったのかもしれない。

一方、日本でも女子ボクシングを取り上げた『百円の恋』（二〇一四年）は、数々の賞を受賞して話題を呼んだ。実家にパラサイトして引きこもりがちの生活を送っている主人公、斎藤一子は、家族にも恋にも疲れていた。ついに自分が変わるために、一〇〇円コンビニショップの深夜バイトをしながら女子プロボクサーになることで人生のリベンジを果たそうとする。そんな物語だ。

生の充足を求めてがむしゃらにボクシングに没入する映画後半の一子の姿は、7章「7-3」で示したように、仕事を通じてではなく、ボクシングを通して自己実現やアイデンティティの形成を目指す現代日本の男性ボクサーの多くにも通じるものがある。女性もボクシングを通じて自己実現を図るのだ。

殴り合いの模倣の模倣の模倣

日本で女子ボクシングを取り上げた映画が注目された背景には、おそらく日本女子ボクシングのめざましい成長もあった。さらに遡れば、それに大きく貢献したものの一つに、ボクササイズの普及もあった。

ボクササイズとは、元世界ランカーの三迫正廣《まさひろ》が考案したトレーニングエクササイズの一種だ。彼のジムに通っていた選手の奥さんが、夫のカラダがみるみるうちに引き締まっていくのを見て相談に来た。これがきっかけとなって、ダイエットや体力増強など、さまざまな観点からつくりあげられたエクササイズがボクササイズだ。一九八七年にはボクササイズというネーミングが、商標登録もされた[★21]。

もともとボクシングが拳で殴り合う闘争の模倣だったとすると、ボクシングを模倣したボクササイズは、そのまた模倣だ。ボクササイズをボクシングから隔てさせている最大の特徴は、暴力がそこから完全に取り除かれていることだ。それなら拳闘の古い時代から伝えられてきたイメージトレーニングとしてのシャドーボクシングと、ボクササイズは同じではないか。そう思うかもしれない。だが、シャドーボクシングとは異なりボクササイズでは、自分に対して殴りかかってくる敵をイメージする必要すらない。ということはボクササイズは、拳で殴り合う闘争の模倣の模倣の模倣ということになる。真の闘争から三重にも隔たっているのだ。これも暴力を忌避する時代の流れに即したものと言えるかもしれない。

とにかく、ボクササイズが健康増進目的でスポーツジムに通うような一般の人々にも知られるようになると、これにヒントを得たさまざまな格闘技系エクササイズのプログラムが次々と生まれ、スポーツジムにおけるレッスンなどにも取り入れられた。それがきっかけでボクシングそのものにも興味を持ち、ボクシングジムに入会するような女性も増えた。こうして、それまで男だけの暑苦しい世界と思われていたボクシングジムの敷居が低くなると、ボクシングやボクシングジムに対するイメージも変わってきた。

ボクシングの女性化

「ボクシングの女性化」という言葉がある。ボクシングに対する女性の参加のことではない。

この言葉は、ボクササイズが生まれるよりもっと前からボクシング界で進んでいたある傾向について、一部の専門家や批評家によって批判的ニュアンスもこめて用いられてきたものだ。

　たとえば一九八三年にWBCは、世界タイトルマッチのラウンド数を一五ラウンドから一二ラウンドに短縮した。[★22] これは「ボクシングの女性化」の一つだ。今ではどの主要団体も一二ラウンドを最長と定めている。そのほか、医師の役割が大きくなって試合中のドクターチェックは頻繁になったこと、選手の健康面への配慮から現在のJBCルールではKO（TKOを含む）負けした選手は原則として九十日間を経過しなければ次の試合に出場できないことになっているが、そういう規則の制定なども、[★23]「ボクシングの女性化」にあてはまる。

　さらに、試合を止めるかどうかに関する、レフェリーの裁量が大きくなったこともそうだ。現在では一方の選手が防御不能な状態に陥ったり、あるいは深刻なケガの危険があるとレフェリーが判断すれば、自身の裁量で試合を止めることができるのだ。のみならず、現在では事故を避けるために、早めのレフェリー・ストップも求められている。つまり、ボクシングにおける暴力の抑制、安全基準の強化と遵守の全般が「ボクシングの女性化」と呼ばれているのだ。[★24] これらはすべて、次節でも触れる通り、相次ぐリング禍と、それに対する社会からの批判を受けた安全対策の強化によるものだ。

　レフェリー・ストップが早まった結果、大場政夫のタイトルマッチで起きたような華々しい大逆転劇はもはや起こりにくい。かつては一方的に打ちまくったあとに攻めている方が疲れてしまい、その後逆転されるケースも多かった。[★25]斎藤清作（たこ八郎）など、相手に殴りたいだけ殴らせ、そういう勝ち方を狙ってさえいた。昔気質のボクシングファンには物足りなくなってしまうかもしれないが、ボクサーの安全のためには、試合に勝つチャンスは次に先送りしてもいい。私はそう思っている。その先も、そして引退後も、人生は続くのだから。

少なくとも「ボクシングの女性化」のおかげで、見た目の血腥さは軽減された。また、だからこそボクシングを純粋にスポーツとしてとらえ、抵抗なくボクシングを始められる人が、男女を問わず以前より増えた。アマチュアの競技者人口は男女ともに増え、また入門者も低年齢化している。その意味でますますスポーツ化して発展している。

10-2　殴り合いは続く

暴力が人類史的に減少傾向にあることについては8章「8-2」でも取り上げたが、本書の締め括りに入る前に、そのことをもう一度確認しておきたい。というのは、この傾向と「ボクシングの女性化」現象は、明確に関わりを持つからだ。

暴力の減少

数千年単位でも、数十年単位でも、歴史的な傾向としてまた戦争から子どもの体罰に至るさまざまな種類の暴力にも見て取れる傾向として、暴力は減っている。もしかすると私たちは、人間が地上に出現して以来、もっとも平和な時代に暮らしているかもしれない。こんなことが信じられるだろうか。[★26]だが、膨大な量の統計資料と史料や文献を参照し、暴力の観点から人類史を描き出すことで、「人間とは何か」という問いについて追究したピンカーが、実証的に指し示したのはまさにこのことだった。

「二十世紀は歴史上、もっとも血腥い世紀だ」。こんな決まり文句を、私も子どものときから信じてきた。

二つの世界大戦があったし、冷戦の代理戦争もあれば、大規模な民族浄化の虐殺もあった。理性や科学知識では抑えきれない、人間の暴力的な本性をムキ出しにした戦争、内戦、テロを繰り返している現状がある。ますます科学の力に頼るほかない人間の未来が明るいはずがない。そういう二十世紀の悲観的観測には、どこか説得力があった。

もちろん二十世紀がそれ以前に比べて、暴力による死者の数が多い世紀だったことは事実だ。だが世界の人口そのものが多かった。一九五〇年で二十五億人（なんと二〇一八年の世界の人口は七十三億人を超えている！）だが、それは一八〇〇年のおよそ二・五倍、一六〇〇年の四・五倍、一

順位	事由	世紀	死者数	死者数：20世紀中盤の人口に換算	人口調整後の順位
1	第二次世界大戦	20	5500万人	5500万人	9
2	毛沢東（主に政策が原因の飢饉）	20	4000万人	4000万人	11
3	モンゴル帝国の征服	13	4000万人	2億7800万人	2
4	安史の乱	8	3600万人	4億2900万人	1
5	明朝滅亡	17	2500万人	1億1200万人	4
6	太平天国の乱	19	2000万人	4000万人	10
7	アメリカインディアン撲滅	15〜19	2000万人	9200万人	7
8	ヨシフ・スターリン	20	2000万人	2000万人	15
9	中東奴隷貿易	7〜19	1900万人	1億3200万人	3
10	大西洋奴隷貿易	15〜19	1800万人	8300万人	8
11	ティムール（タメルラン）	14〜15	1700万人	1億人	6
12	英領インド（大半は防げたはずの飢饉）	19	1700万人	3500万人	12
13	第一次世界大戦	20	1500万人	1500万人	16
14	ロシア内戦	20	1500万人	1500万人	20
15	ローマ滅亡	3〜5	800万人	1億500万人	5
16	コンゴ自由国	19〜20	800万人	1200万人	18
17	三十年戦争	17	700万人	3200万人	13
18	ロシア動乱時代	16〜17	500万人	2300万人	14
19	ナポレオン戦争	19	400万人	1100万人	19
20	中国の国共内戦	20	300万人	300万人	21
21	ユグノー戦争	16	300万人	1400万人	17

スティーブン・ピンカーによる「人類が犯した約20の大罪」リスト。死者数の多い順から抽出された上の21件の中に、19世紀以前の出来事が14件も含まれている。しかもそれらには、私たちが必ずしもよく知っていないような出来事も含まれている（［ピンカー 2015A:357］より筆者作成）

三〇〇年の七倍、紀元一年の十五倍にあたる。したがって、たとえば一六〇〇年と二十世紀の暴力の度合を比較するには、一六〇〇年の死者数を四・五倍しなくてはならない。[27]このように人口比を考慮して換算すると、二十世紀における暴力の死者はそれまでに比べて多いどころか、むしろ減っているのだ。

この人間の暴力の歴史的後退について、ピンカーは以下の六つの動向にまとめている。以下で括弧内に付したのは、彼がそれぞれの動向に対して与えた名称だ。

第一の動向は、紀元前五〇〇〇年頃から数千年単位で起きた変化で、狩猟採集と栽培を基盤とする統治機構のない社会から、都市や統治機構をもつ農耕社会へと移行した時期だ。この時期に、日常的な襲撃や争いが減少し、暴力的な死を遂げる人の割合が五分の一に減った(「平和化のプロセス」)。

第二の動向は、中世後期から二十世紀に至るヨーロッパの五百年間に顕著に見られた変化だ。それまでの寄せ集め的な封建領土が大きな王国に統合され、中央集権的な統治と商業の社会基盤が出来上がった。このことを背景にして、殺人の発生率が十〜五十分の一に減少した(「文明化のプロセス」)。

第三の動向は、十七〜十八世紀の理性の時代とヨーロッパ啓蒙主義の時代に見られる。専制政治や奴隷制、拷問、迷信による殺人、残虐な刑罰、動物に対する残虐行為など、社会的に認められた暴力形態を廃止するための組織的運動が起こった。またそれとともに、はじめて系統的な平和主義の動きが起こった（「人道主義革命」）。

第四の動向は第二次大戦後におきた変化だ。世界の超大国、そして先進国の大部分が、現代に至るまで互いに戦争するのをやめた（「長い平和」）。

第五の動向は一九八九年の冷戦終結後のものだ。内戦、ジェノサイド、独裁政権による弾圧、テロ攻撃など、あらゆる種類の組織的紛争や戦闘が、ニュースをよく読んでいる人には信じがたいかもしれないが、世界中で減少していることだ（「新しい平和」）。

第六の動向は、これも第二次大戦後、といってもとりわけ一九四八年の「世界人権宣言」以降のもので、少数民族、女性、子ども、同性愛者、動物などに向けられる小規模な暴力に対する嫌悪感の増大があげられる。このことは一九五〇年代末から今日に至るまで展開してきた、公民権、女性の権利、子ども権利、同性愛者の権利、動物の権利など、人権から派生したさまざまな権利を擁護する運動と無関係ではない（「権利革命」[28]）。また暴力のみならず、不快感や抑圧を与えるようなストレスを、他人に過剰に与えること全般がハラスメントとして問題視されるのも、今や先進国の一般的傾向だ。

本書がテーマとしてきた拳で殴り合う闘争に始まるゲーム化の歴史を、これら六つの動向に当てはめてみるとどうなるだろうか。まず、第二の「文明化のプロセス」の動向のなかで、その闘争は、たとえばイギリスで通りすがりの人々がにわか審判となって、ストリートで行われる決闘として形式化された。第三の「人道主義革命」の動向のなかで、拳の決闘はプライズ・

ファイトのピュジリズムとして組織化され、興行化が進み、資本主義の発展とともにその規模もふくれあがった。そのゲーム化はついに十九世紀に近代スポーツとしてのボクシングの発生を促す。

本章で最後に考えたいのは、それから一世紀を経て、第六の「権利革命」が進むなか、拳で殴り合うゲームがどのような状況に置かれているかだ。

デイビー・ムーアを殺したのは誰？

「権利革命」の時代になると、リング禍の問題も社会は看過しなくなった。その話からしよう。唐突なようだが、「誰が殺したクック・ロビン？」と聞いて、何を思い出すだろうか。私の世代ならテレビ・アニメ『パタリロ！』の主題歌だが、これは英語圏に伝わる童謡集『マザー・グース』にある有名な歌の一節だ。

オリジナルの童謡の歌詞の内容は、「クック・ロビン（オスのコマドリ）を矢で射殺したのは自分だ」と言うスズメの自白に始まり、ハエが死体を見つけ、魚がその血を受け、あとはカブトムシ、フクロウ、カラス、ヒバリ、ベニスズメ、ハト、トビ、ミソサザイ、ツグミ、牡牛（鷽《うそ》という説も）らがそれぞれ役割を分担してクック・ロビンの葬式を出すというものだ。[★29] 殺害犯のスズメは処罰も弾劾もされない。ひたすら動物たちによる弔いの共同性が、韻を踏んで淡々と語られる。物語としては奇妙な内容だ。

この歌のタイトル「クック・ロビンを殺したのは誰？」をもじって、ボブ・ディランは「デイビー・ムーアを殺したのは誰？」（一九六三年）を書いた。デイビー・ムーアは一九六三年三月二十一日にシュガー・ラモスとの世界フェザー級タイトルマッチで一〇ラウンドKO負けをした。試合後のインタビューで「次は自分が勝つ」とテレビに向かって宣言していたが、その後頭痛を訴え、入院先の病院で死亡した。ディランの歌詞では、ムーアの死をめぐってマネージャー、レフェリー、多くの名もなきギャンブラー、ボクシングライターや観衆が、それぞれ自分には責任はないと順番に弁明する。こうして彼はリング禍をもたらした興行の背後にある錯綜した共謀性を指摘し、「オレのせいじゃない」という人たち全員が非難されるべきだという抗議を、社会に向けて発信したのだ。[★30]

少し余談のようだが、ムーアは日本でも馴染みの選手だった。世界タイトルマッチを後楽園ホールで二度にわたって闘ったからだ。十九歳で全米アマのバンタム級チャンピオン、ヘルシンキオリンピックではフェザー級で銀メダルを獲得、という鳴り物入りでプロに転向した彼は、一九五九年三月に世界チャンピオンになった。二度目と四度目の防衛戦で来日し、二度とも高山一夫を相手にして勝利した。

中学生にしてヤクザを相手に大乱闘をして少年鑑別所に入ったという、キラキラの武勇伝をもつ高山は、後に大場政夫の姉代わりにもなった帝拳ジムのマネージャー、長野ハルが「あの子の試合を観るのは怖かった。相手の選手がかわいそうで……」とこぼすほどのハードパンチャーだった。高山のファイトスタイルに魅せられた国際プロモーター、ロッペ・サリエリの後ろ盾を得て、二度にわたってムーアにタイトルマッチを挑み激闘を演じるも、いずれも判定負けに終わった。[★31]

だが、とくにムーアが高山をナメていた一回目の対戦では、実に惜しい、大きな見せ場があった。第一ラウンド終盤、高山に強烈な右フックを当てとどめを刺しに追って来たムーアに、高山のカウンターが炸裂したのだ。右フックをまともに食らったムーアは対角線上を反対側のロープまで吹っ飛んで、上半身がロープから飛び出し転落寸前になった。

後に高山は語っている。

「ムーアは落っこちそうになってましてん。そしたら、レフェリーが素っ飛んでいって足を持って引っ張ったんです。落っこちてたら十秒は上がってこれない。私のKO勝ちやった[★32]」

このときもしレフェリーが足を引っ張らなかったら、日本人として白井義男に次ぐ二人目の世界チャンピオンは、ファイティング原田ではなく高山だった。

脳へのダメージの競い合い

社会的メッセージの強いフォークソングを書きまくり、歌いまくってノーベル文学賞まで受賞したディランの歌によって、リング禍の犠牲者として後代にまでその名を留めることになったデイビー・ムーアの話から、高山一夫の世界挑戦へと話は飛んだが、先に述べた「ボクシングの女性化」の進行は、リング禍とも深く関わっている。実は世界戦が一五ラウンドから一二ラウンドに縮められたのも、その直接のきっかけは、一九八二年にWBA世界ライト級タイトルマッチでレイ・マンシーニ（アメリカ）が韓国人挑戦者、金得九を一四ラウンドにKOし、死に至らせたことだ。この惨劇の後、まず金の母が自殺し、次いでその試合のレフェリーも自殺した。その後の調査で、世界タイトルマッチにおける死亡事故の多くが一三ラウンド以降に発生していることがわかった。安全性のため、WBCは一九八三年から、WBAも一九八七年から世界タイトルマッチを一二ラウンド制に短縮した。[★33]

　ボクシングは危険なスポーツだ。だが、かつてのベアナックル（グローブなしの拳）で闘ったピュジリズムは、もっと危険に見える。[★34] レフェリーが一方的に試合を止めることもなかったし、時間制限もなかった。どちらかが倒れてようやくラウンドが終了したのだから。しかも選手たちは暑い日中に、何時間もブランデーをがぶ飲みしながら闘った。先にも述べたように、アメリカにおけるベアナックルによる最後のヘビー級タイトルマッチは一八八九年とされるが、その試合でジョン・L・サリヴァンがジェイク・キルレインをKOで沈めたのは、なんと第七五ラウンドだった。[★35]

　近代スポーツの一つの特徴は、身体的闘争であるにもかかわらず、そこから暴力的な要素を除き、身体の振る舞いに対してある規則を課したところにある。ベアナックル・ファイトからボクシングに移行して、たしかに流血は減った。イギリスの歯科医ジャック・マークスが一九〇二年に考案したマウスピースが一九一三年に実用化され、翌年以降はアメリカでボクシングに導入されると、選手たちの口からの流血や歯の損傷も漸次減った。現在のＪＢＣルールで試合でのマウスピース装着は、選手の義務だ。[★36]

現在のボクシングでは安全が常に留意されている。しかし、グローブの導入は本当に健康リスクを軽減したのだろうか。ピュジリズムでは拳に何も着けなかったために、頭部へのダメージの点では、かえってボクシングより安全だったという見方もある。というのは、詰め物をしたグローブの導入が、ピュジリズムにおける底力と呼ばれた根性とスタミナの競い合いを脳へのダメージの競い合いに変えたからだ。

グローブ自体の重量のせいもあるが、最大の理由は、バンテージで固めた拳を詰め物のあるグローブですっぽり覆うことで、殴る側の拳と手首へのダメージが小さくなることだ。だから硬い骨が出た相手の腕や肘の上でもお構いなしに、ハードなパンチを連打できる。一方で、昔の拳闘家は、今から見ると滑稽な姿勢で、滑稽なパンチの打ち方をした。だがそれはベアナックルだと、入念に狙いをつけて肉のある胴体や顔にパンチを当てるよう心がけないと、拳や手首を傷めてしまうからだ。[★37]

たしかに親指部分を開けなくなっている現在のグローブで、目つぶしのような反則をするのは容易ではない。しかしグローブを装着した重い拳で打たれ続けると、確実に脳にダメージが蓄積される。試合だけではなく、実戦練習としてのスパーリングでのダメージの蓄積も大きい。「スパーリングは大きいグローブを使うし、ヘッドギアもつけるから大丈夫だろう？」と不思議がる人もいるかもしれない。また、あるトップアマ出身のプロボクサーは、アマチュア時代に「ヘッドギアしていたら痛くないし、ケガもしないんでしょう？」とよく訊かれたと語った。答えはもちろん「否《ノー》」だ。ヘッドギアは目尻を切ったり（頭と頭がぶつかっての裂傷が多い）、スパーリング用グローブのマジックテープ部分で目などを傷つけたりといったケガから、かなり守ってくれる。だが脳への衝撃を和らげてはくれない。むしろグローブが大きく重くなると、脳への衝撃もそれだけ大きくなる。

アマチュア・ボクシングの試合でも、二〇一六年のリオデジャネイロオリンピックから男子ボクシングでヘッドギアを着用しなくなった。それは、その方が脳震盪を起こす可能性が少ないと判断されたからだ（もっとも協会がアマチュア人気の拡大のために、ヘッドギアを外して選手の顔を見えるようにしたのだという、うがった見方もある）。「ボクシングの女性化」により、さまざまな安全対策が講じられてきたとはいえ、身体へのリスクはなおも大きいのだ。

世界タイトルマッチの一五ラウンド制廃止のきっかけになった、金得九死亡事故の後、『ニュー・ヨーク・タイムズ』紙は、ボクシングは廃止すべきだという記事を掲載したし、『米国医師会雑誌』もボクシング廃止を主張した。当時のボクシング批判の主な論点は以下の三つだ。

一つ目は、脳へのダメージの蓄積と、エイズなど感染症の危険、という医学的見地からのものだ。そういえば記事の出た一九八〇年代といえば、ちょうどエイズ蔓延の予感が世界中を震撼させていた時期だ。二つ目は、マネージャーやプロモーターなどによるボクサーからの搾取が常態化している「支配‐被支配関係」を批判する見地からのものだ。三つ目は、「ボクシングは、血に飢えた観客らにけしかけられ、まともな判断力を失っているボクサー同士が互いに殴り合う、未開で野蛮なスポーツだ。しかもボクサーと観客らを獰猛にし、人々を退廃させる」という、道徳的見地からの批判だ。[★38]

逆にこうしたボクシング反対派に対して、ボクシング賛成派たちはどのような反論を試みているのだろうか。また、賛成派の主張にどれだけの説得力があるのだろうか。それをつぶさに検討したのが、児玉聡の「ボクシング存廃論」だ。[★39] 児玉の検討をだいたいなぞる形になるが、以下では反対派の廃止論に対する、賛成派の存続論について、その論点を紹介しよう。

存続論の主な要点は、①地下潜行論、②民衆の支持論、③スラム脱出論、④規律論、⑤英雄輩出論、⑥人間本性論、⑦敏速な治療論、⑧「スポーツに危険は付きもの」論、⑨自由主義的同意論、の九つにまとめられる。

ボクシングを法で禁止したら、ボクシングは地下に潜行し、医療スタッフも待機していない違法ボクシングが横行するから、かえって個人と社会に対する害悪の危険が増すという主張が「①地下潜行論」だ。しかし、ボクシングの禁止が違法ボクシングを地下に潜行させるのかどうかは、明らかではない。また、違法ボクシングが地下で盛んになるのかどうかは、警察による適切な取り締まりがなされるかどうかによるかもしれない。というわけで、この議論は論理的に不十分だ。

次に、ボクシングは民衆の支持を受けているから廃止すべきではない、というのが「②民衆の支持論」だ。もちろんボクシングに一定数の支持者がいることはまちがいない。しかし、合理的な反対理由が広く世論の支持を得れば、ボクシングファンも容易に減る可能性がある。たとえば十八世紀にはイギリスでかなり人気があった、血腥い動物いじめをはじめとするブラッド・スポーツの多くが、十九世紀前半には法的取り締まりと、民衆の道徳意識の変化により姿を消した。ピュジリズムだって遅れて消えた。したがってこれだけでは、廃止論に対抗する十分な根拠とは言えない。

ボクシングはスラムの若者たちに、たくさんの新しいチャンスを与えてくれる。だからなくすべきではない、と主張する「③スラム脱出論」もある。しかし、すべてのボクサーがスラム出身でもなければ、スラムの若者のすべてがボクサーになるわけでもない。さらに言えば、ボクシングがスラムから脱出する唯一の方法でもない。ということは、政府が他の方法を奨励するという対策も可能なのだ。あるいは、スラムの状況改善のための政策や、スラムをなくす根本的対策の実施も可能かもしれない。というわけで、この議論も十分な説得力を欠いている。

ボクシングは肉体だけでなく、精神を鍛え、規律を身につけるためにもすぐれた方法だ、という「④規律論」の議論も、「③スラム脱出論」に類する難点を抱えている。そもそもボクシングだけが肉体と精神を鍛える唯一の方法ではない。もちろんボクシングを通して規律を身につけた人、道を踏み外さずにすんだと言う人も、たしかにいる。だがその一方で、ボクシングのような暴力的なスポーツこそが人を暴力的にするという反論も成り立つ。たとえば暴力映像と攻撃性の関係を考察した心理学の成果は、次のことを明らかにしている。暴力映像を見ている人の心のなかでは、攻撃的な感情や概念が活性化されるし、長期的影響については一般化できないにしても、少なくとも短期的には衝動的な攻撃性が増すのだ[★40]。

ボクシングがなければ、モハメド・アリも、マイク・タイソンも、ロッキーも生まれなかったのだから、偉大な英雄を生み出すためにボクシングは廃止すべきではない、という「⑤英雄輩出論」に至っては論外だ。ヒーローはボクシングからでなければ生まれないわけではないし、そもそもボクシングはヒーローを生むための社会的営みでもない。

2章「2-1」で紹介した、ローレンツの攻撃性に関する議論を受けたのが「⑥人間本性論」だ。すなわち、闘争本能は人間の本性に根ざしているから、ボクシングを禁止して本能を抑圧するより、動物的欲求の「はけ口」として存続させた方がいいという議論だ。しかし本書でも述べたように、人間に闘争本能が備わっているという見方は、動物行動学者からすでに否定されている。そのうえ、仮にそういう本能があるとしても、それがボクシング以外のスポーツや他の方法で解消できないのかどうか怪しい。またボクシングを通して、人間の暴力的欲求が鎮静されるのか、逆に増大するのかについても、議論が分かれるところだろう。

医療従事者たちは、ボクシングによる健康リスクを指摘する。そうした批判に対する反論が「⑦敏速な治療論」だ。要するに、ボクサーのケガに対しては緊急治療体制が整っているから大丈夫、というわけだ。しかし治療体制が整っているからといって、脳出血など深刻なケガを負ったボクサーが完全に治癒するとは限らない。また急性のケガには対処できても、慢性の脳損傷であるパンチドランカー症状などを未然に防ぐのは難しいだろう。試合だけでなく、ふだんの練習における打撃の蓄積も原因となるからだ。

同意ある暴力

ここまでの七つは、いずれも少し感情的なきらいのある存続論だ。ここからもう少し説得力のある続論を紹介しよう。

賛成派の間で比較的強い支持を受けているのが、「⑧スポーツに危険は付きもの」という議論だ。どんなスポーツにも、危険はつきものだ。危険だからボクシングを廃止するのなら、あらゆるスポーツは廃止されるべきだという反論だ。たしかに、一九八六年から一九九二年の間にイングランドとウェールズで起きたボクシングの死亡事故は三件。これに対して、モーター・スポーツでは七七件、飛行関係では六九件、登山では五四件、球技では四〇件、乗馬では二八件が報告されている。事故による死亡者の数だけから判断すれば、ボクシングは比較的安全なのだ。[★41] 同様のデータは米国医師会も提示している。

その一方で、長期のパンチドランカー症状や神経ダメージの蓄積、といったリスクの存在も明らかだ。[★42] さらに、とりわけボクシングで問題となるのは、まさにこれこそがボクシングを他のスポーツから明確に区別している、次の特徴だ。すなわち、その勝敗のルールが、相手の肉体的損傷と分かちがたく結びついていることだ。ボクシングは相手の肉体、とくに頭部への深刻な損傷を意図的に与えることを、ルールが要求しているスポーツなのだ。[★43]

一般的に言って、ある行為が他者に危害を加えるものであれば、そのことが法的にその行為を規制する根拠になりうる。だとすれば、お互いに深刻な健康被害を与え合うことをルールが指示しているならば、そのスポーツに対して、廃止やルール変更を法的見地から求めることは可能性だということだ。

だが、ボクシングは他者への危害を意図したスポーツだとする、この「他者危害論」に基づく批判に対して、存続論者も反論する。その重要なものが、「⑨自由主義的同意論」だ。これは十九世紀イギリスの思想家J・S・ミルの自由主義的同意論にのっかったものだ。成人がリスクを承知の上で、互いの同意に基づき、自発的にボクシングに参加するのだから、ボクシングは禁止されるべきではないという議論だ[★44]。

だが実はボクサーたちが自発的に同意しているのは、「自分が頭部を殴られて脳に損傷が生じてもかまいません」という主張ではない。「相手に危害を加える代わりに、自分が頭部を殴られて脳に損傷が生じてもかまいません」という主張だ。しかもミルは、自身の自由主義的同意論について「当事者にとって有害でない限り」という例外規定を設けていた。逆に言えば、契約を交わしている人たち自身にとって有害ならその契約は無効、というわけだ。もっともミルが言う「有害」の意味は曖昧だ。そのため、互いの同意に基づき殴り合うことでボクサー自身の健康が脅かされることを、有害とみなすのかどうかについては議論の余地がある。

こうした自由主義的同意論に関して、興味深い例がある。イギリスでSMプレーを楽しんでいた成人十五人に対する裁判の実例だ[★45]。当事者たちの間には同意があり、ケガもそれほど深刻でなかった。にもかかわらず、強制わいせつ罪が成立すると裁判所は判断したのだ。このことは、ローマ法の格言「同意あれば危害なし」の原則がいつでも適用されるとは限らないことを意味している。ボクシングも同様の危うさを含んでいる。

ここまでボクシング廃止論と存続論のそれぞれの言い分を検討してきた。児玉の結論もそうだと思うが、理論的には賛成派による存続論は分が悪い。私個人としては理にかなった存続論がないものか、と思うだけに歯痒く口惜しい。しかし、このことだけはきっとたしかだ。それは、いくら廃止論の方が理に適っていても、それだけでボクシングがすぐにはなくならないことだ。

たとえば経済誌『フォーブス』による二〇一五年のスポーツ選手の年間収入ランキングでは、一位がフロイド・メイウェザー・ジュニアの三億ドル（約三七〇億円）で、しかも歴代でも一位だった。二位がマニー・パッキャオの一億六千万ドル（約一九七億円）で、その年の一位と二位をボクサーが独占している。[★46] スポーツ・オーガナイザーと観客とメディアが手を携え合い、大衆を消費者とするビジネスとして二十世紀以降に発展してきたスポーツの中でも、世界のトップボクサーたちが登場するプロボクシング興行は、とりわけビッグビジネスだ。世界の数々の有力資本が参入し、莫大な利潤を生み出している。資本主義の論理からして、さまざまな投資家の思惑がからみ合い、これだけすでに肥大化している商業価値の高いボクシングの興行イベントから、投資家たちがそう易々と手を引くわけにはいかないのだ。

ところで私自身はボクシング廃止論について、どう思っているのだろうか。それを問われればノンポリの私は「自分に許されている条件のなかでまだ続けたい」としか答えられない。私個人の内面の問題として、ボクシングは何がしかを自分に得させてくれる。少なくとも日々の心理的ストレスを解消させてくれて、生活に生気を与えてくれる。リスクを覚悟のうえで相手のパンチをかいくぐり、相手にパンチを叩き込んでダメージを与えるのは、たしかに快感だ。

しかし、だからといって、いつか脳へのダメージの蓄積に起因する高次脳機能障害により、日常生活をふつうに営むのにさえ支障が出て苦しんだとき、ボクシングをしてきたことを私が後悔しないでいられるだろうか。決してしない、と言い切れるほど私は自信家ではない。ボクシングを通じ、何者かになりたいと思って続けてきた私は、まだその何者かに、いや何者にもなっていないのだ。

殴り合いの未来

ボクシングはたくさんの人に幸福とともに、不幸ももたらしてきた。声高にボクシング廃止を求める声が世論を動かせば、ボクシングのみならず、ゲーム化された拳による生身の闘争全般が表舞台から消えるかもしれない。そうなると、拳で殴り合うゲームは、地下格闘技として潜行したり、ヴァーチャル空間で存続することになるのだろう。

これは極端な仮定かもしれないし、私はそんなことを願っていない。だが、ありえないことではない。というのは、一九五〇年代末に始まった「権利革命」の展開は、あらゆる社会的弱者の権利を保護する方向へと導き、暴力や抑圧に対する人々の嫌悪感を著しく増大させてきたからだ。この動向のなかで「ボクシングの女性化」は進み、女子ボクシングも発展し、社会の時宜に適合するようボクシングは変化してきた。そのことは本章でも述べた通りだ。だからその権利革命の延長で、いつ、またどんなことがきっかけとなって、ボクシングに対する批判的風潮が高まり、資本家たちがその興行から手を引くかはわからない。

ここで思い出すのは、イギリスのプライズ・ファイトだ。一八一〇年代は人気の絶頂だったのに、法的規制が強化されたうえ、蔓延する八百長に、パトロンたちがついに愛想を尽かすと、一八二〇年代にはたちまち衰退したのだから（5章「5-3」参照）。つまり、変わるときには一気に状況は変わる。ましてや国際的なネット社会化とスマホの普及によって、世界的な価値観の一元化に拍車がかかっているのが現代だ。もしかすると私たちはまさに今、生身の人間同士のゲームとして、合法的に公然と行われている「最後の殴り合い」のシーンに立ち会っているのかもしれない。

拳で殴る暴力や拳で殴り合う闘争そのものは、種としての人間がいる限り、なくならないだろう。拳は類人猿の身体に、生まれつき備わっている重要な武器の一つだからだ。丸腰で闘わなくてはならないとき、チンパンジーやオランウータンと同じく、やはり人間は拳も武器に使うだろう。このことは今後もかわらない。だから、拳で殴る技術、およびその知識の継承と洗練は、今後も求められる。少なくとも軍隊や警察に代表される暴力を行使し、管理する機構はそれを必要とし続けるだろう。

つまり、たとえ仮にボクシングのような拳で殴り合うスポーツがなくなっても、拳で殴り合うゲームは、どこかしらで、何がしかの形をとった文化としてまちがいなく存在し続ける。そのゲームの形態には、生身の人間同士によるものだけでなく、ヴァーチャルなもの、人間型戦闘ロボットによるものその他、無限の可能性が開けている。科学技術の発達が可能にするどのような身体の拡張を受け入れようと（あるいは拒絶しようと）、この類のゲームが、喜怒哀楽という感情、欲望や怨恨といった深い情念をひたひたにしみ込ませ、名誉と不名誉の歴史を人間に蓄積させていくことはまちがいない。

あとがき

私はボクシングが好きだ。見るのも、するのも、そのためのトレーニングも好きだ。だから最初は、ボクシングの文化史のような本を書くつもりでいた。名もなければ、雑草でもない、どこに位置づけられるのかなんて自分でもわからない、なんじゃもんじゃだからこそ語れることもたくさんあるはずだ。

そんなことで書き始めてみると、だんだん冗舌になり、構想も膨らんだ。また編集者の方々の助言に刺激され、欲も出た。いつのまにか拳で殴る暴力について文化誌的に論じるという、大風呂敷を広げることになっていた。それでも、小ネタのたくさんつまった、どこから読んでも楽しめる読み物にしたいという、書き始め当初の思いは捨てなかった。だからそういうものとして喜んでいただけたとしたら、真に嬉しい。

改めて読みなおしてみると、本書には私なりの人間観があらわれているような気がした。そこにロマンチシズムを認めたから小っ恥ずかしいが、その意味で本書は個人的な作品だ。そうは言っても執筆にあたっては、かなり幅広い領域に目配りする必要があった。だから力不足を感じながら幾度となく書き直し、ようやく完成が見えたときは、心の底からホッとした。ひとえにたくさんの人たちが支え、温かく見守ってくれたおかげだ。一方で、随所に私の理解不足、誤解、無知、浅学がにじみでているかもしれない。そのお叱りは甘受するほかない。

さて、本書の執筆について編集部の樋口博人さんからお声がけいただいたのは、二〇一六年四月のことだ。小柳学さん、守屋佳奈子さんにも非常にお世話になり、有益なアイディアと助言をたくさんいただいた。しかし自由に書かせても下さった。校正では中村紀子さんにもほんとうにお世話になった。三年におよんだ多大な編集の労に対して、心からのお礼を申し上げたい。

そもそも編集部には、「筋肉ジャーナリスト」の藤本かずまささん、「伝説のボディビルダー」の吉田真人さんらが、ボクシングに関する私の文化論的なエッセーを読んで紹介して下さったそうだ。藤本さんらとの間には、元トップボディビルダーの安田強さんたちの存在があった。さらに遡ると、私がそのエッセーを書いたのは、広報誌『月刊みんぱく』の編集アドバイザーをしていた山内直樹さんが強く勧めてくださったからだ（二〇一二年四～六月号に掲載）。こういうたくさんの人との縁と偶然が重なって、たまたま本書は上梓できた。人にも運にも恵まれたこのありがたさを、その間に私の身辺に起きたさまざまな事柄も思い返しながら、しみじみとかみしめている。
そのほか、本書執筆に際しては、五百部裕さん、川添達朗さん、佐伯誠さん、庄司博史さん、高尾知大輔さん、田副真一さん、田村克己さん、津村文彦さん、永井佳子さん、行木敬さん、長谷川佑太さん、本多守さんに、資料や写真のみならず、有益な情報もたくさんご提供いただいた。お世話になった方は他にもたくさんいて、そのすべての方のお名前を挙げられないのが心苦しいが、皆さんへの感謝の気持ちを込めて言いたい。ありがとうございました！　最後に、「君のその本が読みたい」と病床からも応援してくださっていたものの、本書の完成を待たず二〇一七年九月に永眠された野村雅一さんのご冥福をお祈りしたい。

二〇一九年二月十八日

樫永真佐夫

参考文献

アイブル＝アイベスフェルト　1974A　『愛と憎しみ——人間の基本的行動様式とその自然誌1』（日高敏隆、久保和彦訳）みすず書房
アイブル＝アイベスフェルト　1974B　『愛と憎しみ——人間の基本的行動様式とその自然誌2』（日高敏隆、久保和彦訳）みすず書房
青木保　1990　『「日本文化論」の変容——戦後日本の文化とアイデンティティー』中央公論社
赤坂英一　2011　「［独占インタビュー］辰吉丈一郎——父ちゃんが笑われるのはイヤや」『Sports Graphic Number PLUS May 2011 創刊30周年記念　ボクシング完全讀本　拳の記憶』48-57頁
阿部生雄　2009　『近代スポーツマンシップの誕生と成長』筑波大学出版会
阿部潔　2004　「スポーツとジェンダー表彰」飯田貴子、井谷惠子編著『スポーツ・ジェンダー学への招待』100-109頁、明石書店
阿部謹也　1978　『刑吏の社会史——中世ヨーロッパの庶民生活』中公新書
綾部真雄　2006　「イニシエーションの今日的可能性——解説に代えて」J Sラ・フォンテイン『イニシエーション——儀礼的"越境"をめぐる通文化的研究』（綾部真雄訳）259-292頁、弘文堂
アンドロニコス,M.他　1981　『古代オリンピック——その競技と文化』（ニコラオス・ヤルウリス、オット・シミチェク監修/成田十次郎、水田徹訳）講談社
池上俊一　1994　『賭博・暴力・社交——遊びから見る中世ヨーロッパ』講談社選書メチエ
池上俊一　2009　「ヨーロッパ中世都市における暴力」加藤千香子、細谷実編著『ジェンダー史叢書第5巻　暴力と戦争』39-57頁、明石書店
池本淳一　2003　「ボクシングの社会学——ジムの構造分析を用いて」『年報人間科学』24（2）:233-249
池本淳一　2007　「日本ボクシングのエスノグラフィー——社会変動期に生きる若者のアイデンティティ構築とサブカルチャー実践の視点から」『社会学評論』58：21-39
池本淳一　2014　「嘉納健治の『柔拳興行』と日本ボクシング史におけるその位置づけ」『体育学研究』59：529-547
池本淳一　2018　『実録　柔道対拳闘（ボクシング）　投げるか、殴るか。——激戦の時代　どちらが強かった？　知られざる異種格闘技史』BABジャパン
石岡丈昇　2007　「貧困下におけるスポーツと生活実践——マニラ首都圏のボクシングジムとスクウォッター世界から」『スポーツ社会学研究』15：87-101
石岡丈昇　2012　『ローカルボクサーと貧困世界—マニラのボクシングジムにみる身体文化』世界思想社
磯田光一編　1983　『新潮日本文学アルバム20　三島由紀夫』新潮社
伊藤公雄　1999　「スポーツとジェンダー」井上俊、亀山佳明編『スポーツ文化を学ぶ人のために』114-130頁、世界思想社
伊藤俊治　1986　「スポーツ・バイオメカニクス——モダン・スポーツの終焉」『現代思想』14

(5):166-177
伊藤松雄　1983　「安政の日米競技」森斧水編『黒船談叢（復刻版）』85-87頁、黒船談叢出版会
稲垣正浩　1991　「スポーツ歴史人類学が掘り起こす——誰も語らなかった、スポーツ史の真実」別冊宝島編集部『別冊宝島130号　スポーツ科学・読本——最新理論から体力トレーニングの技術まで！』214-243頁、JICC出版局
井上秀太郎　2004　「残照のオリンピア——ローマ時代」桜井万里子、橋場弦編『古代オリンピック』180-197頁、岩波新書
井上俊　2004　『武道の誕生』吉川弘文館
今井恭子　2010　「メンタルトレーニングの意味」高峰修編著『スポーツ教養入門』85-106頁、岩波ジュニア新書
インゴルド,ティム　2017　『メイキング——人類学・考古学・芸術・建築』（金子遊、水野友美子、小林耕二訳）左右社
ヴァカン,ロイック　2013　『ボディ＆ソウル——ある社会学者のボクシング・エスノグラフィー』（田中研之輔・倉島哲・石岡丈昇訳）新曜社
上野愼也　2004「競技とギリシア文化——オリンピックの起源をさぐる」桜井万里子、橋場弦編『古代オリンピック』51-72頁、岩波新書
ヴォール,アンジェイ　1980　『近代スポーツの社会史——ブルジョワ・スポーツの社会的・歴史的基礎』（唐木國彦、上野卓郎訳）ベースボール・マガジン社
内田隆三　1999　「現代スポーツの社会性」井上俊、亀山佳明編『スポーツ文化を学ぶ人のために』22-40頁、世界思想社
梅垣明美、上谷浩一訳　2010　「翻訳『ボクシアーナ』（Boxiana: or Sketches of Ancient and Modern Pugilism）（1）——第1巻、トム・ジョンソン（1750-1797）編」『大阪体育大学紀要』41:145-154
梅垣明美、ウエイン・ジュリアン、上谷浩一訳　2012　「翻訳『ボクシアーナ』（BoxiAnA:orSketches of Ancient and ModernPugilism）（2）——第1巻、ジャック・ブロートン編」『大阪体育大学紀要』43:161-174
エヴァンス＝プリチャード,エドワード総監修　1978　『世界の民族〈2〉　熱帯アフリカ』平凡社
エリアス,ノルベルト　1986　「スポーツと暴力」（桑田禮彰訳）栗原彬、今防人、杉山光信、山本哲士編『叢書　社会と社会学3　身体の政治技術』93-130頁、新評論
エリアスノ,ルベルト、エリック・ダニング　1995　『スポーツと文明化——興奮の探求』（大平章訳）法政大学出版局
エリアーデ,ミルチャ　1968　『大地・農耕・女性——比較宗教類型論』（堀一郎訳）未來社
大住良之　1993　『サッカーへの招待』岩波新書
大沼義彦　1989　「19世紀前半イギリスの懸賞ボクシングに関する史的考察」見形道夫先生退職記念論集刊行会編『見形道夫先生退職記念論集　体操とスポーツと教育と』263-283頁、見形道夫先生退職記念論集刊行会
大渕憲一　2000　『攻撃と暴力——なぜ人は傷つけるのか』丸善ライブラリー
岡本綺堂　1924　「拷問の話」『新小説』2月号
織田淳太郎　1996　『狂気の右ストレート——大場政夫の孤独と栄光』中公文庫
オーツ,ジョイス・キャロル　1988　『オン・ボクシング』（北代美和子訳）中央公論社
小野耕世　2005　『アメリカン・コミックス大全』晶文社

小野耕世　2017　「『これは夢ではない』と、スーパーマンの父は言った」小野耕世、池田敏、石川裕人、堺三保、てらさわホーク、光岡三ツ子『アメコミ映画40年戦記――いかにしてアメリカのヒーローは日本を制覇したか』洋泉社
折口信夫　1991　『日本藝能史六講』講談社学術文庫
オルテガ・イ・ガゼー,ホセ　2001　『狩猟の哲学』(西澤龍生訳)吉夏社
オング,ウォルター・J.　1992　『生への闘争――闘争本能・性・意識』(高柳俊一、橋爪由美子訳)法政大学出版局
カイヨワ,ロジェ　1990　『遊びと人間』(多田道太郎、塚崎幹夫訳)講談社学術文庫
加藤秀俊　1979　「紛争の美学――都市民俗学への試み」加藤秀俊編『紛争の研究』227-254頁、農山漁村文化協会
金谷治訳注　1963　『論語』岩波文庫
兼子歩　2009　「アメリカ史の中のジェンダーと暴力」加藤千香子、細谷実編著『ジェンダー史叢書第5巻　暴力と戦争』58-75頁、明石書店
金子達仁　2011　「高橋直人――ボクシング中毒者、どん底からの逆転」『Sports Graphic Number PLUS May 2011 創刊30周年記念　ボクシング完全讀本　拳の記憶』98-107頁
カーペンター,ハリー　1982　『ボクシングの歴史――闘う男の魂が交錯するビッグファイト100年』(阿部照夫編訳)ベースボール・マガジン社
亀井俊介　1993　『アメリカン・ヒーローの系譜』研究社出版
河合俊雄　2000　「イニシエーションにおける没入と否定」河合隼雄総編『講座心理療法1　心理療法とイニシエーション』19-59頁、岩波書店
河合隼雄　2000　「イニシエーションと現代」河合隼雄総編『講座心理療法1　心理療法とイニシエーション』1-17頁、岩波書店
川本信正　1975　『スポーツのあゆみ』ポプラ社
岸田秀、いいだもも、小関三平、日高敏隆　1979　「悪の自然誌から悪の社会誌へ」岸田　秀、いいだもも、黒沼ユリ子、小関三平、日高敏隆『争う――悪の行動学』6-77頁、平凡社
ギルモア,デイヴィッド　1994　『「男らしさ」の人類学』(前田俊子訳)春秋社
グットマン,アレン　1997　『スポーツと帝国――近代スポーツと文化帝国主義』(谷川稔、石井昌幸、池田恵子、石井芳枝訳)昭和堂
蔵持不三也　1993　「訳者あとがき」レイモン・トマ『スポーツの歴史』(蔵持不三也訳)197-204頁、文庫クセジュ(白水社)
黒井克行　2008　『テンカウント』幻冬舎文庫
黒板勝美編　1999　『(新装版)新訂増補　國史大系　第50巻　續徳川實紀　第3篇』吉川弘文館
郡司信夫　1955　『拳闘五十年』時事通信社
郡司信夫　1976　『(改訂新版)ボクシング百年』時事通信社
郡司信夫　1993　『ボクサー――夢多き男たち』ベースボール・マガジン社
国民新聞社運動部編　1931　『拳闘レコード』啓成社
児島盛芳　1974　「近世イギリス・ボクシング史の概観」『体育研究』8：35-56
コジンスキー,イエールジ　1982　『異端の鳥』(青木日出夫訳)角川文庫
児玉聡　2001　「ボクシング存廃論」『生命・環境・科学技術倫理研究』6：345-358、千葉大学
ゴットシャル,ジョナサン　2016　『人はなぜ格闘に魅せられるのか――大学教師がリングに上がって考える』(松田和也訳)青土社

小林章夫　1992　『パブ・大英帝国の社交場』講談社現代新書
小松左京　1979　「『習性学（エソロジイ）』から見た闘争」加藤秀俊編『紛争の研究』57-112頁、農山漁村文化協会
斎藤貴男　2016　『『あしたのジョー』と梶原一騎の奇跡』朝日文庫
佐伯年詩雄　2009　「体力とテクノロジーの『これから』を考える——スポーツ的身体のメタモルファシスに注目して」『スポーツ社会学研究』17（1）：45-57
佐伯誠　2012　「The Sundowners」Ken Suma『The Tent Boxing』BEAMS
酒井隆史　2016　『暴力の哲学』河出文庫
桜井哲夫　1994　『TV 魔法のメディア』ちくま新書
桜井万里子　2004　「プロローグ」桜井万里子、橋場弦編『古代オリンピック』1-16頁、岩波新書
佐瀬稔　1992　『彼らの誇りと勇気について——感情的ボクシング論』世界文化社
佐藤昇　2004　「走る、闘う」桜井万里子、橋場弦編『古代オリンピック』108-126頁、岩波新書
沢木耕太郎　1979　『敗れざる者たち』文春文庫
沢木耕太郎　2011　「奪還」『Sports Graphic Number PLUS May 2011 創刊30周年記念　ボクシング完全讀本　拳の記憶』146-161頁
椎名誠　1984　『場外乱闘はこれからだ』文春文庫
シェイクスピア　2014　『ヴェニスの商人（85刷改版）』（福田恆存訳）新潮文庫
シャグノン,ナポレオン・A　1977　「ヤノマメ族の社会組織と戦争」M・フリード、M・ハリス、R・マーフィー編『戦争の人類学——武力紛争と攻撃性の研究』（大林太良、蒲生正男、渡辺直経訳）183-257頁、ぺりかん社
ジョー小泉　1986　『ボクシングは科学だ』ベースボール・マガジン社
ジョー小泉　1999　『ボクシング・バイブル——ボクシングはいかに進化したか』アスペクト
ジョー小泉　2004　『ボクシング珍談奇談』リング.ジャパン
城島充　2003　『拳の漂流——「神様」と呼ばれた男ベビー・ゴステロの生涯』講談社
ジョーンズ,トム　2009　『拳闘士の休息』（岸本佐知子訳）河出文庫
菅原和孝　1993　『身体の人類学——カラハリ狩猟採集民グウィの日常行動』河出書房新社
鈴木忠平　2017　「マイク・タイソン——衝撃の東京ドーム」『Sports Graphic Number』920：18-25
鈴木七美　2017　『アーミッシュたちの生き方——エイジ・フレンドリー・コミュニティの探求』国立民族学博物館
スワドリング,ジュディス　1994　『古代オリンピック』（穂積八洲雄訳）日本放送出版協会
セルバンテス　2001　『ドン・キホーテ　前篇（一）』（牛島信明訳）岩波文庫
寒川恒夫　1993　「付論　日本のスポーツ史」レイモン・トマ『スポーツの歴史』（蔵持不三也訳）170-196頁、文庫クセジュ（白水社）
寒川恒夫　1998A　「イヌクジュアク・イヌイットの民族遊戯変容」『スポーツ史研究』11：47-56
寒川恒夫　1998B　「ボクシング」大林太良他編『民族遊戯大事典』185-188頁、大修館書店
寒川恒夫　2014　『日本武道と東洋思想』平凡社
タイソン,マイク　2014　『真相——マイク・タイソン自伝』（ジョー小泉監訳、棚橋志行訳）楓書店
高川武将　2011　「（子弟を越えて）坂本博之——絆が照らす希望の場所」『Sports Graphic Number PLUS May 2011 創刊30周年記念　ボクシング完全讀本　拳の記憶』76-85頁

高橋直人　2003　「ボクシング中毒者（ジャンキー）」スポーツ・グラフィックナンバー編『Sports Graphic Number　ベスト・セレクションI』文春文庫PLUS、251-276頁
高畑好秀　2005　『根性を科学する』アスペクト
高森朝雄、ちばてつや　2000　『あしたのジョー　12』講談社漫画文庫
多木浩二　1995　『スポーツを考える――身体・資本・ナショナリズム』ちくま新書
多田道太郎　1990　「訳者解説――ホイジンガからカイヨワへ」ロジェ・カイヨワ『遊びと人間』（多田道太郎、塚崎幹夫訳）340-366頁、講談社学術文庫
立松和平　1986　『ボクシングは人生の御飯です――僕らはジョーを待っている』光文社
立松和平　1989　『雨のボクシングジム』東京書籍
田中宣一　2017　「邪視と雑神」『成城文藝』240：161-174
谷譲次　1975　『テキサス無宿』現代教養文庫
谷川俊太郎（訳）　1981　『マザー・グース　4』（和田誠・絵、平野敬一・監修）講談社文庫
玉木正之　1999　『スポーツとは何か』講談社現代新書
チクセントミハイ,M.　1996　『フロー体験　喜びの現象学』（今村浩明訳）世界思想社
津江章二　2012　「伝説のヒーロー群像第11回　凝縮された栄光と挫折――辰吉丈一郎」『ボクシング栄光のタイトルマッチ60年史⑪1991年――Joe伝説の始まり　辰吉丈一郎、最短記録で頂点へ』14-17頁、ベースボール・マガジン社
辻信一　2005　「ブラック・イズ・ビューティフル――米国黒人の身体表現」鷲田清一、野村雅一編『表象としての身体』290-320頁、大修館書店
辻井栄滋　1987　「訳者あとがき」ジャック・ロンドン『試合――ボクシング小説集』（辻井栄滋訳）262-268頁、現代教養文庫
ドストエフスキー,フョードル　1973　『虐げられた人びと』（小笠原豊樹訳）新潮文庫
ドストエフスキー,フョードル　1978　『カラマーゾフの兄弟（中）』（原卓也訳）新潮文庫
ドストエフスキー,フョードル　2004　『悪霊（上）』（江川卓訳）新潮文庫
トマ,レイモン　1993　『（新版）スポーツの歴史』（蔵持不三也訳）文庫クセジュ（白水社）
富田常雄　1973　『姿三四郎（中巻）』新潮文庫
トムヤンティ　1978　『メナムの残照』（西野順治郎訳）角川文庫
友添秀則、梅垣明美、伊藤正信、和田哲也　1987　「ピュジリズムにおけるフェアなプレイに関する研究――19世紀初頭イギリスの場合」『香川大学教育学部研究報告』第1部71:23-39
トレヴェリアン,G.M.　1950　『英国社会史――チョーサーよりヴィクトリア女王まで六世紀間の眺望』（林健太郎訳）山川出版社
長島信弘　2002　『新・競馬の人類学』講談社＋α文庫
中根千枝　1967　『タテ社会の人間関係――単一社会の理論』講談社現代新書
中村金雄　1964　『ボクシング奇談』ベースボール・マガジン社
中村啓信（監修・訳注）　2015　『風土記　上　現代語訳付き』角川ソフィア文庫
中村寛　2017　「モハメド・アリという現象――ストリート的所作、イスラームの魂、黒い身体」『立教アメリカン・スタディーズ』39：143-161
中山和芳　1994　「イニシエーション」石川栄吉、梅棹忠夫、大林太良、蒲生正男、佐々木高明、祖父江孝男編『（縮刷版）文化人類学事典』59-61頁、弘文堂
名和弓雄　1969　『拷問刑罰史（最新版）』雄山閣出版
西法太郎　2017　『死の貌――三島由紀夫の真実』論創社

西村清和　1989　『遊びの現象学』勁草書房
日本オリンピック・アカデミー「ポケット版オリンピック事典」編集委員会編　2008　『ポケット版オリンピック事典』三栄社
野村雅一　1996　『身ぶりとしぐさの人類学——身体がしめす社会の記憶』中公新書
野村雅一　2004　『しぐさの人間学』河出書房新社
乗松優　2016　『ボクシングと大東亜——東洋選手権と戦後アジア外交』忘羊社
ハウザー,トマス　2005A　『モハメド・アリ——その生と時代（上）』（小林勇次訳）岩波現代文庫
ハウザー,トマス　2005B　『モハメド・アリ——その生と時代（下）』（小林勇次訳）岩波現代文庫
橋場弦　2004　「エピローグ——古代から現代へ」桜井万里子、橋場弦編『古代オリンピック』199-217、岩波新書
バルト,ロラン　1967　「レッスルする世界」『神話作用』（篠沢秀夫訳）現代思潮社
百田尚樹　2012　『「黄金のバンタム」を破った男』ＰＨＰ文芸文庫
百田尚樹　2016　「地上最強の男たち——世界ヘビー級チャンピオン列伝（第一回）　ボストン・ストロング・ボーイ」「文蔵」編集部編『文蔵』（vol.133）18-39頁、ＰＨＰ文芸文庫
ヒューズ,トマス　1952　『トム・ブラウンの学校生活（下）』（前川俊一訳）岩波文庫
ピンカー,スティーブン　2015A　『暴力の人類史（上）』（幾島幸子、塩原通緒訳）青土社
ピンカー,スティーブン　2015B　『暴力の人類史（下）』（幾島幸子、塩原通緒訳）青土社
福井憲彦　1996　『時間と習俗の社会史』ちくま学芸文庫
福島泰樹　1986　『妖精伝』砂子屋書房
フーコー,ミシェル　1977　『監獄の誕生——監視と処罰』（田村俶訳）新潮社
藤本幸治　2007　「アメリカン・コミックヒーローに垣間見る自己投射原理——人々は何故スーパー・ヒーローを必要とするのか」『COSMICA』37：59-82
藤原稜三　1990　『格闘技の歴史』ベースボール・マガジン社
船曳建夫　2010　『「日本人論」再考』講談社学術文庫
フランクル,ヴィクトール.E.　1971　『夜と霧——ドイツ強制収容所の体験記録（新版）』（霜山徳爾訳）みすず書房
フリューシュトゥック,サビーネ、アン・ウォルソール　2013　「男性と男性性を問い直す」（長野麻紀子訳）、サビーネ・フリューシュトゥック、アン・ウォルソール編著『日本人の「男らしさ」——サムライからオタクまで「男性性」の変遷を追う』（長野ひろ子監訳、内田雅克、長野麻紀子、粟倉大輔訳）8-31頁、明石書店
別冊宝島編集部編　1995　『別冊宝島235号　いきなり最終回』宝島社
ペリー,M.C.　2014　『ペリー提督日本遠征記（下）』（F.L.ホークス編、宮崎壽子監訳）角川ソフィア文庫
ホイジンガ　1973　『ホモ・ルーデンス』（高橋英夫訳）中公文庫
ボクシング・マガジン編集部編　2000　『（B.B.Mook140　スポーツシリーズNo.80）断然！ボクシングがおもしろくなる』ベースボール・マガジン社
ボディ,カシア　2011　『ボクシングの文化史』（稲垣正浩監訳、松浪稔、月嶋紘之訳）東洋書林
ホメロス　1992　『イリアス（下）』（松平千秋訳）岩波文庫
堀上英紀　2000　「生命科学からみた生殖器崇拝」『法政大学教養部紀要』113・114：17-44
アーカムソン,ロバート・W　1993　『英国社会の民衆娯楽』（川島昭夫、沢辺浩一、中房敏朗、松井良明訳）平凡社

前田東　2011　「コラム③　栄光の軌跡」『NumBerPlus:sportsgrAphic（創刊30周年記念　拳の記憶』139頁
マーカムソン,ロバート.W　1993　『英国社会の民衆娯楽』（川島昭夫、沢辺浩一、中房敏朗、松井良明訳）平凡社
増田俊也　2011　『木村政彦はなぜ力道山を殺さなかったのか』新潮社
松井良明　1990　「ブラッディ・スポーツと<名誉の観念>——19世紀イギリスにおけるボクシングの「改良」をめぐって」谷川稔他『規範としての文化——文化統合の近代史』467-502頁、平凡社
松井良明　2000A　『近代スポーツの誕生』講談社現代新書
松井良明　2000B　「ジェントルマン・アマチュアとボクサーたち——摂政次代のスポーツ界」川北稔、指昭博編『周縁からのまなざし——もうひとつのイギリス近代』108-133頁、山川出版社
松井良明　2007　『ボクシングはなぜ合法化されたのか——英国スポーツの近代史』平凡社
松村一男　2012　「英雄」大林太良、伊藤清司、吉田敦彦、松村一男編『世界神話事典——創世神話と英雄伝説』286-312頁、角川ソフィア文庫
三島由紀夫　1950　『仮面の告白』新潮文庫
三島由紀夫　1976　「柳田国男『遠野物語』——名著再発見」『三島由紀夫全集　第34巻』399-402頁、新潮社
三島由紀夫　1982　「陶酔について」『アポロの杯』185-193頁、新潮文庫
三島由紀夫　1995　「実感的スポーツ論」『三島由紀夫のエッセイ1　私の遍歴時代』232-247頁、ちくま文庫
ミード,クリス　1988　『チャンピオン——ジョー・ルイスの生涯』（佐藤恵一訳）東京書籍
南方熊楠　1991　「悪眼〈イヴル・アイ〉の話」飯倉照平、鶴見和子、長谷川興蔵編『熊楠漫筆——南方熊楠未刊文集』75-122頁、八坂書房
宮下規久朗　2013　『モチーフで読む美術史』ちくま文庫
宮本常一　1981　『絵巻物に見る日本庶民生活誌』中公新書
モース,マルセル　1976　「身体技法」『社会学と人類学　2』（有地亨、伊藤昌司、山口俊夫訳）、121-156頁、弘文堂
森達也　2005　『悪役レスラーは笑う——「卑劣なジャップ」グレート東郷』岩波新書
モリス,アイヴァン　1981　『高貴なる敗北——日本史の悲劇の英雄たち』（斎藤和明訳）中央公論社
モリス,デズモンド　1979　『裸のサル——動物学的人間像』（日高敏隆訳）角川文庫
モリス,デズモンド　1986　『ボディウォッチング——続マンウォッチング』（藤田統訳）小学館
モリス,デズモンド　1992　『ジェスチュア——しぐさの西洋文化』（多田道太郎、奥野卓司訳）角川選書
モリス,デズモンド　1999　『ボディートーク——世界の身ぶり辞典』（東山安子訳）三省堂
モリス,デズモンド　2007　『マンウォッチング』（藤田統訳）小学館文庫
森脇由美子　2007　「アンテベラム期のネイティビズムと国民形成——『真のアメリカ人』像に見るアメリカ生まれの労働者の文化」『立命館文學』597：320-330
森脇由美子　2009　「アメリカにおけるヒーロー像と都市労働者階級——19世紀中葉のニューヨークを中心に」『人文論叢（三重大学人文学部文化学科研究紀要）』26：133-145

柳田国男　1989　『故郷七十年』のじぎく文庫（神戸新聞総合出版センター）
柳田国男　1990　「明治大正史　世相篇」『柳田國男全集　26』ちくま文庫
柳田国男　2011　「サン・セバスチャン」『孤猿随筆』99-113頁、岩波文庫
山内進　2000　『決闘裁判——ヨーロッパ法精神の原風景』講談社現代新書
山極寿一　2005　「（インタビュー）子どもと暴力——ゴリラの子殺しに見る問題とその解決」『科学』75：411-422
山極寿一　2007　『暴力はどこからきたか——人間性の起源を探る』NHKブックス
山本敦久　2001　「格闘する身体の文化社会学序説——キックボクシングのフィールドワークから」『スポーツ社会学研究』9:119-128,139
山本茂　1985　『アンラッキー・ブルース——10人のボクサーたち』徳間文庫
山本茂　1986　『カーン博士の肖像』ベースボール・マガジン社
山本茂　1988　『ピストン堀口の風景』ベースボール・マガジン社
山本茂　1996　『拳に賭けた男たち——日本ボクシング熱闘史』小学館
山本笑月　1983　『明治世相百話』中公文庫
ラッド,フレッド＆ハーヴィー・デネロフ　2010　『アニメが「ANIME」になるまで——鉄腕アトム、アメリカを行く』（久美薫訳）NTT出版
ラ・フォンテイン, J．S．　2006　『イニシエーション——儀礼的"越境"をめぐる通文化的研究』（綾部真雄訳）弘文堂
ランガム,リチャード、デイル・ピーターソン　1998　『男の凶暴性はどこからきたか』（山下篤子訳）三田出版会
リンデン,デイヴィット　J.　2014　『快感回路——なぜ気持ちいいのか　なぜやめられないのか』（岩坂彰訳）河出文庫
ルロワ＝グーラン,アンドレ　1973　『身ぶりと言葉』（荒木亨訳）新潮社
レールス,ヘルマン　1987　『遊戯とスポーツ』（長谷川守男監訳）玉川大学出版部
ロビン,ジェフ（文・高沢明良）　1986　『炎の男スタローン——アメリカン・ヒーロー・ナウ』講談社X文庫
ローレンツ,コンラート　1970　『攻撃——悪の自然誌　1』（日高敏隆、久保和彦訳）みすず書房
ロンドン,ジャック　1987　「試合」『試合——ボクシング小説集』（辻井栄滋訳）5-72頁、現代教養文庫（社会思想社）
鷲田清一　2012　『ひとはなぜ服を着るのか』ちくま文庫
渡辺勇次郎　2016　「渡辺勇次郎遺稿『廿五年の回顧』」乗松優『ボクシングと大東亜——東洋選手権と戦後アジア外交』294-311頁、忘羊社

Ashe, Jr., Arthur R. 1993 *A Hard Road to Glory:A History of the African-American Athlete 1619-1918*, New York:Amistad Press
Brailsford,Dennis 1988 *Bareknuckles:A Social History of Prize-Fighting*, Cambridge:Lutterworth Press.
Donnelly, Peter 1988 "On Boxing:Notes on the Past, Present and Future of a Sporting Transition", *Current Psychology*:7 (4) :331-346
Hare, Nathan 1971 "A Study of The Black Fighter," *The Black Scholar: Journal of Black Studies and Research* 3:2-9

Leclerc, SuzAnne, and Christopher D.Herrera 2000 "Sport Medicine and the Ethics of Boxing," *The Western Journal of Medicine* 172 (6) :396-398

McLennan, Wayne 2007 *Tent Boxing,: An Australian jouney* London:Granta Books

Mela, Sara, and David E.Whitworth 2014 "The Fist Bump:A More Hygienic Alternative to the Handshake," *American Journal of Infection Control* 42:916-917

Miles, Henry Downes 1906 *Pugilistica:The History of British Boxing,Containing Lives of the Most Celebrated Pugilists* (Vol.1) , Edinburgh:John Grant

Radford, Colin 1988 "Utilitarianism and the Noble Art," *Philosophy* 63 (243) :63-81

Reiss, Steven 1985 "A Fighting Chance:The Jewish American Boxing Experience, 1890-1940," *American Jewish History* 74:233-254

Rozin, Paul 1996 "Towards a Psychology of Food and ating:From Motivation to Module to Model to Marker, Morality, Meaning, and Metaphor," *Current Directions in Psychological Science* 5 (1) :18-24

Safire,William 2008 "Fist Bump," *The New York Times Magazine* (July 6, 2008) https://www.nytimes.com/2008/07/06/magazine/06wwln-safire-t.html(最終閲覧2018年2月15日)

Smith, Malissa 2014 *A History of Women's Boxing*, Lanham, Maryland:Rowman&Littlefield

Stephey, M.J. 2008 "A Brief History of the Fist Bump," *Time* (June 5, 2008) https://content.time.com/time/nAtion/Article/0,8599,1812102,00.html(最終閲覧2018年2月15日)

Talhoffer, Hans 2000 *Medieval Combat: A Fifteenth-century Illustrated Manual of Swordfighting and Close-quarter Combat*, translated and edited by Mark Rector, London:Greenhill Books

Warburton, Nigel 1998 "Freedom to Box," *Journal of Medical Ethics* 24(1):56-60

Weinberg, S.Kirson and Henry Arond 1952 "The Occupational Culture of the Boxer," *American Journal of Sociology* 57 (5) :460-469

Williams, John E., and Deborah L.Best 1982 *Measuring Sex Stereotypes:A Thirty-Nation Study*, Bevery Hills:Sage Publications

Woody, Thomas 1936 "Philostratos: Concerning Gymnastics," *Research Quarterly of the American Physical Education Association* 7 (2) :3-30 (reprinted)

註

序

★1［ドストエフスキー 1978：90］,★2［オーツ 1998:85］

1章

★1［三島 1976:401］★2［柳田 1989：20-21］,★3［柳田 1989：39］,★4［ピンカー 2015A：132-136］,★5［岸田、いいだ、小関、日高 1979:44］における岸田秀の説明,★6［小松 1979：98-99］,★7［ハウザー 2005A：104-107］,★8［ハウザー 2005A：49］,★9［ハウザー 2005A：49］,★10［中村 2017］,★11［バルト 1967］,★12［椎名 1984：66］,★13［椎名 1984:65-66］,★14［辻 2005：302］,★15［加藤 1979：239-241］,★16［柳田 1990：168-169］,★17［モリス 1979：198］,★18［モリス 1986：57］,★19［阿部 1988：55］,★20［南方 1991：90］,★21［田中 2017：163］,★22［柳田 2011:109］,★23［三島 1950：38-39］,★24［宮下 2013：162-163］,★25［西 2017：240、272-273、278］,★26［柳田 2011：109］,★27［池上 1994：80-81］,★28［池上 1994：130-133］,★29［ドストエフスキー 1978:126］

2章

★1［オルテガ・イ・ガゼー 2001：33、178］,★2［鈴木（忠）2017：18-19］,★3［ローレンツ 1970：49-50］,★4［山極 2007：23］,★5［山極 2007：25-26］,★6［ピンカー 2015A：112、132］,★7［山極 2007：25-27］,★8［ランガム、ピーターソン 1998：214-215］,★9［山極 2005：413-415］,★10［ランガム、ピーターソン 1989：46、179、255-259］。レイプと結論づけられそうな行動は霊長類の間では珍しいが、オランウータンの間で数多く報告されている［ランガム、ピーターソン 1998：180； 山極 2007：186-187］,★11［ドストエフスキー 1973：6-16］,★12［岸田、いいだ、小関、日高 1979：28-31］,★13［山極 2007：193］,★15［モリス 1986:146］,★15［インゴルド 2017:233-235,244-245］,★16［ランガム、ピーターソン 1998：241］,★17［ランガム、ピーターソン 1998：241-243］,★18［モリス 2007：356-357］,★19［ルロワ＝グーラン 1973：38-39、47-48］,★20［野村 1996：207-209］,★21［モリス 1979：208］,★22［山極 2007：193-196］,★23［オルテガ・イ・ガゼー 2001：38］,★24［オルテガ・イ・ガゼー 2001：35］,★25［オルテガ・イ・ガゼー 2001：35］,★26［西村 1989：45－46］,★27［モリス 1979：37-39］,★28［ホイジンガ 1973：15-24］,★29［ホイジンガ 1973：108］,★30［モリス 2007：587-588］,★31［西村 1989：44－45； 菅原 1993：158－160］,★32［多田 1990：347-349］,★33［カイヨワ 1990：31-32］,★34［モリス 2007：601-604］,★35［エリアス 1986:128］,★36［エリアス 1986：128-129］,★37［寒川 1993：174-175］,★38［宮本 1981：217-220］,★39［寒川 1993：179］,★40［マーカムソン 1993：18；松井 2000A：25-26］,★41［トマ 1993：19-23； 蔵持 1993：198-199］,★42［トマ 1993：23］,★43［グットマン 1997：3-4］,★44［多木 1995：13-16］

3章

★1［ハウザー 2005A：10-11］,★2［ハウザー 2005B：30］,★3［ハウザー 2005B：37-38］,★4［立松 1986：128-129］,★5［ボディ

2011：497-498］,★6［ロビン 1986：28］,★7［内田 1999：30-32］,★8［佐伯 2009：54-55］,★9［伊藤 1986：175］,★10［鷲田 2012：237-238］,★11 ベストボディ・ジャパン公式ホームページ「What's Best Body」https://www.bestbodyjapan.com/what-s-bb（最終閲覧2019年3月6日）,★12［鷲田 2012：233］,★13［ボディ 2011：5］,★14［ゴットシャル 2016：57］,★15［ジョーンズ 2009：31-32］,★16［アンドロニコス他 1981：119-121］,★17［アンドロニコス他 1981：264］,★18［スワドリング 1994：89］,★19［スワドリング 1994：91］,★20［スワドリング 1994：38-39］,★21［スワドリング 1994：54-55］,★22［アンドロニコス他 1981：280］,★23［アンドロニコス他 1981：252、264］,★24［スワドリング 1994：89-91］,★25［アンドロニコス他 1981：222］,★26［アンドロニコス他 1981：20-21、222］,★27［Woody 1936: 17-18］,★28［沢木 1979：268］,★29［沢木 1979：237］,★30［沢木 1979：275］,★31［トムヤンティ 1978］,★32［ボクシング・マガジン編集部編 2000：84］,★33［山本 1988：70-71］,★34 国際ボクシング協会（AIBA）が主催する世界ボクシング大会（1989年、モスクワ）において、フライ級（51kg）で優勝,★35「一般財団法人日本ボクシングコミッションルール」（2016年）に基づく https://www.jbc.or.jp/info/jbc_rulebook2016.pdf（最終閲覧2019年3月6日）,★36『ボクシング広報』2015年5月号（日本ボクシングコミッション）「表紙の言葉」より。https://www.jBc.or.jp/koho/2015/005.html（最終閲覧2019年3月6日）

4章

★1［野村 2004：21］,★2［モリス 1986：152］,★3［宮下 2013：184］,★4［宮下 2013：188］,★5［野村 2004：19］,★6［モース 1976：135］,★7［野村 2004：22-23］,★8［モリス 1986：141-143］,★9［モリス 1999：74］,★10［モリス 1992：140］★11,［モリス 1992：143-144；野村 2004：17］,★12［モリス 1992：140-141］,★13［エリアーデ 1968］,★14［堀上 2000：40］,★15［アイブル=アイベスフェルト 1974A：42-46］,★16［南方 1991：93；野村 2004：18-19］,★17［アイブル=アイベスフェルト 1974A：104］,★18［コジンスキー 1982：195］,★19［アイブル=アイベスフェルト 1974A：43］,★20［アイブル=アイベスフェルト 1974B：254-260］,★21［Stephey 2008］,★22［Safire 2008］,★23［Mela and Whitworth 2014］,★24［ラッド＆デネロフ 2010：19］,★25［小野 2017：13-14］,★26［富田 1973：178］,★27［井上（俊）2004：156-164］,★28［富田 1973：182-184、332-335］,★29［小野 2005：66］,★30［藤本 2007：65-69］,★31［亀井 1993：19-22］,★32［森脇 2009：134-138］,★33［ボディ 2011：141］,★34［森脇 2007：320-321、325-326］,★35［兼子 2009：64-67］,★36［カーペンター 1982：66-67］,★37［亀井 1993：30］,★38［亀井 1993：30-32］,★39［阿部 1978：150-152］,★40［池上 2009：49］,★41［中村（監修・訳注）2015：397-398］,★42［名和 1969：16-19］,★43［フーコー 1977：12-13］,★44［池上 2009：52-53］,★45［フーコー 1977：14］,★46［フーコー 1977：44-45］,★47［岡本 1924］,★48［名和 1969：64］

5章

★1［寒川 2014：26-27］,★2［ホイジンガ 1973］,★3［山内 2000：27-29］,★4［山内 2000:168-173,215-220］,★5［寒川 2014：27-28］,★6［寒川 2014A:27-28］,★7［シャグノン 1977：218-219］,★8［寒川 1998B：184-186］,★9［藤原 1990：431］,★10［折口 1991：58-60］,★11［寒川 1998B：186-187；藤原 1990：469-470、477］,★12［ホ

メロス 1992：364-366］,★13［川本 1975：7-16］,★14［ボディ 2011:7-9］,★15［アンドロニコス他 1981：216］,★16［上野 2004：56-57］,★17［桜井 2004：1-4］,★18［スワドリング 1994：47-54］,★19［川本 1975：18、21］,★20［アンドロニコス他 1981：221-222；佐藤 2004：118-119］,★21［上野 2004：61］,★22［井上（秀）2004：192-193］,★23［橋場 2004：209-211］,★24［井上（秀）2004：196-197］,★25［カーペンター 1982:22］,★26［マーカムソン 1993：94-96］,★27［松井 2000A：135］,★28［松井 2000A：133A］,★29［ボディ 2011：35］,★30［ジョー小泉 2004：16-17］,★31 AmphitheAtreは「円形競技場」とも訳されるが、ここでは［梅垣他 2012：164］に倣った,★32［松井 2000A：135-136］,★33［カーペンター 1982：23；Miles 1906：25；松井 1990：474-475］,★34［ボディ 2011：39；レールス 1987：209；Miles 1906：27-28］,★35［友添他 1987：33-36；ボディ 2011：39］,★36［児島 1974：47；松井 1990：475］,★37［ボディ 2011：139］,★38［ボディ 2011：39］,★39［長島 2002：118-119］,★40［マーカムソン 1993：101-115］,★41［松井 1990：487-488］,★42［松井 2000:162］,★43［ボディ 2011：52-53］,★44［カーペンター 1982：26］,★45［松井 2007：139］,★46［エリアス,ダニング 1995：40］,★47［多木 1995：34-35］,★48［カーペンター 1982：28；児島 1974：45］,★49［松井 1990：477－478］,★50［トレヴェリアン 1950：131；小林 1992：119］,★51［松井 2007：23、88、186-187］,★52［大沼 1989：275-280］,★53［Miles 1906:v-vi］,★54［小林 1992；梅垣他 2012：167］,★55［ボディ 2011：40］,★56［ボディ 2011：71-78］,★57［ヴォール 1980：59-60］,★58［松井 2000A：143-145；松井 2000B：121］,★59［松井 1990：493-494］,★60［松井 2000B：108-109］,★61［松井 2000A：159］,★62［松井 2000B：109-110；ボディ 2011：144-145］,★63［福井 1996：34、48、65］,★64［松井 1990：497-500］,★65［児島 1974：43、54；松井 2000B：130］

6章

★1［ヴォール 1980：61］,★2［山本 1996：12-14］,★3［ペリー 2014：218-223］,★4 http://jpba.gr.jp/history/origin/origin_02.html（最終閲覧2018年5月10日）,★5［伊藤 1983：86］,★6［黒板編 1999：139-140］,★7［池本 2018：25］,★8［Smith 2014：16］,★9［Brailsford 1988：145-147］,★10［カーペンター 1982：28-29］,★11［ミード 1988：23］,★12［カーペンター 1982：29-30；ミード 1988：23-24］,★13［ミード 1988：24］,★14［児島 1974：45-46］,★15［児島 1974：51］,★16［Brailsford 1988：150, 152-153；ミード 1988：24］,★17［カーペンター 1982：40］,★18［ミード 1988：24］,★19［百田 2016：30-34］,★20［山本 1983：178］,★21［郡司 1955：4］,★22 郡司信夫は明治29年と書いているが［郡司 1955：7］、山本茂は明治25年10月と書いている。ジェームス北条が渡米したのが明治22年というから、明治29年ではなかろうか［山本 1996：23］,★23［大住 1993：3］,★24［山本 1996：23-25］,★25［カーペンター 1982：51］,★26［ミード 1988：27－29］,★27［山本 1996：26］,★28［池本 2014：537］,★29［郡司 1955：13－16；山本 1996：18-22］,★30［山本 1996：25-28］,★31［谷 1975］,★32［山本 1996：17］,★33［ジョー小泉 2004：121］,★34［森 2005：11-12］,★35［増田 2011：468-470］,★36［渡辺 2016：294-301］,★37［山本 1996:40-43］,★38［山本 1983：179］,★39［国民新聞社運動部編 1931：5-6］,★40［山本 1996：40］,★41［郡司 1955：32］,★42［カーペンター 1982：73；ジョー小泉 2004：

218-220],★43[郡司　1993:281-282],★44[郡司 1955：8-9],★45[立松 1986：59],★46[前田　2011:139],★47[山本 1996：59-62],★48[山本 1996：102],★49[山本 1996：62-68],★50[山本 1988：164-166；山本 1996：74-78],★51[中村 1964：4],★52[山本 1996：80-84],★53[城島 2003：118-119；乗松 2016：62],★54[山本 1986：88-89；1996：93-94],★55[山本 1986：70-72],★56[山本 1988：68],★57[ジョー小泉 1999：50-51；百田 2012：149-151],★58[青木 1990：53-63],★59[山本 1996：108],★60[山本 1996：110],★61[乗松 2016：82],★62[乗松 2016：278],★63[桜井 1994：98-99],★64[山本 1996：84]

7章

★1[斎藤 2016:190-19,199],★2[中根 1967;青木 1990:85],★3[船曳 2010:177],★4[玉木 1999:109],★5[高畑 2005:14-19],★6[今井 2010：92-93]2010:92],★7[辻井 1987：262－268],★8[赤坂 2011：52]★9:[津江 2012：15-16]★10：[高川 2011：78],★11[モリス 1981],★12[梅垣、上谷 2010：150],★13[沢木 2011：149],★14[立松 1989：22-23],★15[シェイクスピア 2014：80],★16[ゴットシャル 2016：59-61],★17[ピンカー 2015B：279-280],★18[織田 1996：69-70、183-184],★19[オーツ 1988：42-43],★20[Weinberg and Around 1952: 460：ヴァカン 2013：59-62],★21[Hare 1971: 3],★22[Reiss 1985:247-248,253],★23[池本 2003：241],★24[タイソン 2014:19-39],★25[池本 2003：242-243],★26[ヴァカン 2013：52-53],★27[石岡 2007:19-39],★28[Hare 1971: 5],★29[池本 2007：35-37],★30[立松 1989：20],★31[山本 2001：125],★32[Weinberg and Arond 1952: 467-468; Hare 1971:7-8；池本 2003：239],★33[佐瀬 1992：135-138],★34[福島 1986：62],★35[オーツ 1988：43],★36[稲垣 1991：236],★37 AFP BBニュース(2010年9月21日)より「ボクサーのパンツは短すぎる」http://www.afpbb.com/articles/-/2758406?act=all(最終閲覧2018年8月3日),★38[ピンカー 2015A：42-43],★39[佐伯 2009：53；阿部 2009：174],★40[ヒューズ 1952：111-112],★41[金谷訳注 1963：42],★42[稲垣 1991：238-239；鈴木(七)2017：32-33],★43[酒井 2016：41-46]

8章

★1[別冊宝島編集部編 1995：39],★2[立松 1986：139],★3「清山筆跡印鑑等鑑定会(実録 警察官時代)」のブログ「ガッツ石松番外編(2001.6.10作成)」http://seizan.coron.jp/seizan/kei_kan.html#keikan3(最終閲覧2017年6月22日),★4「長谷川穂積オフィシャルブログ powered by Ameba」2013年9月9日　https://ameblo.jp/hozumi1216/entry-1610336002.html(最終閲覧2017年6月24日),★5 名古屋高等裁判所判決平成22年7月21日 傷害致死被告事件、平21(う)239号,★6[郡司 1976：321],★7[ジョー小泉 2004：97-98],★8[ロンドン 1987：57-58],★9[ジョー小泉 2004：255-257],★10[ピンカー 2015B：537-538],★11[ピンカー 2015B：17-18],★12[黒井 2008：151-152],★13[石岡　2012:180-181],★14[石岡 2012：187-188],★15[石岡 2012：188-189],★16[石岡 2012：189],★17[ボクシング・マガジン編集部編 2000：193],★18[石岡 2012：195],★19[乗松 2016：233-235],★20[郡司 1955：116-117],★21[乗松 2016：22-23],★22[郡司 1955：238-239],★23[乗松 2016：16、256-258],★24[大渕 2000:154],★25[オング 1992:87;ギルモア 1994:13-14],★

26［ギルモア 1994：18］,★27［セルバンテス 2001：412］,★28［セルバンテス 2001：46］,★29［フリューシュトゥック&ウォルソール 2013：9-16］,★30［Williams and Best 1982:30；ゴットシャル 2016：93］,★31［ゴットシャル 2016：89-91］,★32［ドストエフスキー 2004：393］,★33［ゴットシャル 2016：20-24］,★34［ゴットシャル 2016：35、61］,★35［フランクル 1971：101-109］

9章

★1［高橋 2003：253］,★2［高橋 2003：275］,★3［金子 2011：98］,★4［高橋 2003：260-261］,★5［高橋 2003：267-271］,★6［高橋 2003：273-275］,★7［黒井 2008：88-89］,★8［高森、ちば 2000：373］,★9［別冊宝島編集部編 1995：40］,★10［河合（隼）2000：4-5］,★11［中山 1994：59-60］,★12［ラ・フォンテイン 2006：27-28］,★13［綾部 2006：260］,★14［佐伯（誠）2012］,★15［McLennan 2007: xiii-xviii］,★16［佐伯（誠）2012］,★17［河合（隼）2000：6-7、16］,★18［河合（隼）2000：4-5、9］,★19［河合（俊）2000：37］,★20［磯田編 1983 :73］,★21［三島 1995：233-238］,★22［三島 1995：240］,★23［三島 1982：186-188、190］,★24［三島 1982：189］,★25［チクセントミハイ 1996：3-4］,★26［リンデン 2014：183；Rozin 1996: 24］,★27［ピンカー 2015B：328］,★28［リンデン 2014：205］,★29［チクセントミハイ 1996：145］

10章

★1［日本オリンピック・アカデミー「ポケット版オリンピック事典」編集委員会編 2008:130］,★2［伊藤 1999：125］,★3［阿部 2004］,★4［ミード 1988：19-20］,★5［ミード 1988：24-25］,★6［ロンドン 1987：71］,★7［ボディ 2011：208-209］,★8［ボディ 2011：216-217］,★9［オーツ 1988：94］,★10［ボディ 2011：36；Smith 2014: xvi］,★11［ボディ 2011：35-36］,★12［Smith 2014: xix］,★13［ボディ 2011：223-224；Smith 2014: 22-23］,★14［ゴットシャル 2016：107］,★15［Smith 2014: 50］,★16［Smith 2014: xx、111］,★17［Smith 2014:242-243］,★18［中村 1964：181］,★19［中村 1964：179-183］,★20［ゴットシャル 2016：108-111］,★21 渋谷三迫ボクシングジムHP http://www.shibuyamisako.com/boxercise.html より「ボクササイズ」（最終閲覧 2017年7月26日）,★22［山本 1996：177］,★23「一般財団法人日本ボクシングコミッションルール」 https://www.jbc.or.jp/info/jbc_rulebook2016.pdf の第2章「ライセンス」第2節「ボクサー」第26条（出場停止）第2項（最終閲覧 2019年3月6日）,★24［ヴァカン 2013：73］,★25［百田 2012：128］,★26［ピンカー 2015A：11］,★27［ピンカー 2015A：355］,★28［ピンカー 2015A：17-18］,★29［谷川（訳）1981：23-28、原詩と解説44］,★30［ボディ 2011：496］,★31［山本 1985：49-53］,★32［山本 1985：57］,★33［百田 2012：238-239］,★34［多木 1995：16］,★35［ミード 1988：24-25］,★36［ジョー小泉 1986：21-23］,★37［ゴットシャル 2016：57－58］,★38［Donnelly 1988-1989: 335］,★39［児玉 2001］,★40［大渕 2000：148］,★41［Warburton 1998: 57］,★42［Donnelly 1988-1989: 336］,★43［Lecterc and Herrera 2000: 396］,★44［Radford 1988:80; Warburton 1998:59］,★45［Warburton 1998: 59］,★46［多木 1995：98、104］

樫永真佐夫（かしなが・まさお）

一九七一年兵庫県生まれ。二〇〇一年東京大学大学院総合文化研究科博士課程単位取得退学。博士（学術）。専攻は文化人類学、東南アジア地域研究。現在、国立民族学博物館教授、総合研究大学院大学教授。主著書として、『黒タイ歌謡〈ソン・チュー・ソン・サオ〉 村のくらしと恋』（雄山閣、二〇一三年）、『黒タイ年代記〈タイ・プー・サック〉』（雄山閣、二〇一一年）、『ベトナム黒タイの祖先祭祀 家霊簿と系譜認識をめぐる民族誌』（風響社、二〇〇九年）など。

殴り合いの文化史

二〇一九年四月三十日 第一刷発行

著者 樫永真佐夫
発行者 小柳学
発行所 株式会社左右社
〒一五〇-〇〇〇二 東京都渋谷区渋谷二-七-六-五〇二
TEL：〇三-三四八六-六五八三 FAX：〇三-三四八六-六五八四
http://www.sayusha.com
装幀 松田行正＋杉本聖士
協力 吉田真人（株式会社BELLz）
印刷 創栄図書印刷株式会社

ISBN978-4-86528-223-8